Manfred Josuttis

»*Unsere Volkskirche*« und die Gemeinde der Heiligen

Erinnerungen an die
Zukunft der Kirche

Chr. Kaiser
Gütersloher
Verlagshaus

Die Deutsche Bibliothek – CIP-Einheitsaufnahme

Josuttis, Manfred: »Unsere Volkskirche« und die Gemeinde der Heiligen :
Erinnerungen an die Zukunft der Kirche / Manfred Josuttis. –
Gütersloh : Kaiser, Gütersloher Verl.-Haus, 1997
ISBN 3-579-02083-8

ISBN 3-579-02083-8
© Chr. Kaiser/Gütersloher Verlagshaus, Gütersloh 1997

Das Werk einschließlich aller seiner Teile ist urheberrechtlich geschützt. Jede Verwer-
tung außerhalb der engen Grenzen des Urheberrechtsgesetzes ist ohne Zustimmung des
Verlages unzulässig und strafbar. Das gilt insbesondere für Vervielfältigungen, Überset-
zungen, Mikroverfilmungen und die Einspeicherung und Verarbeitung in elektronischen
Systemen.

Umschlaggestaltung: Ingeborg Geith, München,
Umschlagmotiv: Paul Klee, Um den Fisch, 1926, 124 (C4), Museum of Modern Art,
New York; © VG Bildkunst, Bonn 1997.
Gesamtherstellung: Druckerei Sommer GmbH, Feuchtwangen
Gedruckt auf chlorfrei gebleichtem Werkdruckpapier
Printed in Germany

Rudolf Bohren,
Ernst Käsemann,
Walter Kreck,
Lehrern der Kirche

Inhalt

Vorwort

Menschen können sich Christen nennen, und niemand weiß, ob das nicht einen frommen Selbstbetrug darstellt. Parteien können sich christlich nennen und hören dennoch nicht auf, Interessengruppen zu sein, die mit manchmal sehr rüden Mitteln ihre machtpolitischen Ziele durchzusetzen versuchen. Organisationen können sich Kirche nennen; aber daß der damit erhobene Anspruch zu Recht besteht, ist keineswegs garantiert.

Zum Volk Gottes gehört man nicht durch Selbstdefinition. Kein Einzelner und keine Gemeinschaft kann von sich aus behaupten, Teil der Gemeinde Jesu Christi zu sein. Daß Menschen Christ/innen sind, daß Organisationen, die sich so nennen, wirklich Kirche sind, ist keine Selbstverständlichkeit. Wenn das Bewußtsein dafür verlorengegangen ist, daß hier ein ungeheuerlicher, unglaublicher Anspruch erhoben wird, wenn man die eigene Person oder den eigenen Verein ohne Furcht und Zittern mit Gottes erwählter Gemeinde identifiziert, dann ist das ein deutlicher Hinweis darauf, daß man in der Gefahr steht, sich selbst zu betrügen und den christlichen Namen für eigene Zwecke einzusetzen.

Wenn man sich selbst nicht das Kirchesein zuschreiben kann und weil das Kirchesein keine Selbstverständlichkeit ist, ist auch die Zukunft der Kirche nicht das eigentliche Problem, sondern ihre Gegenwart. Wenn eine Gemeinschaft von Menschen diesen Namen verdient, dann werden die »Pforten der Hölle sie nicht überwältigen können« (Matthäus 16,18). Die Gemeinde Gottes, die heute lebendig ist, wird kraft der Verheißung auch morgen leben. Keine Säkularisierung, keine Austrittsbewegung, keine antikirchliche Propaganda wird ihr etwas anhaben können. Eine »Kirche« dagegen, die sich anmaßend selber so nennt, ohne es wirklich zu sein, eine solche »Kirche« muß sich in der Tat Sorgen machen. Sie ist auf Sand gebaut. Sie wird Mitglieder und Kirchensteuern und Beamtenstellen verlieren. Weil sich die Frage nach der Zukunft der Kirche immer in der Gegenwart entscheidet, ist auch heute das entscheidende Problem: Sind die deutschen evangelischen Landeskirchen wirklich Kirche? Oder sind sie bürokratische Organisationen, diakonische Betriebe, religiöse Vereine, die sich aus Gründen der Tradition so nennen und die in Zeiten des Traditionsabbruchs um ihren Bestand bangen müssen?

Die folgenden Überlegungen enthalten deshalb kein Reformprogramm zur Konservierung oder Optimierung von Kirchlichkeit. In einer Phase des gesellschaftlichen Umbruchs und erheblicher Veränderungen im Gemeindebereich wollen sie klären helfen, was Kirche zur Kirche macht und wie Kirche auch in der Zukunft Kirche bleibt. Angst müssen nicht die Austrittswilligen machen, sondern jene Tendenzen, durch die das Landeskirchentum aus dem Leib Christi herausfallen kann.

Die notwendigen Entscheidungen sind heute deswegen so schwierig, weil es nicht um simple Alternativen geht. Das wichtigste Wort im Titel des Buches und in den Überschriften der Einzelkapitel ist das Stichwort »und«. Nicht im Gegensatz zur Volkskirche, sondern in, mit und unter veränderten volkskirchlichen Strukturen wird auch in Zukunft die Gemeinde der Heiligen existieren. Entscheidend bei allen Entscheidungen wird aber sein, ob wir um des lebendigen Wachstums des Leibes Christi willen überlieferte Modelle, Ordnungen und Privilegien, aber auch modische Ansichten, Programme und Methoden preiszugeben bereit sind. Die Angst vor dem Untergang kann zu Aktivitäten verführen, die einen nur noch tiefer in den bedrohlichen Strudel reißen. Kirche wird Kirche, wenn sie sich auch im Blick auf die Zukunft der Verheißung erinnert: »Trachtet am ersten nach dem Reich Gottes und nach seiner Gerechtigkeit, so wird euch das alles zufallen« (Matthäus 6,33).

Die Hörer und Hörerinnen einer Vorlesung im Sommersemester 1996 haben mit ihren Fragen und Hinweisen die Entwicklung meiner Gedanken gefördert. Annette Behnken, Dr. Corinna Dahlgrün, Dirk Heuer und Rainer Keunecke haben mir bei der Fertigstellung des Manuskripts geholfen. Ihnen allen sei herzlich gedankt.

Friedland, im Mai 1997   *M. Josuttis*

»Das Jahrhundert der Kirche«?

I.

»Es ist im ganzen wie im einzelnen dasselbe Bild. Die christlichen Kirchen stehen am Anfang einer neuen Epoche. Sie sammeln ihre Kraft. Sie wagen sich an neue Aufgaben. Sie werden vorwärtsgetrieben von neuen Verantwortungen. Die geistige Lage der Welt fordert ihre Arbeit. In die Stimmen des Hasses mischen sich nie gehörte Rufe der Sehnsucht nach der Kirche. – Man mag zur Kirche stehen, wie man will – die Tatsache, daß wir einem Jahrhundert der Kirche entgegengehen, ist außer Zweifel«.[1]

Als Otto Dibelius, damals Generalsuperintendent der Kurmark, diese optimistische Prognose im Dezember 1926 veröffentlichte, war das Krisengefühl im deutschen Protestantismus beträchtlich. Die jahrhundertealte Koalition von Thron und Altar war zerbrochen. Das deutsche Volk sah sich durch die »Schmach von Versailles« in seiner Ehre befleckt. Die ungeliebte Demokratie mußte theologisch verarbeitet werden. Die wirtschaftliche Lage war schwierig, die Distanz der Intellektuellen wie der Arbeiterschaft gegenüber der Kirche sehr groß.

Gerade deshalb hat damals die Parole vom »Jahrhundert der Kirche« so attraktiv gewirkt. »Gott braucht die Kirche!«[2] Und auch die Menschen brauchen die Kirche. Deshalb muß es und wird es Volkskirche geben, in der »der christliche Mensch deutscher Art«[3] seine religiöse Heimat findet. »Warum Kirche? Weil die Schicksalsgemeinschaft der Menschen da ist! Weil der Ruf Jesu, wie die Welt heute gestaltet ist, umfassende Missionsarbeit verlangt! Und weil diese umfassende Missionsarbeit nur von einer volksumspannenden Kirche geleistet werden kann«.[4]

Volkskirche als missionarische Kirche hat für Dibelius eine zentrale kulturelle Aufgabe in der Gesellschaft. »Nicht Siege der Kirche sollen erkämpft werden, sondern Siege Jesu Christi! Nicht um Verkirchlichung der Kultur, sondern nur um Durchchristlichung kann es sich handeln«.[5] Aber trotz dieser Einschränkung verdichtet sich die Aufgabe bis in die Sprache hinein zu einer imperialen Gebärde. »Zwischen Wissenschaft, Kunst, Technik, Wirtschaft und der Kirche ist keine Kluft. Wo Schwierigkeiten entstehen, entstehen sie aus den unveräußerlichen Lebensforderungen der christlichen Religion, die mit Grenz-

---

[1] O. Dibelius, Das Jahrhundert der Kirche. Geschichte, Betrachtung, Umschau und Ziele, 3. Auflage, Berlin 1927, 192.
[2] A.a.O., 130.
[3] A.a.O., 237.
[4] A.a.O., 130.
[5] A.a.O., 131f.

überschreitungen auf der anderen Seite zusammenstoßen. Sie entstehen nicht aus dem Wesen der Kirche. Die Kirche legt die Hand auf den ganzen Reichtum geistlichen Lebens: Du bist mein! Gott gibt seine Gaben, damit sie sich entfalten, geheiligt durch seinen Geist. Als Werkzeug solcher Heiligung soll die Kirche wirken. Und kein Gebiet menschlichen Geisteslebens soll ihr fremd sein!«[6]

Zum Kulturprogramm, zum Erziehungsprogramm, das die evangelische Kirche benötigt und durchsetzen soll, gehört nach Dibelius unbedingt auch tätige Gesellschaftskritik. »Es ist Wahnsinn, das Evangelium vom Vater einer Menschheit zu bringen, die ein Familienleben nicht mehr kennt und darum nicht mehr verstehen kann, was Vaterliebe ist. Es ist Wahnsinn, die Reinheit des Herzens im Namen Gottes zu fordern und gleichzeitig Kinder ungeschützt in Großstadtvierteln voll Schmutz und Sünde heranwachsen zu lassen. Es ist Wahnsinn, die Bruderliebe zu predigen und untätig zuzusehen, wie ein hemmungsloser Kapitalismus Menschen und Völker in verbissenen Haß und in blutige Verbitterung treibt«.[7]

Das 20. Jahrhundert soll und muß für Dibelius ein »Jahrhundert der Kirche« werden, weil gerade der religionsneutrale, der säkularisierte Staat die »Kirche als Macht der Versöhnung« benötigt. »Als das Gewissen der Nation soll sich die Kirche dadurch erweisen, daß sie in den großen sittlichen Lebensfragen klare Losungen ausgibt«.[8]

Gerade im Blick auf ihre öffentliche Verantwortung ist freilich inzwischen deutlich geworden, daß die Kirche selbst im »Jahrhundert der Kirche« an entscheidenden Stellen versagt, weil geschwiegen hat. Die Vision von einer starken, attraktiven, vollmächtigen Glaubensgemeinschaft im Volk hat sich gegenüber den entscheidenden politischen Bewegungen dieses Jahrhunderts als Illusion erwiesen. In zentralen Konfliktsituationen ist der deutsche Protestantismus im Innern gespalten und nach außen zu klaren Losungen nicht fähig gewesen.

Gegenüber dem Nationalsozialismus hat die Volkskirche nur zum Teil der Versuchung widerstanden, in eine völkische Kirche überführt zu werden. Zwar hat die Bekennende Kirche mit der Theologischen Erklärung von Barmen das Eindringen politischer Ideologien in den eigenen Raum nachdrücklich abgewehrt. Aber ein ähnlich eindeutiges Wort zur Vernichtung verfemter Gruppen im eigenen Volk hat sie nicht gefunden.[9] Es sind keine erbaulichen Floskeln, die die Stuttgar-

---

[6] A.a.O., 131.
[7] A.a.O., 224; zur Kapitalismuskritik konservativer Kreise in der Weimarer Zeit vgl. Chr. H. Werth, Sozialismus und Nation. Die deutsche Ideologiediskussion zwischen 1918 und 1945, Wiesbaden 1996.
[8] Dibelius, a.a.O., 241.
[9] Vgl. die umfassende Darstellung bei E. Busch, Unter dem Bogen des einen Bundes. Karl Barth und die Juden 1933 – 1945, Neukirchen 1996.

ter Erklärung vom Oktober 1945 den Vertretern der Ökumene präsentiert:»Wir klagen uns an, daß wir nicht mutiger bekannt, nicht treuer gebetet, nicht fröhlicher geglaubt und nicht brennender geliebt haben«.[10]

Gegenüber dem real existierenden Sozialismus ist eine solenne Abgrenzung auf der theologischen Ebene aus verschiedenen Gründen nicht am Platze gewesen. Vielmehr hat man kirchlicherseits versucht, im Rahmen variabler Taktiken und Strategien für eine Verbesserung der allgemeinen Lebensbedingungen manchmal öffentlich, meist auf verborgenen Kanälen einzutreten. Das innerkirchliche Dilemma bestand in der Intention, auch nach der organisatorischen Abtrennung von der EKD Volkskirche bleiben zu wollen, aber das nur mit ökonomischer Unterstützung der EKD bleiben zu können. So stellt H. Falcke selbstkritisch fest:»Als besonders gravierend erweist sich im Rückblick, daß die Kirchen es nicht geschafft haben, ihre institutionellen und administrativen Strukturen der Diasporasituation anzupassen. Auf der Gemeindeebene wurde an dem volkskirchlichen Prinzip parochialer, möglichst flächendeckender Präsenz der Kirche festgehalten, obwohl dieses Prinzip bei schwindender Mitgliedschaft und Mitarbeiterschaft zu einer Überforderung der Mitarbeiter durch Vakanzverwaltungen, zu Frustrationserfahrungen in Minigemeinden und zu einer ›Verdünnung der geistlichen Versorgung‹ statt zu einer Konzentration gemeindlichen Lebens mit Ausstrahlung nach außen führte. Der wachsende Widerspruch zwischen der gemeindlichen Wirklichkeit und den kirchlichen Strukturen brachte die meisten Landeskirchen in eine zunehmende finanzielle Abhängigkeit von den Kirchen der EKD«.[11]

Gegenüber dem Kapitalismus haben die westdeutschen Landeskirchen in der Regel eine unkritische Position bezogen. Die frühen Denkschriften zur Eigentumsfrage sind dafür signifikant. Das Ergebnis seiner Analyse hat W. Huber 1970 in der These zusammengefaßt:»Die Tatsache, daß die Kirche sich in der Zusammensetzung ihrer Kammern sowie in der Zielsetzung ihrer sozialethischen Äußerungen einem System der ›Herrschaft der Verbände‹ anpaßt, wirkt sich auch im Inhalt ihrer Äußerungen aus. Die Denkschriften, die sich auf innenpo-

---

[10] So die Stuttgarter Schulderklärung vom 18./19. Oktober 1945, zitiert nach: M. Greschat (Hg.), Die Schuld der Kirche. Dokumente und Reflexionen zur Stuttgarter Schulderklärung vom 18./19. Oktober 1945, München 1982, 102. Im Halbsatz davor, der ebenfalls auf den Entwurf von O. Dibelius zurückgeht, wird freilich auch das eigene Engagement betont:»Wohl haben wir lange Jahre hindurch im Namen Jesu Christi gegen den Geist gekämpft, der im nationalsozialistischen Gewaltregiment seinen furchtbaren Ausdruck gefunden hat«.

[11] H. Falcke, Die unvollendete Befreiung. Die Kirchen, die Umwälzung in der DDR und die Vereinigung Deutschlands, Ökumenische Existenz heute 9, München 1991, 17f. Zu den Transformationsproblemen ostdeutscher Kirchen vgl. jetzt die Beiträge von H. Falcke, Chr. Demke und C. Stauss, EvTh 57, 1997, 97ff.

litische Probleme beziehen, stellen die gegenwärtige gesellschaftliche Machtverteilung nicht in Frage; sie kritisieren nicht die Mechanismen einer verselbständigten Gesellschaft, die durch die Funktionäre gesellschaftlicher Verbände und Parteien ausgeübt wird; ihre gesellschaftspolitischen Vorschläge tangieren die Prämissen und bestimmenden Komponenten des gegenwärtigen sozio-ökonomischen Systems nicht«.[12]

Modelle und Mechanismen der Marktwirtschaft haben seitdem verstärkten Einzug auch in das kirchliche Denken und Handeln gehalten. Nicht das Führerprinzip, sondern das konsumorientierte Bedürfnisprinzip bestimmt an vielen Punkten die kirchliche Praxis. Werbekampagnen sollen das eigene Image verbessern, Sonderangebote den Zugang zum religiösen Leben erleichtern. Und auch dort, wo man für die Opfer der gesellschaftlichen Entwicklung, für Arme, Arbeitslose und Asylanten eintritt, wo man der Zerstörung der Schöpfung Schranken zu setzen versucht, wird nur unzureichend realisiert, daß man es hier mit den destruktiven Konsequenzen eines inhumanen Wirtschaftssystems zu tun bekommt.

»Das Jahrhundert der Kirche« ist auch ein Jahrhundert des kirchlichen Versagens gewesen. Die Volkskirche hat bedrohte Gruppen des eigenen Volkes wie Juden, Schwule und Behinderte nicht geschützt. Sie hat im Osten organisatorische Strukturen konservieren wollen, für die die ökonomischen Grundlagen nicht mehr vorhanden waren. Und sie hat sich im Westen mit einem Wirtschaftssystem arrangiert, in dem gegenwärtig immer deutlicher ein Klassenkampf von oben geführt wird.

II.

Nicht nur deswegen kann das »Jahrhundert der Kirche« an seinem Ende auch als ein Jahrhundert der Entkirchlichung gelten. Die Volkskirche, die sich mit immer neuen Kompromissen angesichts der politischen Entwicklungen am Leben zu halten versucht hat, erlebt gegenwärtig das Scheitern ihrer Bemühungen. Ihre Anpassungsbereitschaft hat sich nicht gelohnt. Ihre Sonderangebote werden nicht in Anspruch genommen. Das Volk, dem sie sich angedient hat, reagiert distanziert.

Drei Krisenfelder nähren die grassierenden Zukunftsängste im kirchlichen Raum. Im Vordergrund steht die Angst vor der personellen Auszehrung. Zwei ungefähre Schätzungen werden immer wieder genannt. Die Zahl der Kirchenmitglieder geht regelmäßig im Rhythmus von zehn Jahren um etwa 10 % zurück. Das wird zur Folge haben,

---

[12] W. Huber, Kirchliche Sozialethik und gesellschaftliche Interessen, in: Y. Spiegel (Hg.), Kirche und Klassenbindung, Frankfurt 1974, 197.

daß sich die Zahl der Kirchensteuerpflichtigen in den nächsten fünfzig Jahren gegenüber heute halbiert. Wenn die Variablen, die diese Entwicklung bestimmen, wenn die Neigung zum Kirchenaustritt und der Rückgang des (deutschen) Bevölkerungsanteils einigermaßen konstant bleiben, dann droht die Volkskirche in der Tat einen großen Teil des Volkes, mindestens was die Statistik betrifft, zu verlieren.

Eng verknüpft mit diesem Trend ist deswegen die Sorge vor der finanziellen Verknappung. Bauten, Stellen und Einrichtungen, die man während des Wirtschaftswunders in erheblicher Anzahl geschaffen hat, werden in diesem Umfang auf die Dauer nicht zu halten sein. Der Rückgang von Mitgliedern wird unvermeidlich die Entlassung von Mitarbeitern bzw. die Streichung von freiwerdenden Positionen nach sich ziehen. Die Entscheidungen, die dann zu treffen sind, werden wichtig, die Verteilungskämpfe und Prioritätsdebatten erheblich sein.

Im Kontext solcher empirisch meßbaren Trends sollte man eine dritte Zukunftsschwierigkeit nicht übersehen. Zu beklagen sind gegenwärtig auch eine geistliche Armut, ein Defizit an religiöser Erfahrung, ein Verlust an theologischer Existenz, die für das Wachstum von Kirche im landeskirchlichen Raum viel bedrohlicher sind als die vorhin genannten Tendenzen. Lebensgefährlich für die Zukunftsentwicklung sind nicht die Menschen, die austreten, oder die Gelder, die ausbleiben, lebensgefährlich für das Dasein von Kirche wäre eine Situation, in der sie aus Angst vor personeller Auszehrung und aus Sorge um die finanzielle Verknappung den Kontakt mit der Heilsmacht Gottes verspielt.

Die folgenden Überlegungen sollen dazu beitragen, allen notwendigen und beschwerlichen Umstellungen zum Trotz, die man für die nächsten Jahre erwarten muß, den Blick auf das Zentrum aller kirchlichen Praxis zu konzentrieren. »Trachtet zuerst nach dem Reich Gottes und nach seiner Gerechtigkeit, so wird euch das alles zufallen« (Matthäus 6,33). Weder die prinzipielle Kritik an der Volkskirche noch das fundamentale Postulat einer Bekenntnisgemeinschaft können den Weg in die Zukunft bahnen. Keine Verherrlichung utopischer Idealmodelle, aber auch keine Verteidigung überlieferter und in ihrer Art auch bewährter Ordnungsstrukturen dürfen die nüchterne Analyse der Situation und das ernsthafte Vertrauen auf die biblische Verheißungstradition überdecken. Die Kirche, in welcher Sozialgestalt auch immer, ist nicht das Reich Gottes. Aber sie bleibt solange lebendig, solange sie von den Kraftströmen dieses Reiches erfaßt wird.

In einer solchen Perspektive wird relativ, ob wir von einem »Jahrhundert der Kirche« oder von einem Jahrhundert der Entkirchlichung zu reden haben.

In einer Pressemitteilung zum 50. Gründungstag der EKD hat der Ratsvorsitzende Klaus Engelhardt auf die Veränderungen hingewiesen, die die Stellung der Kirche in der Öffentlichkeit betreffen. »Die Gesellschaft hat an Vielfalt gewonnen, der Wandel hat sich beschleunigt, Orientierung ist schwieriger und der Rückhalt an Werten und Normen, auf die sich das Gemeinwesen stützt, fraglicher geworden. Die nachlassende Bindekraft von Institutionen, zunehmende Gewaltbereitschaft und der wachsende Einfluß neuer Sekten sind deutliche Warnzeichen. In einigen politischen Vorgängen aus der jüngsten Zeit – der Streichung des Buß- und Bettages als gesetzlichen Feiertag, der von einzelnen politischen Gruppierungen forcierten Infragestellung der geltenden Regelungen im Staat-Kirche-Verhältnis, der geringer werdenden Scheu vor der Verächtlichmachung religiöser Vorstellungen – wird das veränderte Klima spürbar«.[13]

Die triumphale Zuversicht, die bei O. Dibelius zu verspüren war, ist also einer besorgten Nachdenklichkeit gewichen. Die Organisation, die hier redet, fühlt sich von vielen Seiten bedroht. Gerade deshalb wird im Gegenzug die Notwendigkeit dieser Institution für das öffentliche Leben nachdrücklich unterstrichen. »Die Notwendigkeit, die Handlungsfähigkeit der evangelischen Kirche zu gewährleisten, ist heute nicht geringer als vor 50 Jahren. Die Landeskirchen und die Evangelische Kirche in Deutschland sind noch mehr als damals aufeinander angewiesen. In der Öffentlichkeit, im Verhältnis zum Staat, im Gespräch mit gesellschaftlichen Gruppen und, nicht zuletzt, gegenüber den anderen christlichen Kirchen und der Ökumene insgesamt, brauchen wir eine starke Evangelische Kirche in Deutschland. Es ist an der Zeit, in der Evangelischen Kirche alle Kräfte zu bündeln, damit wir mit Deutlichkeit, Profil und Selbstbewußtsein die Bedeutung des christlichen Glaubens für die ganze Gesellschaft überzeugend darstellen«.[14]

Auch in der neuen Krisensituation taucht er wieder auf, der alte Traum von der »starken Evangelischen Kirche in Deutschland«. Er ist jetzt nicht mehr mit einer imperialen Geste verbunden: Das Volk braucht uns, die Kultur gehört uns. Vielmehr wird er als suggestive Parole einer Lagermentalität formuliert. Aber die Frage muß erlaubt sein: Was ist das eigentlich, eine »starke« Kirche? Ist sie mitgliederstark? Finanzkräftig? Einflußreich? All das ist gemeint, wenn Interessengruppen wie Gewerkschaften und Arbeitgeberverbände, Sportvereine und kulturelle Einrichtungen lautstark postulieren, daß die Gesellschaft diese Gruppen benötigt. Aber kann man so in der Kirche von der Kirche reden? Oder signalisiert ein solcher Jargon gesellschaftspolitischer »Stärke« nur, daß längst nicht alles Kirche ist, was sich Kirche nennt? Sollte es neben dem »Jahrhundert der Kirche« und dem Jahrhundert der Entkirchlichung auch eine weitere Möglichkeit

---

[13] EKD, Pressemitteilung vom 25.8.1995.
[14] Ebd.

geben, eine Zeit nämlich, die als selbstverschuldete »Unkirchlichkeit« der Kirche zu charakterisieren wäre?

III.

Was ist Kirche? In Krisenzeiten kann man sich nicht damit begnügen, auf das Gewachsene zu verweisen und das Bestehende zu konservieren. In Zeiten des Umbruchs muß man radikale Fragen stellen, Fragen, die an die Wurzeln gehen, weil man nur so anstehende Veränderungen verantwortlich gestalten kann. Was ist Kirche? Die protestantische Theologie stellt gegenwärtig drei Typen von Antworten zur Verfügung, die hier durch eine weitere ergänzt werden sollen.

Die historische Ekklesiologie untersucht die Anfänge des Christentums. Sie betrachtet Kirche als eine historische Größe, als ein soziales Phänomen der Vergangenheit. In der Darstellung von H. Conzelmann wird die »Geschichte des Urchristentums« durch eine doppelte Betrachtung beleuchtet.[15] Es geht einerseits um den Prozeß der Entstehung, der vor allem durch soziogenetische Fragen geklärt wird: Hat der historische Jesus die Kirche gegründet? Wie ist das Verhältnis zum Judentum und zu den Mysterienreligionen? Wie hat sich die neue Religionsgemeinschaft in den Binnenstrukturen und im Blick auf die Außenwirkung entwickelt? Und es geht andererseits um das »Selbstverständnis« der neuen religiösen Gruppierung, um ihr Selbstbewußtsein, das sich in Selbstdefinitionen wie »*Ekklesia*«, die »Heiligen«, die »Erwählten« artikuliert. Beide Dimensionen, die Untersuchung soziogenetischer Prozesse wie die Analyse sozialpsychologischer Einstellungen in existenzphilosophischen Kategorien, bleiben auf der Ebene eines empirischen Verständnisses von Realität.[16] Daß in der Geschichte des Urchristentums transsoziale und transpersonale Kräfte wirksam geworden sind, die diese Prozesse und Definitionen ausgelöst haben, kann unter den gegebenen Voraussetzungen noch nicht einmal als sinnvolle Frage formuliert werden.

Anders will die dogmatische Ekklesiologie verfahren. »Man kann von der Erfahrung ausgehen und die Kirche phänomenologisch beschreiben. Dann erhält man ein Bild der Kirche im Rahmen der Kultur, in der sie lebt. Man kann die Kirche soziologisch erforschen und bekommt dann ein Bild von ihrer Organisation im Rahmen des jeweiligen Sozialsystems. Man kann die Kirche historisch darstellen und Einblick in ihre geschichtlichen Bewegungen und Veränderungen gewinnen. Man kann sie religionsgeschichtlich im Vergleich mit anderen

[15] H. Conzelmann, Geschichte des Urchristentums, Göttingen 1969.
[16] Das gilt auch für die interessante Untersuchung von H.-J. Klauck, Hausgemeinde und Hauskirche im frühen Christentum, Stuttgarter Bibelstudien 103, Stuttgart 1981.

Religionen untersuchen«.[17] Gegen alle diese Ansätze, die er als »phänomenologisch« bezeichnet, die aber in unserem Sprachgebrauch
»empirisch« orientiert sind, macht J. Moltmann geltend, daß ein theologisches Verständnis der Kirche Jesu Christi nur auf der Basis christo-
logischer Aussagen zu erheben ist. »Ist für die ›Kirche Christi‹ Christus
das Subjekt der Kirche, dann wird für die Lehre von der Kirche die
Christologie das beherrschende Thema der Ekklesiologie sein. Jeder
Satz über die Kirche wird ein Satz über Christus sein. Jeder Satz über
Christus enthält auch eine Aussage über die Kirche, geht aber nicht in
ihm auf, weil er zugleich weiterreicht und auf das messianische Reich
ausgerichtet ist, dem die Kirche dient«.[18]

Die dogmatische Ekklesiologie will also die Ebene der sozialen Empirie mit Hilfe der Christologie übersteigen. Aber in welchen Bereich
gelangt man, wenn man mit christologischen Aussagen operiert? Zweifellos verlassen diese Aussagen den Rahmen soziogenetischer Feststellungen. Aber hat man deswegen den Raum von religiös-theologischen
Einstellungen schon überwunden? Letztlich bleibt auch die dogmatische Lehre von der Kirche auf doktrinale Selbstdefinitionen bezogen,
mit dem einzigen Unterschied, daß die aktuelle Selbstdefinition von
Kirche mit Hilfe definitorischer Fixierungen der Christologie erfolgen
soll. Daß hinter den ekklesiologischen und christologischen Sätzen
eine transempirische Wirklichkeit steht, wird nicht explizit behauptet,
sondern einfach vorausgesetzt. Aber welche spezifischen Erfahrungs-
modalitäten zur Wahrnehmung dieser Wirklichkeit erforderlich und
geeignet sind, wird wiederum nur höchst dogmatisch, nämlich im Rahmen einer Pneumatologie, erörtert.

In der Praktischen Theologie hat sich in den letzten Jahrzehnten das
Modell einer funktionalen Ekklesiologie weitgehend durchgesetzt.[19]
Die Aussagen über die Kirche gehen hier davon aus, daß die religiöse
Gemeinschaft einen Teil der Gesellschaft bildet. Infolgedessen kann
diese Gemeinschaft befragt werden nach den Leistungen, die sie für
die Gesellschaft erbringt. Aber sie kann sich auch legitimieren durch
die Funktion, die sie für die Gesellschaft erfüllt. Als einer der ersten
hat K.-W. Dahm diesen Ansatz in systemtheoretischen Überlegungen
entfaltet. Für ihn spielen die Kirchen immer noch die Rolle einer Religion und vermitteln an die gesellschaftliche Umgebung »soziale Integration, individuelle Verhaltensorientierung und Transzendenz«.[20] Gegenwärtig werden diese Aufgaben vor allem durch die »Darstellung

---

[17] J. Moltmann, Kirche in der Kraft des Geistes. Ein Beitrag zur messianischen Ekklesiologie, München 1975, 17.
[18] A.o.O., 19.
[19] Zur Entwicklung der Diskussion vgl. E. Hübner, Theologie und Empirie der Kirche.
Prolegomena zur Praktischen Theologie, Neukirchen 1985, 223ff.
[20] K.-W. Dahm, Religiöse Kommunikation und kirchliche Institution, in: K.-W. Dahm/N.

und Vermittlung grundlegender Sinnsysteme« sowie durch die »Begleitung in Krisensituationen« wahrgenommen.[21]

Kirche ist hier konsequent als Teilsystem der Gesellschaft verstanden und dient damit, wie es der Theologenjargon seitdem immer erneut variiert, zur Befriedigung von Bedürfnissen, die in der Gesellschaft vorhanden sind. Sie ist eingebunden in den Prozeß eines ideologischen Warentauschs. Sie bietet spezifische Güter, die für Erziehung, Sinnstiftung, Krisenbewältigung benötigt werden, und hat deswegen Anspruch auf soziale Anerkennung wie ökonomische Unterstützung. Für die funktionalistische Perspektive ist Kirche gesellschaftliche Sozialstation mit religiösem Service. Welche Wirklichkeit hinter diesem Angebot steht, ist letztlich belanglos, wenn es nur von den Adressaten auf dem Weltanschauungsmarkt akzeptiert wird.

Die phänomenologische Ekklesiologie, wie sie hier vertreten wird, grenzt sich von diesen drei idealtypisch unterschiedenen Ansätzen dadurch ab, daß sie unterstellt: Religion ist Wirkungsfeld einer spezifischen Wirklichkeit, der man in diesem Bereich passiv und aktiv begegnet. Religiöse Gruppierungen, Glaubensgemeinschaften, Kirchen, Sekten, Gemeinden sind soziale Gebilde, in denen die methodische Annäherung an die Wirklichkeit des Heiligen unternommen wird. Die entscheidende Frage für das Verständnis wie für den Bestand solcher religiösen Gruppierungen besteht also nicht in der Untersuchung und Gestaltung soziologischer Konstellationen, sondern in der theoretischen und praktischen Wahrnehmung des intendierten Transzendenzbezugs. Welche transempirische Macht wird darin wirksam? Welche transempirischen Methoden werden eingesetzt? Und wie werden von da aus soziale Konstellationen und sozialpsychologische Definitionen gestaltet?

In der Kirche kommt es zur Gegenwart des Heiligen in der Gesellschaft. In diesem Rahmen gewinnen auch die Aussagen der historischen, der dogmatischen und der funktionalen Ekklesiologie eine neue Bedeutung. Die Wirklichkeit des Heiligen hat sich in der Tat geschichtlich manifestiert. Sie ist in den theologischen Lehrtraditionen reflektiert worden. Und sie entwickelt auch in der Gegenwart bei Individuen wie in Gemeinschaften lebensgestaltende Kraft, die sich durchaus auch funktional interpretieren läßt. Soziogenetische Zusammenhänge, christologische und ekklesiologische Definitionen, Mechanismen der Lebensbewältigung werden nicht prinzipiell bestritten, wenn man die Prioritätsfrage anders stellt. Man kann das soziale Phänomen Kirche soziologisch interpretieren. Man kann sozialpsychologisch konstatieren, daß sich die Mitglieder in dieser Gemeinschaft in religiösen Kategorien definieren. Man kann untersuchen, was sie dadurch für ih-

---

Luhmann/D. Stoodt, Religion – System und Sozialisation, Darmstadt/Neuwied 1972, 137.

[21] A.a.O., 142.

re Lebenspraxis gewinnen. Das sind die gängigen Fragestellungen in der Theologie. Sie werden hier konzentriert, integriert, pointiert durch die Annahme, daß sich in den sozialen Strukturen, in den psychischen Prozessen, in den doktrinalen Traditionen von Kirche eine Wirklichkeit manifestiert, die in ihrer Eigenständigkeit wie in ihrer Eigenart auch begrifflich wahrgenommen werden will. In der Geschichte wie in der Gegenwart von Kirche werden Phänomene des Heiligen faßbar.

»Gott lebt.« »Das Reich Gottes ist nah.« »Jesus Christus herrscht über Kirche und Welt.« »Der heilige Geist ist eine unwiderstehliche Macht.« Was wird aus der Kirche, wenn nicht nur wahr, sondern auch wirklich ist, was sie glaubt?

Die Unterscheidung zwischen einer empirischen, einer dogmatischen und einer phänomenologischen Wahrnehmung ist gerade im Blick auf die Zukunftsentwicklung wichtig. Denn die Aufgaben einer verantwortlichen Gestaltung stellen sich im Rahmen unterschiedlicher Problemkonstellationen jeweils anders. Geht man von der Spannung zwischen einer idealen Vergangenheit und einer desolaten Gegenwart aus, wird das Ziel darin bestehen, die gegenwärtigen Verhältnisse in Richtung Urchristentum zu reformieren. Rückt man den Widerspruch zwischen geglaubter und erfahrener Kirche ins Zentrum, kann das zur Bildung utopischer Modelle, aber auch zur Sanktionierung gegebener Strukturen führen, da sich der Glaube in der sozialen Realität ja nie eindeutig verwirklichen läßt. Betrachtet man schließlich die Kirche als Teilsystem der Gesellschaft, dann müßte man angesichts aktueller Störungen darauf bedacht sein, das Verhältnis zur gesellschaftlichen Umgebung zu optimieren, ohne die eigene Identität zu verlieren.

Solche Zielbestimmungen für die Gestaltung der kirchlichen Zukunft tauchen in der aktuellen Diskussion in vielen Variationen auf, und das nicht zufällig, sondern mit guter Begründung. Die Kirche existiert auf der Basis der biblischen Tradition. Sie ist eine Glaubensgemeinschaft. Und sie bildet unvermeidlich einen größeren oder kleineren Teil der Gesellschaft. Mit all diesen Aussagen ist freilich ihre Eigenart noch nicht zureichend erfaßt. Eine Kirche, die sich auf die Bibel beruft, die in Glaubensgewißheit lebt und den Menschen in der Gesellschaft zu dienen versucht, kann sich selbst nur als Wirkungsfeld der Heilsmacht Gottes verstehen und erfordert deshalb eine kategoriale Betrachtung, in der die Differenz zwischen Profanität und Sakralität für die kritische Analyse wie bei der konstruktiven Gestaltung beachtet wird.

Zwei Leitbegriffe, die die Diskussion seit Jahrzehnten bestimmen, sollen deshalb in jenes Spannungsfeld einführen, auf dem sich aller Voraussicht nach die Zukunft der Evangelischen Landeskirchen in Deutschland entscheiden wird. Der kirchliche Alltagsjargon redet von

»unserer Volkskirche«.[22] Das Neue Testament und das Glaubensbekenntnis sprechen von der »Gemeinde der Heiligen«. Sicher ist, daß
sich »unsere Volkskirche« in den nächsten Jahrzehnten erheblich verändern wird. Sicher ist auch, daß man die Gemeinde der Heiligen niemals in auch nur annähernd reiner Gestalt organisieren kann.

Um die Spannungen zwischen beiden Polen und die Gestaltungs-
möglichkeiten, die darin enthalten sind, zu erfassen, bietet sich ein
Verfahren an, das aktuelle Schwierigkeiten mit biblischen Wirklichkeiten konfrontiert. Die »Erinnerung an die Zukunft der Kirche« behandelt demgemäß Konfliktzonen der kirchlichen Praxis, die gegenwärtig
bei Planungen und Entscheidungen im Brennpunkt stehen: Mitglieder-
schwund und Werbemaßnahmen, Taufverständnis und Identitätsange-
bote, Theologiekonzepte und Spiritualitätsversuche, Sparmaßnahmen
und Besoldungsprobleme. Zu all diesen Konfliktbereichen hat »unsere
Volkskirche« ansatzweise Konzepte entwickelt, die in sich durchaus
schlüssig, manchmal sogar erfolgversprechend sind, die aber konfrontiert werden müssen mit biblischen Einsichten. Denn nur, wenn sie sich
dieser Prüfung stellt, kann »unsere Volkskirche« den Anspruch, Kirche
zu sein, mit Recht erheben. Und nur wenn sie sich vom Neuen Testament her an ihre wirkliche Zukunft erinnern läßt, wird sie mit ihren
Maßnahmen bedrohlichen Entwicklungen gewachsen sein.

Diejenige neutestamentliche Schrift, die das Thema der Ekklesiologie grundsätzlich reflektiert, ist der Epheserbrief, den E. Käsemann einen Traktat »über das Wesen der Una Sancta« genannt hat.[23] Hier
wird zum ersten Mal ein Verständnis von Kirche entfaltet, das durchaus christologisch orientiert ist, das aber auch die Christologie in den
Rahmen einer bestimmten Sicht von Wirklichkeit einspannt. Man hat
die Aussagen dieser Epistel in der hermeneutischen Schule als mythologisch bezeichnet und kann sie von sozialpsychologischen Voraussetzungen her symbolisch interpretieren. Der phänomenologische Ansatz
wird zu ermitteln haben, von welchen transempirischen Realitäten in
diesem mythologischen bzw. symbolischen Vokabular geredet wird.
»Leib Christi«, »Fülle der Gottheit« und andere Leitbegriffe dieses
Traktats können Aspekte enthalten, deren Wahrnehmung den engen
Horizont eines soziologischen oder sozialpsychologischen Verständnisses von Kirche aufzusprengen vermag.[24]

---

[22] Die ältere Diskussion ist ausführlich dargestellt in den Literaturberichten von G.Rau,
M. Herbst, K.-H. Bieritz und H. Przybylski,VuF 32, 2/1987, 2ff. Definitionsversuche
haben unternommen W. Huber, Kirche, Stuttgart 1979, 169ff, und W. Härle, Dogmatik, Berlin 1995, 596f. Weiterführend ist der Beitrag von M. Welker, Der Mythos
»Volkskirche«, EvTh 54, 1994, 180ff, jetzt auch abgedruckt in: ders., Kirche im Pluralismus, München 1995, 58ff.

[23] E. Käsemann, Art. Epheserbrief, RGG II, 3.Auflage, Tübingen 1958, 517.

[24] Deshalb gilt: »Noch nie war die Kirche so überflüssig wie heute. Noch nie war die Kirche so nötig wie heute. — Die Kirche braucht nur ihre Schätze auszupacken, um zu

Vorausgesetzt ist also, daß es eine Zukunft für die Kirche als unbestreitbare soziale Größe nur gibt, wenn sie sich an das Geheimnis Gottes, das sie im Innersten darstellt, wieder erinnert. Nach Kreuz und Auferstehung Jesu kann es kein »Jahrhundert der Kirche« und erst recht kein »Jahrtausend der Kirche« geben, weil alle Zeit, die noch bleibt, Zeit Christi, Zeit des Reiches und insofern auch Zeit der Kirche ist. Die aber wird dann unvermeidlich selbst immer wieder in das Geschehen von Sterben und Auferstehen verwickelt.

IV.

Was wird aus der Kirche, die als »unsere Volkskirche«, die aber auch als Gemeinde der Heiligen existiert? Eine ebenso vorläufige wie endgültige Antwort soll an dieser Stelle kein frommer Theologe, aber auch kein prognosefreudiger Soziologe, sondern ein Schriftsteller geben. Die Story, die William Faulkner aus der Perspektive eines kleinen Jungen erzählt, handelt von der Reparatur einer methodistischen Dorfkirche im amerikanischen Süden. Das Gebäude soll ein neues Dach aus Schindeln erhalten, und der Vater des Erzählers hat sich, wie andere Männer im Dorf, zur Mitarbeit verpflichtet. Aber wie das so geht im alltäglichen Leben: Es kommt manches dazwischen. Ein schwerhöriger alter Mann ist zur Fuchsjagd gegangen. Der Vater, der sich bei ihm die Werkzeuge ausleihen wollte, erscheint deshalb zwei Stunden zu spät. Um am anderen Tag nicht erneut anrücken zu müssen, verschachert er seinen Hund für zwei Dollar an einen Arbeitskollegen, und seinen ausstehenden Arbeitsanteil will er nächtens erledigen. Aber die Laterne, die er mitgebracht hat, zündet das ausgetrocknete Holz, und im Nu steht die ganze Kirche in Flammen.

Als der Junge endlich mit dem Vater nach Hause geht, denkt er nicht nur an das verkohlte Gebäude, sondern auch an den alten Pfarrer, der sich über die Zukunft gar keine Sorgen macht. »Er ging als erster. Er blickte kein einziges Mal zurück, weder auf die Kirche noch auf uns. Er ging zu der alten Stute und kletterte rauf, langsam und steifbeinig und großartig, und dann war er fort, und wir gingen auch und liefen auseinander. Aber ich hab‹ zurückgeblickt. Jetzt war sie nur noch eine leere Schale mit einem roten, blasser werdenden Kern, und manchmal hatte ich sie gehaßt, und zu andern Zeiten hatte ich sie gefürchtet, und nun hätt’ ich froh sein sollen. Aber es war was geblieben, das nicht mal das Feuer auch nur angerührt hatte. Vielleicht ist’s weiter nichts als das – bloß Unzerstörbarkeit, Dauerhaftigkeit -, und der

wissen, daß sie so nötig ist wie noch nie. Nicht als Systemkleber, sondern als Sand im Getriebe. Sie brauchte ihre alten Grund-Sätze nur auszusprechen, und ein Sturm der Empörung würde an ihren Mauern und Dächern rütteln«; so R. Gronemeyer, Wozu noch Kirche? Berlin 1995, 212f.

alte Mann, der planen konnte, sie wieder aufzubauen, während ihre Mauern noch feurig glühten, und der ihr dann ruhig den Rücken drehen und weggehen konnte, weil er wußte, daß die Männer, die der neuen Kirche nie nix andres geben konnten als ihre Arbeit, daß die morgen früh bei Sonnenaufgang dasein würden, und den Tag danach, und den Tag danach auch, so lange wie's nötig war, und daß sie ihre Arbeit hergeben würden, um sie wieder aufzubauen. Darum war sie eigentlich überhaupt nicht verschwunden«.[25]

So ist es. Kirchen müssen von Zeit zu Zeit repariert werden. Kirchen können absichtlich oder unabsichtlich zerstört werden. Aber sie können erstaunlicherweise »überhaupt nicht verschwinden«. Und es finden sich immer Menschen, die dafür arbeiten und davon leben.

---

[25] W. Faulkner, Schindeln für den Herrn, Erzählungen I, Stuttgart 1965, 54.

Die Gemeinde der Heiligen
und die Volkskirche heute

I.

Die christliche Gemeinde ist eine Gemeinschaft der Heiligen. Jedenfalls wird sie ohne Einschränkung in den ersten Dokumenten der neu entstehenden Religion so bezeichnet. Paulus hat die Gemeinden in Korinth (1. Korinther 1,2), in Philippi (Philipper 1,1) und in Rom (Römer 1,7) mit diesem Wort angeredet. Und auch der Epheserbrief, ob er nun von Paulus stammt oder nicht, verwendet mit einer erstaunlichen Selbstverständlichkeit diesen Begriff (1,1).

Christ/innen sind für das Neue Testament nicht Heilige im moralischen Sinn. Gerade die Briefe des Paulus lassen erkennen, daß das Gemeindeleben von großen Konflikten belastet war. Immer wieder mußte der Apostel zur Einheit mahnen (1. Korinther 12,14, Römer 12,3ff). Auch unter den Christen gab es Rechtsstreitigkeiten (1. Korinther 6,1ff). Das sexuelle Verhalten Einzelner lieferte Anlaß zu Klagen und Fragen (1. Korinther 5,1ff, 7,1ff). Selbst die Teilnahme an heidnischen Kultmahlzeiten hielten einige für möglich (1. Korinther 8,1ff). Und sogar in einer für den Glauben so fundamentalen Frage wie der Auferstehungshoffnung gab es erhebliche Differenzen (1. Korinther 15,1ff). Die Gemeinden, in denen diese Heiligen lebten, boten durchaus nicht das Bild einer idealen Gemeinschaft, deren Glauben eindeutig und deren Verhalten einwandfrei war.

Ist die Anrede in den apostolischen Briefen also nur eine freundliche Formel, ein religiöses Kompliment gewissermaßen, das zur Kommunikation in frommen Kreisen gehört, aber keinen Realitätsgehalt aufweist? Auf den ersten Blick könnte man das vermuten. Wie das alttestamentliche Gottesvolk und die elitären Gruppierungen in Qumran verwenden auch die ersten Christ/innen eine Selbstbezeichnung, die sie aus der sozialen Umwelt heraushebt und ihr Selbstwertgefühl in der Diasporasituation steigern kann.[26]

Mindestens an einer Stelle wird aber auch deutlich, daß Paulus diese Anrede bewußt und gezielt verwendet. Zu Beginn des Galaterbriefs hat Paulus die Selbstdarstellung seiner apostolischen Autorität im Vergleich mit den anderen Briefen durchaus verstärkt: »nicht von Menschen gesandt, auch nicht durch einen Menschen eingesetzt, sondern durch Jesus Christus und Gott, den Vater, der ihn von den Toten auferweckt hat«, ist er Apostel (Galater 1,1). Die Anrede an die Adressaten

---

[26] Vgl. R. Schnackenburg, Der Brief an die Epheser, EKK X, Zürich/Neukirchen 1982, 40 Anm. 67.

dagegen ist auffällig kurz formuliert: »An die Gemeinden in Galatien« (1,2). Ob damit wirklich nur die »üblichen Beifügungen und christlichen Ehrbezeigungen«[27] fehlen, wird zu klären sein. Auf jeden Fall deutet Paulus mit dem Verzicht auf die Heiligen-Formel an, daß die Kirchlichkeit dieser Gemeinden in seinen Augen äußerst umstritten ist. Eine Gemeinde, in der keine »Heiligen« leben, gerät an die Grenze zum Abfall.

Auch in der Gegenwart wird die Rede von der »Gemeinde der Heiligen« äußerst spärlich verwendet. Sehr viel beliebter, vielleicht auch sehr viel zutreffender ist eine andere Formel. Auf allen Ebenen der kirchlichen Hierarchie redet man von »unserer Volkskirche«, die es zu pflegen und zu bewahren gilt. »Unsere Volkskirche« ist ein Modell, das »Heilige« nicht unbedingt nötig hat, um am Leben zu bleiben. Jedenfalls ist zunächst einmal zu prüfen, ob und in welchem Sinn die Evangelische Kirche in Deutschland gegenwärtig die alte Selbstbezeichnung der Christ/innen noch aufgreift.

II.

Wer nach dem Selbstverständnis der Evangelischen Kirche in Deutschland fragt, gerät in Schwierigkeiten. Hier gibt es kein Lehramt und deshalb auch keine offiziellen Verlautbarungen, die Anspruch auf Allgemeingültigkeit erheben. Immerhin haben verschiedene Gremien der EKD in den beiden letzten Jahrzehnten Erklärungen abgegeben, aus denen sich einigermaßen deutlich ein Selbstbild des deutschen Protestantismus erheben läßt. Aufschlußreich sind diese halbamtlichen Texte deswegen, weil sie Stimmungen und Strategien im parochialen Bereich teils aufgegriffen, teils bestärkt, teils ausgelöst und vereindeutigt haben.

1977 hat der Theologische Ausschuß der VELKD die Frage gestellt: »Volkskirche – Kirche der Zukunft?«[28] 1978 hat die Kirchenkanzlei der EKD im Auftrag des Präsidiums der Synode der EKD ein Arbeitsbuch für die Gemeinden zum »Thema: Volkskirche« vorgelegt.[29] 1980 hat der Theologische Ausschuß der EKU ein zweibändiges Votum zur »Kirche als ›Gemeinde von Brüdern' (Barmen III)« publiziert.[30] 1986 hat das Kirchenamt im Auftrag des Rates der EKD »Eine Studie zum

---

[27] H.D. Betz, Der Galaterbrief. Ein Kommentar zum Brief des Apostels Paulus an die Gemeinden in Galatien, München 1988, 92.

[28] W. Lohff/L. Mohaupt (Hg.), Volkskirche – Kirche der Zukunft? – Leitlinien der Augsburgischen Konfession für das Kirchenverständnis heute, Hamburg 1977.

[29] Kirchenkanzlei der EKD (Hg.), Thema: Volkskirche. Ein Arbeitsbuch für die Gemeinde, Gelnhausen/Berlin 1978.

[30] A. Burgsmüller (Hg.), Kirche als »Gemeinde von Brüdern« (Barmen III), 2 Bände, Gütersloh 1980.

Weg der Kirche« unter dem Titel »Christsein gestalten« veröffentlicht.[31] Daneben gibt es eine Reihe von empirischen Untersuchungen, die kirchenamtlich angestoßen bzw. unterstützt worden sind und die an späterer Stelle zu berücksichtigen sein werden. Hier ist auf jeden Fall zu konstatieren, daß sich die evangelische Kirche in erstaunlichem Umfang mit sich selbst beschäftigt und in halboffiziellen Dokumenten auch selbst definiert hat.

Die bis heute gültige und handlungsleitende Parole hat 1977 die VELKD ausgegeben:»Kirche als Volkskirche ist ein zentrales Thema für die Zukunft. In neuer Weise werden wir uns der Fülle des Auftrages bewußt, der darin liegt, daß unsere Kirche in einem theologisch weiten und geistlich offenen Sinne Volkskirche ist. In einer Situation, in der traditionelle staatliche Bindungen und gesellschaftliche Abstützungen zurückgegangen sind, steht die Kirche vor der Aufgabe, ihre innere und äußere Selbständigkeit konstruktiv zu verantworten«.[32] Volkskirche ist evangelische Kirche, sofern sie eine offene Kirche ist. Die theologische Begründung für diese Position liefert ein Verständnis der Rechtfertigungslehre, wonach die Kirche »ohne selbstgemachte Bedingungen für den Heilsempfang«[33] uneingeschränkt der Freiheit der Christenmenschen zu dienen hat. Insofern ist sie »Institution der Freiheit«,[34] die sich nicht »in einzelnen Aktionsgruppen mit begrenzter Zielsetzung« auflösen darf.[35] Abgewehrt werden damit Versuche, das Christsein an bestimmte Frömmigkeitsformen oder an bestimmte politische Einstellungen zu binden, eine Abgrenzung, die seitdem in vielen kirchlichen Stellungnahmen immer wieder wirksam wird.

Wie wird die Kirche eine Institution der Freiheit? Daß ihre Freiheit gegenüber der Welt in der Bindung an Gott und also in ihrer Heiligkeit gründet, wird nirgends gesagt. Die Freiheit besteht in einer Idee, in einem Wissen, das diese Institution »in Wort und Sakrament« repräsentiert: »Sie hält nämlich das Wissen präsent, daß wir Menschen letztlich von dem leben, was uns gegeben wird, und nicht von dem, was uns aufgegeben ist«.[36] Dieses idealistische Verständnis von Freiheit kann sich natürlich in keiner Hinsicht als konkrete Befreiungsmacht manifestieren.

Die theologische Problematik dieser Aussage ist aber auch in anderer Hinsicht offenkundig. Die Volkskirche wird hier als Zukunftsmodell verkauft mit dem Bewußtsein: Wir sind schon die Kirche. Wir haben das Evangelium in unserer Mitte. Der kirchliche Kurialismus, der

---

[31] Kirchenamt der EKD (Hg.), Christsein gestalten. Eine Studie zum Weg der Kirche, Gütersloh 1986.
[32] Volkskirche – Kirche der Zukunft?, a.a.O., 11.
[33] A.a.O., 14.
[34] A.a.O., 15.
[35] A.a.O., 12.
[36] A.a.O., 15.

neben dem pastoralen Papalismus ein Grundproblem protestantischer Kirchlichkeit darstellt, meldet sich hier uneingeschränkt zu Wort. Deshalb wird von der Institution sehr machtvoll und vom christlichen Leben sehr dürftig geredet. Auf der einen Seite werden geistlicher Auftrag und institutionelle Gestalt miteinander kombiniert: »Die Kirche ist Institution, weil sie als handelnde Kirche theologische Inhalte und geistliche Aufgaben wahrnimmt, die ihr vorgegeben sind, über die sie aber nicht verfügt«.[37] Wenn diese Schlußaussage aber wirklich ernst gemeint wäre, dann müßte der institutionelle Rahmen des kirchlichen Lebens sehr viel zurückhaltender beschrieben werden, als es hier geschieht. Vor allem müßte die Gleichsetzung zwischen aktueller Volkskirche und Gemeinde Jesu Christi etwas differenzierter ausfallen. Auf der anderen Seite stellt es eine unvertretbare Reduktion der Glaubenswirklichkeit dar, wenn diese Wirklichkeit zu einem Wissen von der schlechthinnigen Vorgegebenheit des Daseins zusammenschrumpft. Hier erklärt sich eine religiöse Institution zum Hort einer Freiheitsidee, ohne das Fundament dieser Freiheit in der Wirklichkeit des heiligen Gottes präzise benennen zu können. Die Kirche der Freiheit will offene Kirche sein, offen gegenüber den Menschen, und setzt auf hybride Weise voraus, daß die Offenheit von Gott her und zu Gott hin in ihr schon vorhanden ist.

Eine entsprechende Voraussetzung enthalten die Dokumente, die die Freiburger EKD-Synode 1975 behandelt und die R. Schloz in seinem Arbeitsbuch »Thema: Volkskirche« veröffentlicht hat. Der Rat der EDK hat damals ein »Arbeitsergebnis« zusammengestellt, das nach der Zitation von CA VII und Apologie VII,21 mit den verräterischen Sätzen beginnt: »Die eine, heilige, christliche Kirche, die wir im Credo bekennen, verwirklicht sich in vielfältiger Gestalt«.[38] Man wird gerade in offiziellen Verlautbarungen einer Kirche des Wortes nicht unbedingt jede Formulierung auf die Goldwaage legen dürfen. Aber dieser erste Satz deutet unbeabsichtigt an, von welchem Geist die folgenden Äußerungen geprägt sind. »Die Kirche verwirklicht sich«? Zu den protestantischen Grundwahrheiten hat einmal die Einsicht gehört, daß die Kirche in keiner Hinsicht das Ergebnis kollektiver Selbstverwirklichung darstellt, sondern immer nur als Schöpfung des heiligen Gottes zu existieren vermag. Aber vielleicht ist die Einschätzung realistisch, daß sich die Volkskirche in der Tat nur durch Verfahren der Selbstverwirklichung zu konservieren vermag.

Für die Freiburger Erklärung ist der erste Satz deswegen typisch, weil auch die folgenden Erläuterungen dem sozialpsychologischen Ansatz voll huldigen: »Die Kirche ist die Gemeinschaft von Menschen,

---

[37] A.a.O., 14.
[38] Thema: Volkskirche, a.a.O., 194.

die ihr Leben durch Jesus Christus, seinen Tod, seine Auferstehung, seinen Geist bestimmt sein lassen – Leib Christi nach dem Zeugnis des Neuen Testaments. Sie hat von Christus her den Auftrag, der ganzen Menschheit die Botschaft vom Heil auszurichten: von der Sendung Christi, in der Gott sich dem Menschen zuwendet und ihm Freiheit, Versöhnung und Dienst ermöglicht. – Die Kirche ist damit die Gemeinschaft von Menschen, die durch diesen Auftrag bestimmt sind – Volk Gottes nach dem Zeugnis des Neuen Testaments«.[39]

Bei der Einzelausführung zeigt sich, wie gefährlich die damals beliebte Problemfigur »zwischen Auftrag und Erwartungen« gewesen ist. Für die kirchliche Selbstreflexion wird dadurch der Kontakt der Gottesbeziehung auf die Befehlsdimension beschränkt. Wer einen Auftrag erhalten hat, gehört schon dazu. Vorausgesetzt ist also auch hier, daß die Volkskirche immer schon Kirche ist. Dabei wird das Verhältnis der Kirche zu ihrem Herrn gesetzlich bestimmt. Und dabei geht auch verloren, daß sich keine Institution mit dem Leib Christi einfach identifizieren kann. Nicht der Kontakt mit der Heiligkeit Gottes, sondern die Kommunikation mit den Zeitgenossen bestimmt infolgedessen den Aufgabenkatalog, der das Handeln der Volkskirche in der Zukunft beeinflussen soll. Die einzelnen Punkte, die dabei aufgeführt werden, sind an sich durchaus wichtig.[40] Aber sie alle können sinnvoll nur in Angriff genommen werden, wenn die Volkskirche sich ihrer zentralen Sache schon sicher ist. Im Spannungsbogen zwischen »Auftrag und Erwartungen« bleibt die Frage außer Betracht, ob »unsere Volkskirche« den »Leib Christi« denn wirklich repräsentiert.

Sehr viel sorgfältiger und sehr viel ausführlicher hat sich der Theologische Ausschuß der EKU um die begriffliche Klärung der kirchlichen Existenz bemüht. Zunächst wird dort die selbstverständliche Gültigkeit des volkskirchlichen Modells erheblich relativiert, auch wenn dabei ein spezifisches Verständnis des Stichworts impliziert ist: »Der Begriff ›Volkskirche‹ setzt nach seinem historischen wie auch nach seinem noch heute geläufigen Verständnis einen zugleich umfassenden und geschlossenen Charakter der Kirche voraus: ihr (bzw. den beiden großen Kirchen) sollen alle Mitglieder des Volkes angehören; und sie ist zugleich die Kirche nur eines Volkes«.[41] Im weiteren wird die Problematik einer praktischen Funktionalisierung des kirchlichen Handelns für gesellschaftliche Bedürfnisse ebenso angesprochen wie die grundlegende Spannung zwischen der Institutionalität von Kirche und dem »Geschehenscharakter der Verkündigung« wie dem »Gemeinschaftscharakter der christlichen Gemeinde«.[42] Grundlegend für die

---

[39] A.a.O., 195.
[40] A.a.O., 202ff.
[41] Kirche als »Gemeinde von Brüdern« (Barmen III), Band 2, a.a.O., 59.
[42] A.a.O., 63.

Integration all dieser Gesichtspunkte ist die Unterscheidung zwischen geglaubter und erfahrener Kirche. Diese Unterscheidung wird auch in anderen Dokumenten immer wieder berührt, aber sie ist hier besonders ausgewogen zur Geltung gebracht, schon durch die erkenntnisleitende Aussage: »Dabei ist das Verhältnis von Glaube und Erfahrung unumkehrbar: Der Glaube macht wohl Erfahrungen, aber die Erfahrungen machen nicht den Glauben. Die geglaubte Kirche begegnet uns in der erfahrenen Kirche. Die erfahrene Kirche aber ist Kirche nur als geglaubte Kirche, deren Wahrheit der gegenwärtige Jesus Christus selbst ist«.[43]

In diesem Rahmen können auch all die Widersprüche aufgegriffen werden, die gerade bewußte Christen im Blick auf die empirische Institution empfinden: »Geglaubt wird die eine Kirche; erfahren dagegen eine zerrissene und zerstrittene Christenheit. Geglaubt wird eine heilige Kirche; erfahren wird dagegen ein eigenmächtiges menschliches Unternehmen. Geglaubt wird eine allgemeine Kirche; erfahren werden dagegen vielfältig abgegrenzte Kirchen. Geglaubt wird eine apostolische Kirche; erfahren werden dagegen von sich selbst redende und auf sich selbst bezogene Menschen. Auch das Erleiden solchen Widerspruchs kann durchaus das Geheimnis der geglaubten Kirche in und trotz der erfahrenen Kirche andeuten«.[44] Auf der anderen Seite wird aber auch nachdrücklich vor dem Versuch gewarnt, diese Widersprüche prinzipiell und praktisch beseitigen zu wollen. »Wo freilich nur der Gegensatz empfunden und behauptet wird, droht mit der erfahrenen Kirche auch die geglaubte Kirche verloren zu gehen. Man entzieht sich dann ihrer wesenhaften Spannung: sei es durch Rückzug auf eine vermeintlich rein geistliche Gemeinschaft oder sei es durch Flucht in eine nur individuelle Beziehung zu Jesus Christus«.[45]

Damit deutet sich eine Abwehrstrategie an, die in diesem Dokument weitgehend vermieden wird, die aber in kirchlichen Stellungnahmen und pastoralen Äußerungen immer wieder agiert wird. Wer die volkskirchliche Situation kritisiert, dem wird sehr schnell unterstellt, er wolle mit seiner Kritik die Spannung zwischen geglaubter und erfahrener Kirche aufheben und ein utopisches, schwärmerisches Modell idealer Kirchlichkeit realisieren. Das muß keineswegs so gemeint sein. Und die Reformatoren wollten mit ihrer Unterscheidung ja durchaus nicht die vorhandene Kirchlichkeit sanktionieren.

Der Protestantismus der Gegenwart muß darauf achten, daß er die reformatorische Differenzierung nicht zur Legitimation eigener Unzulänglichkeiten mißbraucht. Man kann die Botschaft von der Rechtfertigung, daß kein Mensch für sein Heil etwas tun muß, verfälschen, in-

---

[43] A.a.O., 37.
[44] A.a.O., 37f.
[45] A.a.O., 38.

dem man behauptet, daß kein Mensch gegenüber Gott etwas tun kann. Man verfälscht die Rechtfertigungslehre, wenn man in ihrem Rahmen nicht mehr von Heiligung redet. Man kann die notwendige Kritik an der Moral so verabsolutieren, daß man für sich selbst auf moralische Normen verzichtet. Man kann mit dem Hinweis auf die zu glaubende Kirche jede kritische Anfrage an die erfahrene Kirche zum Schweigen bringen.

Das Dokument der EKU wird vor einer solchen Immunisierungsstrategie nicht zuletzt durch die These III der theologischen Erklärung von Barmen geschützt. »'Erfahrene‹ Kirche heißt also durchaus auch: irrende und fremdbestimmte statt bezeugende und gehorsame Kirche. Weil und insofern die so erfahrene Kirche jedoch in Spannung zur geglaubten Kirche tritt, heißt erfahrene und erfahrbare Kirche vor allem: Kirche in der Bewegung der Buße und der bestimmten Verneinung alles dessen, was ihrer Wahrheit und Berufung widerspricht«.[46]

Ganz anders, nämlich empirisch ausgerichtet und von legitimatorischer Absicht getragen, ist die EKD-Studie »Christsein gestalten«. Das zeigen schon die ersten Kapitel, die sich mit Phänomenen nachlassender Traditionsbindung und Strukturen der individuellen Kirchenbeziehung beschäftigen. In den letzten Kapiteln geht es dann um Aspekte gegenwärtiger Kirchlichkeit, um »Typen gegenwärtiger Praxis«, um »Christsein als Gestaltungsaufgabe« und um Schwerpunkte, die bei dieser Aufgabe zu berücksichtigen sind. Daß das ganze Unternehmen, von dem hier die Rede ist, sich Kirche nennt, wird nirgends auch nur andeutungsweise in Frage gestellt. »Wer aber ist die Kirche? Sie ist die Gemeinschaft der Gläubigen, die sich in unterschiedlichen Formen und auf verschiedenen Ebenen organisiert«.[47] Hier ist sie wieder, die Volkskirche, die mit dem Problem der Selbstverwirklichung und Selbsterhaltung beschäftigt ist. Die grundlegende Schwierigkeit besteht für die kirchliche Gegenwart nämlich darin, daß die gelebte Christlichkeit »unserer kirchlich-theologischen Normerwartung«[48] nicht entspricht.

Im Mittelpunkt der theologischen Überlegung steht also nicht mehr die Unterscheidung zwischen erfahrener und geglaubter Kirche, sondern die mentalitätsgeschichtliche Veränderung zwischen traditioneller und neuzeitlicher Subjektivität. »Die Gestaltungsaufgabe besteht darin, zwei gleichermaßen gültige Voraussetzungen, die in Spannung zueinander stehen, miteinander zu versöhnen: – die biblischen Kriterien für das Christsein: ›Nachfolge Christi‹, ›Glaube als totale Selbstübereignung an Christus‹, ›lebendige Gliedschaft am Leibe Christi, der Gemeinschaft der Gläubigen/Getauften‹; – das neuzeitliche Freiheits-

---

[46] A.a.O., 39.
[47] Christsein gestalten, a.a.O., 12.
[48] A.a.O., 11.

bewußtsein: Emanzipation des Individuums und Rückgang der Traditionslenkung, Differenzierung der Lebenswelten und Vielfalt von Rollenmustern«.[49]

Nun sind in dieser Spannung zahlreiche Problemaspekte von zentraler Relevanz angesprochen. Wie ist der Totalanspruch von Religion angesichts der kritischen Haltung selbstbewußter Subjekte in der Gegenwart lebenspraktisch zu realisieren? Die Schwierigkeit der Studie resultiert daraus, daß sie, wie schon die Verwendung von Anführungszeichen für die Wiedergabe der biblischen Stichworte zeigt, vor dem Totalanspruch des neuzeitlichen Subjektivismus kapitulieren muß, weil sie die religiöse Tradition nur in Begriffen dieser Subjektivität anzusprechen vermag. Denn handelt es sich in den neutestamentlichen Aussagen wirklich um »Kriterien für das Christsein«, um die Werte »unserer kirchlich-theologischen Normerwartung«,[50] um eine religiöse Metaphorik, die einer vergangenen Zeit angehört? Im Konflikt zwischen traditionellen Normen und dem Anspruch des emanzipierten Individuums gibt es gute Gründe, sich für das gegenwärtige Selbstbewußtsein zu entscheiden. Aber vielleicht ist das Evangelium, das Paulus eine Gotteskraft nennt (Römer 1,16), doch mehr als ein Normenkatalog überlieferter Christlichkeit. Vielleicht kann die »Gemeinde der Heiligen« sich angemessen nur organisieren, wenn sie den »Leib Christi« nicht metaphorisch versteht, sondern als tragende und nährende Wirklichkeit ihres Daseins ernst nimmt. Und vielleicht wartet auch das neuzeitliche Subjekt bei aller verständlichen Distanz gegenüber den Institutionen auf die Begegnung mit einer Macht, die Menschen dem Teufelskreis der Dauerreflexion und der Selbstlegitimation entzieht und ihnen nicht nur die Idee einer Freiheit vermittelt.

III.

In den offiziösen Verlautbarungen der deutschen evangelischen Landeskirchen kommen die »Heiligen« des Neuen Testaments nicht mehr vor. Entweder übersteigt dieser Begriff die vorwiegend empirische Ebene, auf der sich die kirchlichen Dokumente bewegen. Oder der Verzicht auf seine Verwendung enthält eine angemessene Wiedergabe der Realitäten. In der »Volkskirche« gibt es nichts Heiliges mehr. Schließlich kann hinter diesem Verzicht auch die Meinung stehen, dieses Stichwort sei für die Gestaltung und Beschreibung von Kirche in der Gegenwart nicht mehr nötig. »Unsere Volkskirche« redet von der »Gemeinde der Heiligen« immer nur dann, wenn Christ/innen im Gottesdienst das apostolische Glaubensbekenntnis sprechen. Daß eine sol-

[49] A.a.O., 40.
[50] A.a.O., 11.

che Aussage im liturgischen Zeugnis erhebliche Konsequenzen für den Lebensvollzug und die strukturelle Gestaltung von Kirche mit sich bringt, ist aus den Äußerungen zur Selbstdefinition nicht zu erschließen.

Es sind immer wieder dieselben simplen Gedankengänge, mit deren Hilfe man sich die neutestamentlichen Feststellungen zum Wesen der Kirche auf Distanz halten kann. Einerseits sind diese Aussagen unglaublich wichtig, weil sie den Anspruch der Organisation, die sich selbst als Kirche bezeichnet, in jeder Hinsicht begründen. Auf der anderen Seite sind diese Feststellungen auch gefährlich, weil die gegenwärtige Kirche am Maßstab der neutestamentlichen Gründungsurkunden in vielen zentralen Punkten kritisiert und verändert werden müßte. Das Dilemma, das auf diese Weise entsteht, soll in der öffentlichen Diskussion durch eine Reihe von Argumentationsfiguren behoben werden.

Zunächst wird auf den historischen Abstand verwiesen, der die heutige kirchliche Wirklichkeit von den frühchristlichen Ursprüngen trennt. Die Christen damals lebten in einer Gesellschaft, die sehr viel stärker von religiösen Fragen bewegt und in religiöser Sprache bewandert war. Deshalb konnten Ausdrücke wie »Gemeinde der Heiligen«, »Leib Christi«, »neues Israel« sehr viel leichter verstanden und sehr viel häufiger verwendet werden.

Diese historische Überlegung wird gern durch ein soziologisches Argument untermauert. Die frühchristlichen Gemeinden waren eine absolute Minorität in ihrer sozialen Umgebung. Und es ist bekannt, daß solche Gruppierungen, um das eigene Überleben zu sichern, ein übersteigertes Selbstwertgefühl entwickeln. Dann greifen sie zu Selbstbezeichnungen, die den Unterschied zu den Zeitgenossen auf extreme Weise markieren. Sie sind »Heilige« in einer unheiligen Welt. Sie sind »Erwählte«, die sich von den Gottlosen in ihrer Umgebung grundlegend unterscheiden. Das alles aber gehört in die Struktur einer Mentalität, die vielleicht in der Minderheitssituation einer Sekte, aber keineswegs in der modernen Volkskirche wiederholt werden kann.

Deshalb entwickelt man an dieser Stelle sehr schnell auch einen psychologisch orientierten Verdacht. Der, der die Kirche unter Berufung auf neutestamentliche Texte kritisiert, wird entweder als unverbesserlicher Idealist oder als Vertreter einer sektiererischen Gesetzlichkeit denunziert. Auch wenn er etwas anderes sagt und etwas anderes meint, wird ihm leicht unterstellt, er wolle eine ideale Gemeinschaft von »Heiligen« schaffen, die es so weder in neutestamentlicher Zeit noch in der späteren Kirchengeschichte je wirklich gegeben hat.

In theologischer Hinsicht wird die Differenz zwischen »unserer Volkskirche« und der »Gemeinde der Heiligen« in den vorgestellten Dokumenten mit dem Hinweis auf die reformatorische Theologie verteidigt. Luther hat in der Tat behauptet, man müsse auf jeden Fall zwischen der erfahrbaren und der zu glaubenden Kirche unterscheiden. Und diese Unterscheidung soll dann auch für die Volkskirche gelten. »Unsere Volkskirche«, wie sie nun einmal ist, wäre dann, was ihre Mitglieder in jedem Gottesdienst bekennen: »die Gemeinde der Heiligen«. Aber hat Luther das so einfach gemeint? Und kommt man in der Gegenwart so einfach davon? Man spricht einen Satz aus dem Glaubensbekenntnis und braucht sich nicht mehr zu ändern?

Luthers Behauptung, daß die wahre Gemeinde Jesu Christi unsichtbar sei, war ja gegen eine Organisation gerichtet, die den Leib Christi mit ihren sozialen Strukturen sichtbar repräsentieren wollte. Demgegenüber hat der Reformator mit Nachdruck betont: »Es ist ein hoch, tief, verborgen Ding die Kirche, daß sie niemand kennen noch sehen mag, sondern allein an der Taufe, Sakrament und Wort fassen und gläuben muß«.[51] Keine Organisationsform, keine Rechtsordnung, keine Ämterhierarchie vermag die Verborgenheit dessen, was durch Wort und Sakrament an den Menschen geschieht, angemessen wiederzugeben. Die Unsichtbarkeit der Kirche wird behauptet gegen die hybride Absicht einer Organisation, das Wunder der Gegenwart Gottes in ihrer sozialen Gestalt sichtbar zu manifestieren.

Was Luther kirchenkritisch gemeint hat, darf freilich nicht dazu dienen, sich gegen Kirchenkritik zu immunisieren. Damals hat man römischerseits postuliert: Die Kirche ist sichtbar, und damit Luthers Opposition provoziert. Heute sagt man im Protestantismus sehr gern: Die Kirche des Glaubens ist unsichtbar, um sich der Kritik an der erfahrenen und erlittenen Kirche nicht stellen zu müssen.

Weil gerade jene Kirchentümer, die sich in ihrem Namen auf Luther berufen, mit diesem Argument sehr leichtfertig umgehen, sollen in der gebotenen Kürze auch zwei namhafte Forscher zu Wort kommen. Zunächst ist an die Feststellung von P. Althaus zu erinnern: »so stark Luther die Unsichtbarkeit des Glaubens und damit die Verborgenheit der Kirche hierarchischen Ansprüchen gegenüber betont, so wenig hat sie bei ihm absoluten Sinn. Sie ist vielmehr nur relativ gemeint, als Antithese gegen ein selbstherrliches Kirchentum«.[52] Noch aufschlußreicher sind die Aussagen von H. Bornkamm, der die bis heute so beliebte Doppelung von sichtbarer und unsichtbarer Kirche auf Melanchthon zurückführt, indem er zeigt, wie sich bei ihm »neben Luthers Kirchenbegriff ein zweiter Begriff stellt. Die Kirche ist auch eine äußere Gesellschaftsform wie andere Gesellschaftsformen (Staat, Städte, Innungen usw.) auch. Dieser andere Begriff steht zunächst ganz unbetont in zweiter Linie, wird dann allmählich neben den ersten gesetzt, und

---

[51] WA 51, 507.
[52] P. Althaus, Die Theologie Martin Luthers, Gütersloh 1962, 253.

schließlich ist in der von Melanchthon bestimmten lutherischen Orthodoxie ein zweiter gleichberechtigter Kirchenbegriff entstanden, die sichtbare neben der unsichtbaren Kirche. Diese Zweiteilung hat Luther niemals gehabt«.[53]

IV.

Ist »unsere Volkskirche« eine »Gemeinde der Heiligen«? Oder kann sie es mindestens werden? Wer diese Fragen verfolgen will, muß beide Größen so in Beziehung zueinander setzen, daß sie füreinander nicht unerreichbar werden. Die Unterscheidung zwischen sichtbarer und unsichtbarer Kirche tendiert faktisch zu einer Trennung, die allen Immunisierungswünschen Vorschub leistet. Weil die wahre Kirche auf jeden Fall unsichtbar bleibt, kann die sichtbare Kirche so bleiben, wie sie ist. Wenn die unsichtbare Kirche nicht andeutungsweise erfahrbar wird, wird die sichtbare Kirche nicht veränderbar. Gibt es ein Alternativmodell für die Zuordnung von empirischer Sozialität und religiöser Qualität im Blick auf die Gemeinde der Heiligen?

Der folgende Vorschlag rechnet damit, daß das, was im Neuen Testament Kirche heißt, gegenwärtig in dreifacher Gestalt sozial existiert. Es gibt diese Kirche als Organisation. Es gibt sie als Milieu. Und es gibt sie als »Gemeinde der Heiligen«. In allen drei Bereichen gibt es erfahrbare Phänomene. Die drei Bereiche unterscheiden sich jedoch durch die Medien und die Währungen, mit denen jeweils kommuniziert wird. Ob sich die drei Bereiche gegenseitig sinnvoll ergänzen oder ob sie sich eher stören, ist eine Frage, die generell schwer zu entscheiden ist. Zu vermuten ist nur, die Annahme, Organisation und Milieu würden dem Leib Christi immer nur dienen, sei eine mehr oder weniger fromme Illusion.

Daß die Kirche in ihrer landeskirchlichen Verfaßtheit als Organisation existiert, ist offenkundig. Ob man den Begriff stärker organisationssoziologisch füllt und auf die arbeitsteilige Verfolgung eines gemeinsamen Zweckes verweist oder ob man im Rahmen systemtheoretischer Betrachtung stärker den Formalisierungsgrad und die Fähigkeit zur Selbststeuerung als Maßstab nimmt,[54] ist von relativer Bedeutung. Die Landeskirchen haben ein eigenständiges Rechts- und Verwaltungssystem entwickelt. Sie sind Arbeitgeber von beträchtlichem Umfang. Sie sind von den Vor- und Nachteilen bürokratischer Herrschaft in ähnlicher Weise betroffen wie vergleichbare Gebilde in Staat, Wirtschaft und den Verbänden.

Im Unterschied zu dem, was im Milieu und in der Heilsgemeinschaft

---

[53] H. Bornkamm, Luthers geistige Welt, Gütersloh 1953, 143.

[54] Vgl. F.-X. Kaufmann, Kirche begreifen. Analysen und Thesen zur gesellschaftlichen Verfassung des Christentums, Freiburg 1979, 45ff.

geschieht, verläuft die Kommunikation in der Organisation meist auf indirekten Kanälen. Gesetze, Erlasse und sonstige Vorschriften regeln die Abläufe. Statistiken und Akten halten Vorgänge fest. Briefe, Telefongespräche, neuerdings auch Faxgeräte, Internet und E-mail vermitteln Kontakte, die gelegentlich zu Sitzungen und Tagungen gebündelt werden. Die Kommunikation verläuft also meist technisch vermittelt und rational gesteuert. Auf der inhaltlichen Ebene werden vorwiegend die Rechte und die Pflichten der Mitglieder und ihrer pastoralen Repräsentanten ausgehandelt. Die Ökonomie der Kommunikation betrifft den Austausch von finanziellen Leistungen, die an der Basis erhoben werden und in vielfach verwandelter Form teilweise wieder an die Basis zurückfließen.

Kirche als Organisation hat es im Neuen Testament höchstens ansatzweise gegeben, etwa bei der realen oder idealen Einberufung des sogenannten Apostelkonzils.[55] Ob diese Gestalt von Kirche in ihrer jetzigen Ausdehnung so notwendig ist, wie alle Beteiligten immer wieder eilfertig versichern, mag dahingestellt bleiben. Daß die Organisation als solche »Kirche« darstellen oder herstellen kann, wird niemand ernsthaft behaupten. Im besten Fall kann sie Hilfsdienste dafür leisten, daß in den Gemeinden Kirche geschieht.

Die kirchliche Wirklichkeit auf der Gemeindeebene sieht anders aus. Auch wenn die Einzelgemeinden im Netz der Organisation zusammengebunden sind, muß man das parochiale Milieu von der Organisation unterscheiden, weil hier andere Kommunikationsmedien und Kommunikationswerte gelten. Das Gemeindeleben vollzieht sich in face-to-face-Relationen, also in persönlichen Kontakten, die in Einzelgesprächen und durch Gruppenbeteiligung zustande kommen und häufig, aber nicht immer um die Person des Pfarrers/der Pfarrerin zentriert sind. Weil die Organisation das den Beteiligten im Augenblick noch abnimmt, spielen dabei finanzielle Fragen nur in Ausnahmefällen, etwa bei angedrohtem Kirchenaustritt, eine Rolle. In der Regel erfolgt der Austausch hier in Form von Streicheleinheiten. Alle, die am Gemeindeleben regelmäßig partizipieren, liefern einander Bestätigungswerte in Form von personaler Zuwendung und sozialer Anerkennung.[56] Viele Menschen, die gesellschaftlich isoliert leben, finden auf diese Weise Geborgenheit und sozialen Halt.

Nicht alle Mitglieder der Organisation sind auch Teilnehmer am Gemeindeleben. Schon das ist ein Grund dafür, das Netz von Sozialkontakten, das sich in der Gemeinde bildet, als Milieu zu bezeichnen. Hier treffen sich Menschen, die »durch gruppenspezifische Existenzformen

---

[55] Vgl. G. Lüdemann, Das frühe Christentum nach den Traditionen der Apostelgeschichte. Ein Kommentar, Göttingen, 1987, 172ff.

[56] Vgl. E. Goffman, Der bestätigende Austausch, in: M. Auwärter/E. Kirsch/M. Schröter (Hg.), Seminar: Kommunikation, Interaktion, Identität, Frankfurt 1976, 35ff.

und erhöhte Binnenkommunikation«[57] sich von anderen abheben. Das, was man meistens als »Kerngemeinde« bezeichnet, bildet gegenüber anderen kommunalen Milieus teils eine Alternative, teils eine Ergänzung. Wer nicht zum »Rotlicht«-Milieu gehört, wer nicht singen kann oder sportlich aktiv sein will, wer kein Junggeselle, Skatbruder oder Schützenmitglied ist, der findet in der Kirchengemeinde immer noch soziale Kontakte. Eher im Abnehmen begriffen sind jene ländlichen Konstellationen, in denen die Meinungsführer selbstverständlich allen dörflichen Vereinen und Gemeinschaften angehören.

Natürlich hat es Gemeinde in der Geschichte nie ohne Milieu gegeben. Die Frommen und die Friedensfreunde, die Erwählten und die Berufenen haben immer sehr schnell Gruppenformen entwickelt, die durch einen bestimmten Stil im Verhalten und in den Einstellungen ihre Zusammengehörigkeit nach innen stützten und nach außen demonstrierten. Das Milieu benötigt dafür keine festen Vorschriften und Verhaltensregeln. Durch Kleidung, Sprache und Einstellungen, durch Gewohnheiten und gemeinsame Werte entsteht eine Konformität, die nach außen sehr deutlich signalisiert, wer dazugehört und wer nicht. Milieus haben immer exklusiven Charakter und exkommunikative Tendenzen. Schon deshalb ist festzuhalten, daß das Klima einer freundlichen Geselligkeit und der Austausch von Bestätigungswerten, so hilfreich er für Einzelpersonen auch sein kann,[58] mit dem, was in der Gemeinde der Heiligen abläuft, noch nicht identisch ist.

Kirche, die mehr ist als eine gut funktionierende Organisation und auch mehr als ein einladendes Milieu netter Menschen, entsteht nach reformatorischer Lehre dort, wo »das Evangelium rein gepredigt und die Sakramente recht verwaltet werden« (CA V).[59] Die Kirche, die ihren Namen verdient, existiert also keineswegs in einem unsichtbaren, unerfahrbaren Niemandsland. Vielmehr wird sie hörbar und faßbar, sofern nicht nur die Akten, sondern auch die Sakramente richtig verwaltet werden und sofern nicht nur menschliche Freundlichkeiten ausgetauscht werden, sondern auch das Evangelium Gottes zur Sprache kommt. In, mit und unter Organisation und Milieu kann der Leib Christi Wirklichkeit werden. In, mit und unter Organisation und Milieu kann die Schar der Heiligen, die durch Wort und Sakrament geheiligt werden, wachsen.

Freilich, eine Selbstverständlichkeit ist das nicht. Eine Garantie da-

---

[57] G.Schulze, Die Erlebnisgesellschaft. Kultursoziologie der Gegenwart, Frankfurt 1992, 174.

[58] D. Stollberg, Seelsorge durch die Gruppe, Göttingen 1971, 17f, redet von »funktionaler Seelsorge«, die durch Beteiligung an Gemeindekreisen erfolgt.

[59] Zur aktuellen Bedeutung der reformatorischen Ekklesiologie, vgl. H. Th. Goebel, Notae ecclesiae. Zum Problem der Unterscheidung der wahren Kirche von der falschen Kirche, EvTh 50, 1990, 222ff.

für können weder die Organisation noch das Milieu ihren Mitgliedern bieten. Sie können bestenfalls die Voraussetzungen dafür bereitstellen, daß in der Gemeinde Gottes Gegenwart Wirklichkeit wird. Sie können Rituale vollziehen und Symbole erstellen, in denen sich die Macht des Heiligen niederläßt. Aber die Währung, die diese Medien mit Leben erfüllt, steht nicht zu ihrer Verfügung. Das Evangelium ist eine »Kraft Gottes«, definiert Paulus an entscheidender Stelle (Römer 1,16). Wenn diese Macht zur Wirkung gelangt, dann wirkt der Heilige Geist. Kein Geld, keine Streicheleinheit kann diese Wirkkraft erwerben oder ersetzen. Auch die Volkskirche kann mit ihrer perfekten Organisation und in ihrem mehr oder weniger attraktiven Milieu »Gemeinde der Heiligen« nur werden, wenn in ihrer Mitte die Macht Gottes zur Wirkung kommt. Insofern ist die uneingeschränkte Annahme von Organisation und Milieu, sie seien schon Kirche, eine hybride Behauptung, die nicht dadurch an Wahrheitsgehalt gewinnt, daß man sie andauernd wiederholt. Kirche kann Ort der Freiheit nur sein und bleiben, solange das Wort der Freiheit erklingt und der Geist der Befreiung wirkt.

Das Wachstum des Leibes
und die Entwicklung der Körperschaft

I.

Die Heiligen befinden sich in einem Wachstumsprozeß. Die Fülle Gottes manifestiert sich als ein Bau, »erbaut auf dem Grund der Apostel und Propheten, in dem Jesus Christus der Schlußstein ist. Durch ihn wird der ganze Bau zusammengehalten und wächst zu einem heiligen Tempel im Herrn. Durch ihn werdet auch ihr miterbaut zu einer Wohnung Gottes im Geist« (2,20-22).

Durch den Vergleich mit den paulinischen Aussagen zur Erbauung hat Ph. Vielhauer die Eigenart der Texte im Epheserbrief herausgearbeitet. Zunächst gilt: »es liegt kein übertragener Sprachgebrauch vor, wie etwa bei Pls. Die Oikodome 2,21 als Gebäude ist eine Realität, der dadurch nichts abgebrochen wird, daß sie eine himmlische Realität ist. Das war in dem paulinischen sakralen Sprachgebrauch von ›bauen‹ und ›Bau‹ nicht der Fall, obwohl er die Vorstellung von der Gemeinde als Tempel und Behausung Gottes kannte«.[60] Sodann wird der ekklesiologische, transindividuelle Charakter der Aussage dadurch radikalisiert, »daß die Kirche für ihn die himmlische Oikodome ist, und daß Oikodome als Vorgang den Einbau der Gläubigen in diesen himmlischen Bau bezeichnet«.[61] Schließlich gewinnt die Aussage ihre »besondere Prägung durch die streng christologische Bezogenheit; diese zeigt sich schon Eph 2, wo Christus als der Schlußstein bezeichnet wird (der entscheidende Bedeutung für den Bau hat) und das Bild vom Bau durch das vom neuen Anthropos gestört wird, und wird vollends deutlich Eph 4 im Begriff des Aufbaus des Leibes Christi. ›Erbauung‹ ist wirkliche Erbauung nur dann, wenn sie Bau der Kirche, des Leibes Christi ist. Mit dieser Formel ›Bau des Leibes Christi‹ hat der Eph – auf den sachlichen theologischen Gehalt gesehen – auch die eigentliche Intention des paulinischen Oikodome-Begriffes zu ihrem schärfsten Ausdruck gebracht«.[62]

Erbauung der Gemeinde, wie der Epheserbrief sie versteht, ist mit den gängigen Vorstellungen, die sich mit diesem Begriff verbinden, in keiner Weise identisch. Erbauung der Gemeinde meint hier kein quantitativ-statistisches Wachstum, wie es soziologisch-institutionellem Denken entspricht. Auch eine Zunahme individueller Gläubigkeit, auf die ein pietistisch-psychologisches Modell so großen Wert legt, bleibt

---

[60] Ph. Vielhauer, Oikodome. Aufsätze zum Neuen Testament 2, ThB 65, München 1979, 133.
[61] A.a.O., 134.
[62] Ebd.

38

hier außer Betracht. Die Gemeinde der Heiligen wird dadurch erbaut, daß sie in den energetischen Zirkel der Fülle Gottes gerät. Sie ist auf Christus gegründet und wächst zu Christus hin (4,13). Sie ist von Gott erwählt und wandert in seine Herrlichkeit (1,4ff). Sie ist vom Geist ergriffen und bestimmt »zu wahrer Gerechtigkeit und Heiligkeit« (4,24).

In einer Zeit, in der die Landeskirchen mit Konzepten des Gemeindeaufbaus experimentieren und Planungen für den Stellenabbau allmählich realisieren, können Sätze hilfreich sein, mit denen E. Käsemann vor einer simplen Auflösung der Alternative »Kirche als Ereignis oder als Institution« gewarnt hat: »Niemals darf die Kirche in jenem Sinn als Institution erscheinen, daß sie das Wort in ihre Regie nehmen und es zur konfessionellen oder konventikelhaften Tradition umformen dürfte. Sie wird vom Wort regiert und bewahrt nur damit ihren eschatologischen Charakter, Stätte der praesentia dei und Stand unter der weltweiten Berufung in die Gotteskindschaft zu sein. Andererseits ist das Wort nicht jene Erleuchtung, welche den einzelnen oder eine Gruppe isoliert, sondern die Botschaft des Friedens, die sich in der Geschichte des Gottesvolkes als Verheißung, Begründung und Bewahrung des Standes coram deo verwirklicht hat und in die Gemeinschaft dieses Gottesvolkes eingliedert. Es gibt Kontinuität der Gnade, weil es eine historisch nicht demonstrierbare und nicht metaphysisch zu begründende, aber in der Verkündigung sich durchhaltende Geschichte des göttlichen Wortes gibt«.[63]

Der christliche Glaube läßt sich also nicht auf die Punktualität eines Sprachereignisses reduzieren. Zum Wachstum des Leibes Christi, zur Erbauung der Gemeinde gehören Tradition und Konstanz. Die Faktoren der Kontinuität müssen freilich von der Kraft des Kontinuums geprägt sein. Die Christuswirklichkeit, die im Bau der Gemeinde vonstatten geht, will nicht nur den Akt des Glaubens, sondern auch die Weitergabe des Glaubens bestimmen. Weil Wachstum in diesem Machtbereich nicht einfach mit regionaler Erweiterung, statistischer Zunahme, psychologischer Intensivierung gleichgesetzt werden kann, kann auch in der zeitlichen Dimension Kontinuität nicht einfach mit den Mitteln der Institutionalisierung, der Konfessionalisierung oder der Hierarchiebildung sichergestellt werden. Gemeindeaufbau des Leibes Christi befreit die Kirche immer auch von jenen Aspekten, die der Entfaltung der Christuswirklichkeit mehr oder weniger deutlich im Wege stehen.

---

[63] E. Käsemann, Epheser 2, 17-22, in: Exegetische Versuche und Besinnungen 1, Göttingen 1960, 283.

II.

Das Wachstum des Leibes Christi ist durch die Jahrhunderte weitergegangen. Was Missionsgeschichte heißt, ist ein vielschichtiger Prozeß, in dem die unterschiedlichsten Kräfte miteinander und gegeneinander gearbeitet haben. Persönliche Einsatzbereitschaft und individueller Ehrgeiz, Opposition gegen Herrschaftsverhältnisse und Kooperation mit den Machthabern, Befreiungsparolen und Zwangstaufen, diakonische Zuwendung und koloniale Ausbeutung, evangelische Aufklärung und gesetzliche Unterdrückung wurden wirksam in einem Gemisch, das das hervorgebracht hat, was wir Volkskirche nennen. Die divergenten Faktoren, die die Ausbreitung der christlichen Kirche beeinflußt haben, haben sich kristallisiert in jenen drei Sozialgestalten, die heute die Existenz der Gemeinde charakterisieren: Organisation, Milieu, Heilsgemeinde. Der Leib Christi hat sich einerseits in Form von Körperschaften öffentlichen Rechts zu einer sozial anerkannten und relevanten Größe verfestigt. Er hat andererseits Wirkungen aus sich entlassen, die den Bereich der organisierten Glaubensgemeinschaft weit transzendieren und in Begriffen vom christlichen Abendland bzw. vom neuzeitlichen Christentum eingefangen werden.

Beide Konstrukte zur Wirkungsgeschichte haben ihre idealen Epochen. Das christliche Abendland hat sich demnach am deutlichsten manifestiert in der Einheit von antiker Kultur, römischer Kurie und karolingischem Reich. Das neuzeitliche Christentum verdankt sich einer Entwicklung, die mit der Reformation ansetzt und in der Aufklärung ihre entscheidende Prägung erfährt. Beide Modelle enthalten spezifische Kulturtheorien und politische Optionen meist konservativer Natur. Beide unterscheiden sich aber diametral in der Frage, wie die gesellschaftliche Differenzierung in den letzten Jahrhunderten zu beurteilen ist. Während die Vertreter des christlichen Abendlandes diese Entwicklung als einen Verfallsprozeß im Sinne der Säkularisierung beklagen, betonen die Theoretiker des neuzeitlichen Christentums mit einer gewissen Emphase die positiven Aspekte der Entkirchlichung des christlichen Erbes.

So hat D. Rössler die Säkularisierungsthese durch die Annahme einer dreifachen Gestalt des Christentums in der Neuzeit zu überholen versucht. Spätestens seit der Aufklärung existiert für ihn das Christentum »als kirchliche, öffentliche und private Religion«.[64] Zum Christentum der Gesellschaft zählen sprachliche Traditionen, kulturelle Manifestationen, rituelle Sedimente (Weihnachten), die jenseits des kirchlich gebundenen Lebens in der Öffentlichkeit immer noch wirksam werden: »Die religiösen Gehalte, die implizit und unerkannt etwa in

---

[64] D. Rössler, Grundriß der Praktischen Theologie, Berlin 1986, 78.

40

einer Unterrichtsstunde über deutsche Literatur (mit-)vermittelt werden, lassen sich so wenig feststellen wie die, die in einem beiläufigen Gespräch zwischen der Krankenschwester und einem todkranken Patienten enthalten sind, oder die, die in den Übungsabenden eines ländlichen Gesangvereins vermittels dessen Liedgut tradiert und zur Wirkung gebracht werden«.[65]

Ebenso deutlich ungebunden und unbeachtet präsentiert sich das private Christentum, das sich das Individuum in der neuzeitlichen Gesellschaft aus den Versatzstücken der christlichen und der vorchristlichen Tradition, aber auch aus Elementen von Wissenschaft, Therapien und Esoterik zusammenbastelt. P. M. Zulehner hat dieses Phänomen mit dem Stichwort »Auswahlchristentum«[66] einzufangen versucht.

Die Kirche ist für Rössler demgegenüber vor drei wichtige Aufgaben gestellt: »Die durch das kirchliche Christentum gestellte Aufgabe mit ihrer Mitte in Gottesdienst und Predigt, die öffentliche Aufgabe, die vor allem durch den Unterricht gegeben ist, und die durch das private Christentum gestellte Aufgabe, die in der Seelsorge für den einzelnen Menschen ausgearbeitet wird«.[67] Das klingt einleuchtend, wenn das Kirchenverständnis geklärt ist. Rössler redet an den entscheidenden Stellen freilich eigentümlich gebrochen. So kann er einerseits durchaus konstatieren, daß für das paulinische Verständnis von »Leib Christi« »in der Kirche das eschatologische Leben schon Gegenwart«[68] ist. Aber gleichzeitig wird diese paulinische Anschauung dann doch nur als ›Bild‹ bezeichnet, das dann in den Texten der Deuteropaulinen, also auch im Epheserbrief, »zum Mythos erweitert«[69] wird. Das Gegenüber von Christentum und Kirche, das zunächst anzuklingen schien, wird aufgehoben, wenn der erste Satz zu den »Leitlinien kirchlicher Praxis« lautet: »Jede Tätigkeit, die im Namen des Christentums und im Auftrag der Kirche geschieht, repräsentiert die Kirche«.[70] Wie der Kirchenbegriff aus dem Selbstverständnis der Kirchenmitglieder erhoben wird, so wird die kirchliche Praxis als Ausdruck kirchlicher Autorität und kirchlicher Zielbestimmung verstanden. Der Leib Christi, der zum Mythos geworden ist, hat sich in Christentum und Volkskirche aufgelöst.

Die unvermeidliche Konsequenz einer solchen Derealisation besteht in der Kombination von Idealismus und Institutionalismus, wie sie für alle gegenwärtigen neuprotestantischen Konzepte charakteri-

---

[65] A.a.O., 81.
[66] P.M. Zulehner, Religion nach Wahl. Grundlegung einer Auswahlchristenpastoral, Wien 1974.
[67] D. Rössler, a.a.O., 82.
[68] A.a.O., 247.
[69] Ebd.
[70] A.a.O., 272.

stisch ist. Das biblische Erbe kann für das neuzeitliche Bewußtsein nur in der Gestalt von Ideen und sozialen Ideenträgern wirksam werden. Daß dazu die radikale Auflösung der Gotteswirklichkeit in die »Bildung und Selbstbildung«[71] des protestantisch-frommen Subjekts gehört, hat mit unerschrockener Vehemenz F. Wagner postuliert. Entmythologisierung und Entsuprarationalisierung des Gottesgedankens, die in der Neuzeit vollzogen wurden, müssen jetzt ergänzt werden durch eine »Entsubstantialisierung«.[72] Das Anderssein Gottes ist jetzt keine bedrohliche und beglückende Macht, sondern wird zum Prinzip einer permanenten Selbstreflexion transformiert. »Die Revolutionierung des Gottesgedankens erfährt ihre Anerkennung dort, wo der menschliche Selbst- und Weltumgang entsprechend der Korrespondenz von Selbstsein und Anderssein verwirklicht wird. Wo das geschieht, wird die Freiheit als vermittelte Selbstbestimmung realisiert. Die Art und Weise der personal und sozial realisierten Freiheit gibt zugleich Auskunft über die Gegenwart des göttlich-menschlichen Geistes inmitten des menschlichen Selbst- und Weltumgangs«.[73] Eine Zukunft wird protestantischer Kirchlichkeit nur attestiert, wenn es ihr gelingt, »sich als sozialer Ort zu empfehlen, an dem das Bewußtsein der Spannung zwischen personaler und sozialer Freiheit gepflegt werden kann«.[74]

Auch wenn die Transformation der Kirche in das Bildungsinstitut Protestantismus nicht überall so konsequent und radikal vollzogen wird, läßt sich die Tendenz dazu bei vielen Vertretern des aktuellen Neuprotestantismus konstatieren. Die »Institution der Freiheit« tradiert jene Ideen, die sich für das selbstreflexive Subjekt bei der Konstitution seiner Identität als nützlich erweisen. Das Evangelium als Macht Gottes, das Menschen aus der Verfallenheit an Sünde, Tod und Gesetz erlöst, leistet einen Beitrag zur modernen Individualisierungskultur. Die Kirche als Gemeinde der Heiligen wird zum Ort religiöser Deutungskultur. Und der Gottesdienst dient der Selbstvergewisserung religiös kultivierter Subjekte.

Was ist aus dem Leib Christi im Lauf der Geschichte geworden? Wer den Terminus als mythologisch oder rein symbolisch versteht, kann die Entwicklung mit Hilfe der vorgestellten Modelle beschreiben. Sozialgeschichtlich hat sich das neutestamentliche Erbe im christlichen Abendland bzw. im neuzeitlichen Christentum manifestiert. Ideengeschichtlich hat es sich besonders im protestantischen Freiheitsbewußtsein niedergeschlagen. Und institutionelle Gestalt hat es in den Konfessionen gewonnen, es hat sich gesellschaftlich inkarniert und ist

---

[71] F. Wagner, Zur gegenwärtigen Lage des Protestantismus, Gütersloh 1995, 58.

[72] A.a.O., 61.

[73] A.a.O., 63.

[74] A.a.O., 67. In diesem Kontext immer noch aktuell: H.J. Iwand, Protestantismus als Aufgabe, in: Nachgelassene Werke 2, München 1966, 305ff.

zu einem Teil der Gesellschaft geworden. Der Leib Christi begegnet deshalb konkret als »Körperschaft öffentlichen Rechts«.

Mit diesem Ausdruck werden Institutionen bezeichnet, »die Ordnungsaufgaben wahrnehmen, welche sonst dem Staat zufielen. Das gilt für die Kommunen, für berufsständische Vereinigungen wie Industrie- und Handelskammern, Handwerks-, Landwirtschafts- und Ärztekammern, für die Studentenschaften«.[75] Im 19. Jahrhundert, in dem diese Konstruktion sich durchgesctzt hat, war sie einigermaßen sinnvoll, weil die Kirchen einerseits durch die Tradition des landesherrlichen Kirchenregiments in das Staatsgefüge integriert waren und deshalb ihrerseits elementare staatliche Aufgaben wie die Schulaufsicht oder das Personenstandswesen versahen. Daß diese Konstellation auch nach der prinzipiellen Trennung von Kirche und Staat in der Weimarer Verfassung beibehalten wurde, war »eine politische Entscheidung gegen die sog. laizistische Tendenz, die Kirche zu einer ›privaten Gesellschaft‹ zu machen und ihren Einfluß im öffentlichen Leben radikal zu brechen«.[76]

Konkret sind mit dem Status einer Körperschaft öffentlichen Rechts für die Kirchen eine Reihe von Privilegien verknüpft, vor allem die Möglichkeit, Staatskirchenverträge zu schließen, die Kirchensteuererhebung durch die staatliche Finanzverwaltung vollziehen zu lassen, die Mitsprache beim Religionsunterricht an öffentlichen Schulen, die Ausbildung der Geistlichkeit an staatlichen Hochschulen, die Wehrdienstbefreiung der Pfarrer und Priester, die Mitwirkung in Rundfunkgremien und anderes mehr.

Der Privilegien-Charakter dieser Regelungen besteht darin, daß sie, wie neueste gerichtliche Auseinandersetzungen zeigen, nicht allen Gruppierungen eingeräumt werden, die sich als Religionsgemeinschaft definieren.[77] Dem kirchlichen Handeln in der Gesellschaft werden auf diese Weise Chancen eingeräumt, die von einer verantwortlichen Kirchenleitung nicht freiwillig aufgekündigt werden können. Die Frage ist freilich, ob die Summierung der Einzelregelungen nicht im Ergebnis die erhofften Möglichkeiten korrumpiert. Die Gemeinde Gottes, die sich von der sozialen Umgebung unterscheidet, wird dadurch in den sozialen Kontext eingebunden. Zwischen kirchlichen und staatlichen Instanzen entsteht ein Netz wechselseitiger Loyalitäten, das Kritik an

---

[75] Kirchenkanzlei der EKD (Hg.), Thema: Volkskirche. Ein Arbeitsbuch für die Gemeinde, Gelnhausen/Berlin 1978, 119; vgl. auch A. Freiherr von Campenhausen, Staatskirchenrecht. Ein Studienbuch, 2. Auflage, München 1983, 95ff.

[76] Thema: Volkskirche, a.a.O., 120.

[77] Zur Ausdehnung des Körperschaftsrechts auf neue Religionsgemeinschaften vgl. A. Freiherr von Campenhausen, Neue Religionen im Abendland. Staatskirchenrechtliche Probleme der Muslime, der Jugendsekten und der sogenannten destruktiven religiösen Gruppen, in: Gesammelte Schriften, Tübingen 1995, 415ff.

politischen Entscheidungen in diplomatische Kanäle verbannt. Und die Alternativen, die der christliche Glaube für das konkrete Leben bereitstellt, werden dann sehr schnell in den ideellen Bereich gesperrt, ohne daß sie ihre Kraft zur sozialen Gestaltung vollständig entwickeln können. Der Leib Christi, der als Körperschaft öffentlichen Rechts existiert, muß sich dann z. B. mit den politischen Entscheidungen und ökonomischen Entwicklungen, die im Rahmen dieses Rechts ablaufen, mehr oder weniger arrangieren. Das schließt moderate Kritik offizieller kirchlicher Stellen keineswegs aus. Aber Friedensbewegung, Asylproblematik, Verarmungstrends sind aktuelle Konfliktbereiche, an denen sich zeigt, wie der Antagonismus zwischen Kirche und Gesellschaft, zwischen Leib Christi und Körperschaft öffentlichen Rechts gegenwärtig noch ruhig gestellt werden kann.

III.

Wenn die kirchliche Tradition sich im Christentum niedergeschlagen hat, wenn die befreiende Botschaft des Evangeliums zur protestantischen Freiheitsidee mutiert ist, dann hat das auch Konsequenzen für das Gemeindeverständnis. Die Kirche vor Ort muß dann als Teil der Gesellschaft gesehen werden. Empirische Kirchensoziologie und empirische Gemeindetheorie arbeiten auf dieser gemeinsamen Basis, mit der Annahme nämlich, daß die Wirklichkeit parochialer Praxis im Rahmen des gesellschaftlichen Kontextes und mit Hilfe soziologischer Kategorien zureichend zu erfassen ist.

Sehr deutlich hat in jüngster Zeit H. Lindner diese Voraussetzung artikuliert: »Religion ist als Kirche zum Teilsystem der Gesellschaft geworden. ... Die Chance der Kirche liegt in dieser Stellung. Sie muß nicht überwunden, sie muß genutzt und gestaltet werden«.[78] Die verschiedenen Ansätze einer solchen funktionalen Kirchenbetrachtung möchte er mit Hilfe des systemischen Denkens bündeln, wobei er freilich ein wesentliches Element jeder Systemtheorie nicht beachtet. Wenn die Kirche wirklich als Teilsystem der Gesellschaft konsequent analysiert wird, dann muß auch die Theologie als Ideologie dieses Teilsystems in diese Perspektive integriert werden. Darauf freilich verzichtet Lindner, indem er durchweg zweigleisig argumentiert. Die Aussagen zur sozialen Realität der Gemeinde werden mit der biblischen und der theologischen Ekklesiologie konfrontiert, und diese Vorstellungen dienen teils zur kritischen Kommentierung der empirischen Wirklichkeit, teils werden sie konstruktiv zu Gestaltungsvorschlägen herangezogen.

Greifbar wird diese Doppelung, ja Gebrochenheit in den Thesen,

---

[78] H. Lindner, Kirche am Ort. Eine Gemeindetheorie, PrTh 16, Stuttgart 1994, 30.

die die Aufgaben des Teilsystems Kirche in der Gesellschaft bestimmen: »Gottes Ziel mit dieser Welt ist der oikos, das bewohnbare Haus. Er beruft Menschen zur Partnerschaft an seinem Werk. Er sammelt Kirche als Zeichen seiner anbrechenden Herrschaft angesichts der gesellschaftlichen Herausforderungen. – Aufgrund dieser Reformulierung erhält Kirche in mehrfacher Hinsicht eine Teil-Stellung. Sie ist als Organisation Teil der Gesellschaft, als konkrete Kirche Teil des Netzwerks des Christentums, als Gemeinde Teil der Glaubensumwelt«.[79] Woher diese Kombination von theologischen und soziologischen Kategorien rührt, ist schwer zu entscheiden. Lindner folgt dabei ja einem Verfahren, das in der Praktischen Theologie der letzten Jahrzehnte weite Verbreitung gefunden hat. Die sogenannte Wirklichkeit wird durch soziologische Analyse ermittelt, die Normen, Werte und Handlungsdirektiven bezieht man aus dem Arsenal der biblisch-theologischen Begriffstradition. Der Gewinn einer solchen Kombination zeigt sich darin, daß man dabei sowohl die volkskirchliche Realität respektieren als auch partiell von den Impulsen der biblischen Überlieferung her modifizieren kann. Auf der anderen Seite entsteht genau an diesem Punkt die Gefahr, daß die soziologisch definierte Wirklichkeit dominiert, daß die biblische Überlieferung auf Begriffe reduziert und daß die realen Potenzen der wirksamen Dynamik von Evangelium unterschlagen werden.

Wenn sich Kirchen und Gemeinden weiterhin in dieser Doppelung wahrnehmen, wenn sie sich als Teilsysteme der Gesellschaft verstehen, an die sie biblische Ideen, Symbole und Rituale weiterzugeben haben, dann werden sie in jenem unheilvollen Kreislauf verharren, der viel Kraft kostet und wenig Erfolg verspricht. Im Widerspruch zwischen Wirklichkeit und Wort wird die soziale Realität sich behaupten, solange man die Kraft des Wortes nicht ernsthaft entdeckt hat. Die Kirche, die einmal moralische Anstalt war, dient dann der Bedürfnisbefriedigung, der Ideenentwicklung und der Harmonieregulierung. In jedem Fall wird das, was sie zu leisten vermag und zu liefern hat, durch den Kontext der sie umgebenden Welt bestimmt.

Bei Lindner selbst liegt der Sachverhalt freilich noch komplizierter. Immer wieder tauchen Aussagen auf, die die funktionale Perspektive transzendieren. Religion ist in Gestalt der Kirche nicht nur Teilsystem der Gesellschaft, sondern in ihrem substantiellen Kern »Kommunikation mit der Transzendenz (oder mit dem Heiligen) in einer symbolischen Sinnwelt. Religion ist Erfahrung einer Zugehörigkeit zu einer umfassenden Wirklichkeit und das entsprechende Antwortverhalten des Menschen«.[80] Damit ist angedeutet, daß die funktionale Betrach-

---

[79] A.a.O., 71.
[80] A.a.O., 36.

tung die Realität von Kirche nicht ausschöpft. In den systemischen Kategorien, die Lindner verwenden will, ist die Eigendynamik und Autorealität dieses Machtbereiches freilich nicht vollständig zu erfassen.

Die Sogkraft des soziologischen Ansatzes zeigt sich vor allem an jenen Punkten, in denen es um die konkrete Verknüpfung von Gemeinderealität und Gotteswirklichkeit geht. In der Vielfalt von Empfehlungen, die er für die Praxis entwickelt, spielen Meditation und Konzentration eine wichtige Rolle: »eine meditative Grundhaltung ist die angemessene Form des Lebens in vernetzten Gemeindesystemen«.[81] Zugespitzt geht es dabei um die Entwicklung einer »arbeitsfeldbezogenen Spiritualität«.[82]

Für eine systemische Betrachtung ist diese Forderung nicht ungewöhnlich. Zur Erhaltung, Verbesserung und sicher auch zur Änderung von sozialen Aktivitäten kann man und muß man sogar spirituelle Techniken heranziehen. »Das Leitbild ist nicht primär die überzeugende Aktion, die unter Absehen von der eigenen Person zu gewinnen vermag, sondern die innere Entwicklung der Mitarbeiterinnen und Mitarbeiter, die ausstrahlt«.[83] Deshalb benötigen Spitzensportler und Topmanager mentale Trainingsmethoden, die oft genug religiöse Meditationsübungen kopieren. Die Kraft des Heiligen kann für die Zwecke der Systemerhaltung eingesetzt werden. Ob mit oder ohne Erfolg, ist hier nicht zu entscheiden. Man darf sicher sein, daß Lindner seinen Vorschlag für eine »arbeitsfeldbezogene Spiritualität« nicht im Sinne der Instrumentalisierung gemeint hat. Aber er kann im Rahmen eines systemischen Konzepts auch so und vielleicht nur so verstanden werden. Auch hier entscheidet der methodische Anfang. Wer mit den volkskirchlichen Realitäten beginnt, muß alle Kräfte einsetzen, um sie zu erhalten. Wer von der Macht des Heiligen ausgeht, wird nicht mehr sicher sein, in welchen Sozialgestalten sich der Leib Christi zukünftig manifestieren wird.

Konkret zeigt sich die Notwendigkeit von »arbeitsfeldbezogener Spiritualität« für Lindner u. a. in der Wahrnehmung von Gemeindeleitung. Dieses in vieler Hinsicht hilfreiche Kapitel operiert mit einer Zielbestimmung, die man so auch in jedem Managerkursus lernen kann: »Explizite Leitungsaufgaben sorgen für Zielerreichung und Fortbestand des Systems. Im allgemeinsten Sinn läßt sich die Leitungsaufgabe als die Entwicklung der Unternehmenspersönlichkeit, der ›Corporate Identity‹ beschreiben. Für die Ortsgemeinde heißt Leitung: Sorge für die Entwicklung der Gemeindepersönlichkeit zu tragen«.[84] Die religiöse Dimension dieser Leitungsaufgabe ist in einem Satz fest-

---

[81] A.a.O., 98.
[82] A.a.O., 100.
[83] A.a.O., 101.
[84] A.a.O., 256.

46

gehalten: »durch Zusammenwirken der Elemente des Leitungssystems wird es möglich, daß sich die Gesamtpersönlichkeit der Gemeinde lebendig und flexibel erhält und daß der Leib Christi wächst (1. Kor 12, Eph 4)«.[85] Lindner ist bei der Entfaltung dieser Aussagen der Meinung, daß sich die klassischen Modelle einer Leitung durch das Wort und durch das Amt in diesen Rahmen einpassen lassen. »Das ›Wort‹ hat in dem systemischen Bild von Gemeinde, das wir entworfen haben, einen festen Platz: Es wirkt bei der Leitbildentwicklung über die Komponente des Evangeliums ein, es prägt die innergemeindliche Kommunikation als ›Thema‹, es ist die Kraftquelle der ›runden Tische‹ und ihrer Spiritualität, es entwickelt das Gemeindebild in den Gemeindegliedern. Ein systemisches Leitbild von Leitung in unserem Sinn ist also ein vielfältig auf das Wort bezogenes Leitbild von Leitung«.[86] Das muß hier im einzelnen nicht diskutiert werden, zumal das Verhältnis zwischen Thema und Kraftquelle, wie es in diesen Aussagen vorausgesetzt wird, ungeklärt bleibt.

Erstaunlich aber ist die Voraussetzung, die er wie viele andere macht, daß nämlich die Entwicklung der »Gesamtpersönlichkeit der Gemeinde« mit dem Wachstum des Leibes Christi identisch ist. Die Organisation und das Milieu kann man mit Management-Techniken pflegen und fördern, und die »arbeitsfeldbezogene Spiritualität« kann den Prozeß auch geistlich regulieren. Aber ist das, was man auf diesem Wege erhält, schon »Leib Christi«? Oder muß die Arbeit in diesem Bereich nicht anders verfahren? Wird der Leib Christi, sofern es dabei um mehr geht als um eine Idee, ein Symbol oder ein Bild, wirklich dadurch erbaut, daß sich ein Teilsystem der Gesellschaft positiv weiterentwickelt? Woran partizipiert Gemeinde primär? Zu welchem »System« gehört sie wirklich? Und womit muß man rechnen, wenn man ihr Wachstum befördern will?

IV.

»Unsere Volkskirche« ist »Körperschaft öffentlichen Rechts«. Als solche ist sie eine rechtlich eingeordnete, juristisch handhabbare, soziologisch faßbare Größe. Was meint demgegenüber die neutestamentliche Rede vom »Leib Christi«? Ist das ein Bild? Eine Metapher? Ein Symbol? Ein Relikt antiker Mythologie?

Als aufschlußreiche Leitfrage hat sich inzwischen herauskristallisiert: Zu welchem System gehört die Kirche? Ist sie wesentlich Bestandteil der Gesellschaft, in der sie arbeitet und für die sie existiert? Oder ist sie, was immer das auch heißen mag, Teil einer Realität, die

---

[85] A.a.O., 257.
[86] A.a.O., 261.

gesellschaftstranszendent ist? Sie würde dann zwar auch in der Gesellschaft leben und für die Gesellschaft da sein, aber von der Gesellschaft her nicht zureichend begriffen werden können.

Der Epheserbrief ist eindeutig, wenn er behauptet: »sie ist sein Leib, nämlich die Fülle dessen, der alles in allem erfüllt« (1,23); sie wächst »zu dem hin, der das Haupt ist, Christus, von dem aus der ganze Leib zusammengefügt ist und ein Glied am andern hängt durch alle Gelenke« (4,15f). Um solche Aussagen zu verstehen, dürfte es nützlich sein zu überlegen, was einen Leib konstituiert. Daß es auch bei der kollektiven Verwendung des Wortes um Realitäten geht, zeigt schon der juristische Terminus von der »Körperschaft«, der als solcher Rechtsfähigkeit und damit Subjekthaftigkeit und Handlungskompetenz zugeschrieben werden.

Ein Leib ist auf jeden Fall ein *begrenzter* Lebensraum. Wer Kirche in diesem Sinn als begrenzten Teil der Gesellschaft versteht, folgt, motivgeschichtlich gesehen, der vorchristlichen Verwendung dieser Anschauung. In der Umwelt des Neuen Testaments war der Gedanke weit verbreitet, »daß die ganze Welt ein großer Leib sei, ein ›Groß-Mensch‹ (Makro-Anthropos), und mit ihm werden dann im griechischen Kulturkreis Zeus als ein ›All-Gott‹ oder der Gott Aion (der immer derselbe bleibt) identifiziert«.[87] Ähnliche Vorstellungen begegnen schon in indischen und babylonischen Kosmogonien. Theologisch rezipieren könnte man solche Konzepte nur in der Weise, daß man auch die Kirche als Teil der Schöpfung und insofern auch als partiellen Bereich der sozialen Umgebung betrachtet.

Bei Paulus und den Deuteropaulinen ist die somatisch vermittelte Zugehörigkeit zur Kirche freilich im Rahmen einer alternativen Konstellation lokalisiert. Man lebt in Adam oder in Christus (Römer 5,12ff), und der Übergang aus dem alten in den neuen Machtbereich erfolgt durch die Taufe, in der man am Sterben und an der Auferstehung des Erlösers partizipiert. Die Christ/innen leben nach wie vor in dieser Welt und haben deshalb weltliche Machtinstanzen zu respektieren (Römer 13,1ff). Aber ihr Leben in der Welt vollzieht sich als Alternative, weil sie nicht aus der Welt existieren (Römer 8,1ff). Der Leib Christi als soziale Größe ist selbstverständlich immer auch ein Teil der Gesellschaft. Seine Freiheit gegenüber der Gesellschaft und für die Gesellschaft kann er aber nur wahren, solange er sich nicht von der Gesellschaft her definiert.

Diese Doppelheit christlich-kirchlicher Existenz begegnet auch noch in einer anderen Spielart. Ein Leib ist nicht nur ein begrenzter, sondern in der Regel auch ein *selbstgesteuerter* Lebensraum. Er muß sich zwar andauernd mit Versuchen der Beeinflussung von außen aus-

---

[87] R. Schnackenburg, Der Brief an die Epheser, EKK X, Zürich/Neukirchen 1982, 307.

einandersetzen. Aber es gibt in jedem Subjekt eine Instanz, die in der permanenten Reaktion auf Außenreize die Verantwortung für den Lebensvollzug wahrnimmt. Beim Individuum redet man dabei je nach anthropologischem Modell vom Ich, vom Selbst, vom Bewußtsein, vom Willen, von der Identität.

Dieses Zentrum der Selbststeuerung beschreibt der Epheserbrief folgendermaßen: »Alles hat er (Gott) unter seine Füße getan, und hat ihn, der das Haupt über alles ist, der Gemeinde zum Haupt gegeben« (1,22). Offensichtlich rechnet der Text mit einem doppelten Herrschaftsbereich des Christus. Er ist, als Schöpfungsmittler, Haupt über das Universum. Er ist aber auch, als Erlöser, Haupt über die Gemeinde, die als sein Leib existiert. Auffällig ist, daß an dieser Stelle die christologische Einheit der Herrschaft über Kirche und Welt gerade nicht in die soziologische Einheit von Kirche und Welt ausgeweitet wird. Die Differenz zwischen Schöpfung und Erlösung, zwischen Kirche und Gesellschaft muß respektiert werden, weil in der Welt die unheimliche Größe des Bösen grassiert. Wer die Kirche nicht mehr primär als Leib Christi betrachtet, liefert sie an die Todesherrschaft, an die Gefangenschaft politischer, wirtschaftlicher, weltanschaulicher, kultureller Fremdmächte aus.

Das wird nicht zuletzt darin spürbar, daß das begrenzte, selbstgesteuerte Lebensfeld eines Leibes selbst immer auch ein *konfliktreicher* Raum ist. Nicht zuletzt deswegen hat sich die Organismus-Vorstellung, mit der man ursprünglich die paulinischen und deuteropaulinischen Aussagen zu interpretieren versuchte, als unzureichend erwiesen. Die Christengemeinde entsteht nur sehr eingeschränkt aus der Gemeinschaft der Christ/innen. Deren Motive sind so vielschichtig, deren Interessen so divergent, deren Lebensformen so unterschiedlich, daß sich die Einheit der Gemeinde auf dieser Basis nicht aufbauen läßt. Daran scheitern auch alle Pluralismus-Konzepte, die Wahrheit durch Konsensbildung erzielen wollen. Alle Mitglieder der Kirche vertreten dann je einen Aspekt der Wahrheit, die Wahrheit selbst ergibt sich dann aus der Addition und der im Gespräch erfolgenden Modifikation der Einzelaspekte. Für »unsere Volkskirche« gilt: »Wie eine Volkspartei muß auch die Volkskirche ein breites Spektrum umspannen und diese Spannung aushalten«.[88] Es wird kein Zufall sein, daß in den Gemeinden des Neuen Testaments die anstehenden Konflikte hart ausgetragen wurden; denn ein Leib, dessen Störungen unbearbeitet bleiben, wird auf die Dauer schwer krank. Für den Bestand und die Handlungsfähigkeit eines Leibes ist entscheidend, daß alle externen und internen Impulse, daß alle Spannungen und Strebungen durch den

---

[88] Kirchenamt der EKD (Hg.), Christsein gestalten. Eine Studie zum Weg der Kirche, Gütersloh 1986, 80.

zentralen Kern, durch das »Haupt«, sortiert, koordiniert und gesteuert werden.

Die Ketzerkämpfe, die die neutestamentliche Überlieferung prägen und die auf moderne Leser/innen so irritierend wirken, geraten in ein anderes Licht, wenn man sie als Reinigungsversuche betrachtet. Jeder Leib ist auch ein *vernetzter* Lebensraum, wie Atemrhythmus und Blutzirkulation demonstrieren. Im Stoffwechselaustausch nach außen geht es darum, die internen Beziehungen durch kontrollierte Außenkontakte funktionsfähig zu erhalten. Kraftzufuhr wie Giftabfuhr dienen gemeinsam dem Ziel der Lebenserhaltung. Jeder Leib verliert die Fähigkeit zur Selbststeuerung, wenn die Kommunikation mit dem Selbstzentrum, dem »Haupt«, ausfällt bzw. auf ein Minimum reduziert ist und er statt dessen durch ungeprüfte Impulse der Außenwelt überschwemmt wird. Dann zerbricht seine Eigenart in jeder Hinsicht, und er wird zum Spielraum einer sozialen Umgebung, die ihn mit ihren Einflüssen füllt und nach den jeweils modernen Idealbildern modelliert. Störungen im Netzwerk des Leibes Christi sind unvermeidlich, wenn seine Glieder sich ohne Kontakt mit dem Zentrum von ihren politischen Zielen, ökonomischen Interessen, persönlichen Vorurteilen bestimmen lassen. Ihnen muß dann, sofern jemand die Vollmacht dazu erhalten hat, im Namen des Hauptes widersprochen werden. Entscheidend für die Lebensfähigkeit von Kirche ist immer die Christusgemeinschaft. Ohne den permanenten Energiefluß zwischen dem Leib und dem Haupt tritt der »Hirntod« ein, auch wenn die soziologischen und psychologischen Beatmungsgeräte weiterhin funktionieren.

Im Blick auf die Zukunftsprobleme ist auf jeden Fall festzuhalten: Das Wachstum des Leibes Christi wird nicht abhängig sein von der Entwicklung der Körperschaft. Der Organisation Kirche können die Privilegien wieder genommen werden, auch wenn sie selbst noch so stark mit ihrer Lobby-Strategie darum kämpft. Am Leib Christi kann man die Veränderungen der öffentlichen Einschätzung, die sich in der Abschaffung von Feiertagen oder in der Entfernung von religiösen Symbolen aus staatlichen Schulen äußert, mit großer Gelassenheit konstatieren. Man sollte das Schrumpfen »unserer Volkskirche« nicht forcieren. Sie hat sich immer wieder, zuletzt in der Friedensbewegung, als Reservoir für Bekenntnisaktionen erwiesen. Aber man sollte den Abbau volkskirchlicher Strukturen auch nicht mit panischen Reaktionen erleben.

Eine solche Einstellung setzt freilich voraus, daß man die Sozialgestalten von Kirche, in denen sie sich gesellschaftlich konkret manifestiert, in einer bestimmten Weise aufeinander bezieht. Es geht dabei nicht nur um einen begrifflichen Balanceakt. Das Verhältnis zwischen der Körperschaft öffentlichen Rechts und dem Leib Christi kann man als Spannung bzw. als Dialektik zwischen Realität und Utopie, Ist-Zustand und Soll-Zustand, Seinsurteil und Werturteil, sichtbarer und unsichtbarer Kirche beschreiben. Aber eine verantwortliche Planung muß begriffliche Dialektik in praktische Prioritäten zu überführen versuchen. Und muß sich deshalb der Frage stellen: Welche Größe dominiert das kirchliche Leben? Welche Präferenzen sollen das Handeln bestimmen? Worauf setzen die Handelnden ihr Vertrauen?

Kirche als Organisation, als Milieu und als Leib Christi kann man idealtypisch in zweifacher Weise aufeinander beziehen. Das empirische Modell, das die gegenwärtige Praxis weitgehend bestimmt, sieht im Zentrum die Organisation, die über verschiedene Zwischenstufen durch Finanzen, Gesetze und Personal die Arbeit im Milieu reguliert und so den Umgang mit den Symbolen und Ritualen der Heilsgemeinde besorgt. Weil dieses Modell einer Kirche von oben nicht im römisch-katholischen Sinn durch eine religiöse Hierarchie sanktioniert werden kann, arbeitet es mit der Spannung von bürokratischer und geistlicher Leitung, die die verfaßten Strukturen der organisierten Kirche auf allen Ebenen durchzieht. Am deutlichsten faßbar wird diese Spannung bei der Einschätzung von Kirchensynoden. Was ursprünglich ein übergemeindliches Organ von geistlicher Qualität gewesen ist, hat inzwischen viele Aufgaben und Funktionen eines parlamentarischen Gremiums übernommen.

Das phänomenologische Gegenmodell nimmt radikal ernst, daß die Kirche im Heilsgeschehen von Symbol und Ritual konstituiert wird und daß dieses Geschehen ein energetisches Feld hervorruft, das Menschen mit der Kraft des Geistes erfüllt, in soziale Distanz zu ihrer Umgebung rückt und sich in unterschiedlichen Milieus assoziieren läßt. Organisatorische Aufgaben entstehen, wie das Urchristentum, aber auch Beispiele aus der Ökumene zeigen, vor allem dort, wo ein zwischengemeindlicher Austausch von religiösen Erfahrungen, personalen Charismen, aber natürlich auch finanziellen Zuwendungen stattfinden soll.

Aller kirchlicher Zentralismus, und sei er noch so gut institutionstheoretisch oder organisationssoziologisch begründet, scheitert an der unumgänglichen Einsicht, daß Gemeinde als Leib Christi dort und nur dort wächst, wo sich in Wort und Sakrament die Gegenwart Gottes ereignet. Auch in der Zukunft wird Kirche existieren als Gemeinde der Heiligen. Ihre gesellschaftlichen Privilegien kann sie verlieren. Bedrohlich wird die Entwicklung erst, wenn sich die Macht des Heiligen aus dem volkskirchlichen Leben zurückzieht.

Eine lebendige Gemeinde wird auch in Zukunft eine differenzierte Lebensgemeinschaft von »Heiligen« sein, differenziert deshalb, weil sich die Charismen göttlicher Begabung in konkreten Menschen unterschiedlich manifestieren.

Auch die Gemeinden der Zukunft werden deshalb eine Struktur

aufweisen, die man in der Kirchengeschichte und in der Ökumene an vielen Orten wahrnehmen kann. Im Zentrum einer lebendigen Gemeinde wird ein »Heiligtum« stehen, ein gestalteter Raum, in dem Gottesdienst gefeiert und individuelle Anbetung praktiziert werden kann. Zu jedem Heiligtum gehört unabdingbar eine Lebensgemeinschaft von Menschen, die in unterschiedlichen sozialen Konstellationen demonstrieren, daß und wie man aus der Kraft der Gotteserfahrung alternativ zu leben vermag. »Weltfremdheit«[89] haben die Eremiten exemplifiziert. »Weltfremdheit« hat den Lebensstil von Kommunitäten geprägt. Und auch das protestantische Pfarrhaus hat andauernd die Aufgabe wahrgenommen, im Familienverband darzustellen, wie man in der bürgerlichen Welt seines Glaubens zu leben vermag. Den ersten Kreis um das religiöse Zentrum herum bilden also diejenigen, die aus der Kraft des Heiligen und für die Verehrung des Heiligen ihr Leben bestimmen.

Sie werden auf die verschiedenste Art, nach dem Maß ihrer jeweiligen Begabung, in die soziale Umwelt hineinwirken: durch diakonische Tätigkeit, durch kulturelle Veranstaltungen, natürlich auch durch religiöse Exerzitien. So wird sich im Laufe der Zeit ein weiter Kreis um das Heiligtum bilden, ein Kreis von Menschen, die in ihrem Beruf und in ihrer Familie bleiben, sich aber auch auf die Dauer für den Erhalt des religiösen Zentrums einsetzen wollen und deshalb Verpflichtungen zu regelmäßiger Teilnahme und Unterstützung eingehen. Schließlich muß man mit einem dritten Kreis rechnen, mit Menschen nämlich, die sich dem Energiefeld des Gemeindezentrums gelegentlich zuwenden, weil sie einzelne Veranstaltungen attraktiv finden, weil sie Beratung in einer Lebenskrise benötigen oder auch, weil sie für einen verstorbenen Angehörigen eine religiöse Bestattung wünschen.

Mag »unsere Volkskirche« als Körperschaft öffentlichen Rechts noch so viele Änderungen vor sich haben, eine Gemeinde der Heiligen, in der sich die heilvollen Energien Gottes konkretisieren, wird immer missionarische Ausstrahlung haben. Bedroht durch zukünftige Entwicklungen ist nicht die Kirche, sondern sind Bilder und Modelle und Strukturen, an denen wir hängen und die wir mit möglichen und unmöglichen Mitteln zu konservieren versuchen.

---

[89] Ausgerechnet ein Philosoph erinnert eine verweltlichte Kirche an ihre eigenen Traditionen; vgl. P. Sloterdijk, Wohin gehen die Mönche? Über Weltflucht in anthropologischer Sicht, in: Weltfremdheit, Frankfurt 1993, 80ff.

Die Fülle der Gottheit
und die Leere der Kirchen

I.

Christ/innen werden im Neuen Testament als heilig bezeichnet. Warum? Ihr einwandfreier Lebenswandel, ihre eindeutige Glaubensstärke können dafür nicht die Grundlage bilden. Nach allem, was die Texte erkennen lassen, ging es in den damaligen Gemeinden höchst turbulent zu. Die ersten Christ/innen waren durchaus kein friedlicher oder frommer Verein. Die Christ/innen werden heilig genannt, weil sie zu Christus gehören, in dem die Heiligkeit Gottes Gestalt gewinnt. »Alles hat er unter seine Füße getan und hat ihn, der das Haupt über alle ist, der Gemeinde zum Haupt gegeben; sie ist sein Leib, nämlich die Fülle dessen, der alles in allem erfüllt« (1,22f).

Aus den zahlreichen Begriffen, mit denen der Epheserbrief die Kirche charakterisiert, greifen wir zunächst das Stichwort von der »Fülle« heraus. Die Gemeinde ist Christi Leib und deshalb »die Fülle dessen, der alles in allem erfüllt«. Für das neutestamentliche Denken steht diese Aussage in einem Stufenschema. Gott selbst ist das Pleroma, die Fülle. Und dieses Pleroma hat beschlossen, in Christus Wohnung zu nehmen (Kolosser 1,19). Durch Christus aber gewinnen auch die Christen Anteil an dieser Wirklichkeit: »In ihm wohnt die ganze Fülle der Gottheit leibhaftig, und an dieser Fülle habt ihr Teil in ihm, der das Haupt aller Mächte und Gewalten ist« (Kolosser 2,9f). Es wird kein Zufall sein, daß in der Regel nur die erste Hälfte des Satzes zitiert wird. Daß Christus die Macht und Wirklichkeit des Heiligen repräsentiert, das kann man zur Not noch bekennen. Daß aber auch die Christ/innen an dieser Fülle der Gottheit partizipieren, das widerspricht allem, was man in der empirischen Kirche feststellen kann.

Für den Epheserbrief bildet die »Fülle« Gottes den Grund und das Ziel des kirchlichen Lebens. Als Leib Christi ist sie im Pleroma Gottes fundiert. Durch den Heiligen Geist wachsen die Christ/innen im Glauben, in der Liebe und in der Einsicht, bis sie »das Maß der Fülle Christi erreichen« (4,13). Und für das Ende dieser Entwicklung gilt: »Dann könnt ihr mit allen Heiligen begreifen, welches die Breite und die Länge und die Höhe und die Tiefe ist, und die Liebe Christi erkennen, die doch alle Erkenntnis übertrifft, damit ihr erfüllt werdet mit der ganzen Gottesfülle« (3,18f).

Wie soll man diese Rede von der »Fülle Gottes« verstehen? In den letzten Jahrzehnten ist das Problem kontroverstheologisch verhandelt worden. H. Schlier hatte den Epheserbrief ontologisch interpretiert und war zum römischen Katholizismus konvertiert: »Die ›Fülle Gottes‹ ist, um es pointiert zu sagen, ein ›Raum‹, den Gott σωματικῶς in Christus eingeräumt hat, den Christus in seinem Leib, der Kirche, einräumt, die sich das Glied des Leibes, der Getaufte, in Glaube, Liebe und Erkenntnis einräumt. Mit anderen Worten, der gnostische Begriff des Pleromas setzt den Apostel instand, den Seinscharakter innerer Vorgänge und innerer Wirklichkeiten zu begreifen und begreiflich zu machen«.[90] Dem hat E. Käsemann mit Emphase entgegengehalten: »Ich werde niemals zugeben, daß nach Paulus oder den Deuteropaulinen Kirche anders Christus ›sei‹ und ›repräsentiere‹ als in ihrem Gehorsam. Eben darin erweist sie sich als sein Glied oder, wenn man so will, sein Rumpf, bleibt er ihr gegenüber als Haupt und Herr selbständig. Was Schlier auf das Wesen bezieht, der Formulierung nach nicht ohne Grund, geht in Wahrheit auf die Funktion«.[91]

Man wird fragen müssen, ob diese Alternative zwischen Ontologie und Funktionalität dem Textbefund wirklich gerecht wird. Die »Fülle der Gottheit« setzt, sofern sie im Irdischen residiert, nicht nur innere Prozesse in Gang, die sich als Glaube und Vertrauen, Gnosis und Gehorsam auch psychologisch beschreiben lassen. Aber der transpsychische, transindividuelle und transpersonale Raum, den diese Fülle irdisch eröffnet, darf mit den juridischen und bürokratischen Aspekten einer Organisation oder Institution nicht einfach gleichgesetzt werden. Das ontologische Denken führt zur Sanktionierung der Organisation. Bei der funktionalen Betrachtung dagegen droht die Reduktion auf personale Aktivitäten im Bereich des Milieus. Phänomene der »Fülle Gottes« können sachgemäß weder mit soziologischen noch mit psychologischen Kategorien zureichend erfaßt werden.

E. Käsemann selbst hat die Alternative überwunden, wenn er die Kirche als Machtbereich definiert, in den man durch Herrschaftswechsel gerät und unter dem Einfluß himmlischer Machtfaktoren lebt. »Die Herrschaft Christi ist der Bereich, in welchem Gott eingebildete Frömmigkeit zerschlägt und als Auferwecker der Toten und als creator ex nihilo handelt. Gerade so macht er uns jedoch zu Werkzeugen seiner Gnade in christlicher Bruderschaft, menschlichem Alltag und weltweiter Sendung. Die Kirche ist als Christusleib der Raum dieser überall und ständig sich ausbreitenden Gnade, die mit der Fülle ihrer Charismen keine Zeit und keinen Ort ohne ihre Verheißung und ohne ihren

---

[90] H. Schlier, Der Brief an die Epheser. Ein Kommentar, Düsseldorf 1957, 99.

[91] E. Käsemann, Das Interpretationsproblem des Epheserbriefes, in: Exegetische Versuche und Besinnungen 2, Göttingen 1964, 257. Nicht nur weil er den Konversions-Weg in umgekehrter Richtung gegangen ist, verdient das Gespräch mit Schliers Konzeption, das H. Hübner, An Philemon – An die Kolosser – An die Epheser, HNT 12, Tübingen 1997, permanent, besonders aber 189f, führt, Aufmerksamkeit.

Anspruch läßt«.[92] Die »Fülle der Gottheit« macht aus einer Menschengemeinschaft einen energetisch geladenen Raum, ein Kraftfeld, das ungeheure Erfahrungen freisetzt, wenn der Kontakt zum Kraftzentrum erhalten bleibt. Ein Stromkreis kann noch so weiträumig ausgelegt und noch so perfekt abgesichert sein, er bricht zusammen, wenn die Verbindung zur Stromquelle unterbrochen wird. Die ersten Christen machten durchweg die positive Erfahrung: Solange die Fülle Gottes unter uns residiert, kann die Gemeinde Gottes nur wachsen.

II.

»Das Jahrhundert der Kirche« hat O. Dibelius zu Beginn dieses Säkulums proklamiert. Gegen Ende des Zeitraums müssen seine Nachfolger ein Jahrhundert der Entkirchlichung konstatieren. In der Gemeinde der Heiligen soll die »Fülle Gottes« anwesend sein. »Unsere Volkskirche« muß eine zunehmende Leere beklagen. Dabei wird man unterscheiden müssen zwischen Prozessen, die das soziale Verhalten betreffen, die statistisch erfaßbar sind und durch Gegenstrategien eventuell korrigierbar. Und solchen Vorgängen der Veränderung, die die religiöse Qualität, den geistlichen Charakter der kirchlichen Praxis betreffen und die weder durch ein dogmatisch begründetes Urteil noch durch empirische Erhebungen eindeutig benannt werden können.

Unübersehbar zeigt sich der Wandel im gesellschaftlichen Verhalten auf den Kirchenbänken. Sie bleiben während des Gottesdienstes zunehmend unbesetzt. Zwar lamentieren die Pfarrer in der Kirchengeschichte andauernd über das Nachlassen der Besucherzahlen. Aber der alte Topos pastoraler Klage kann heute statistisch untermauert werden. Der sonntägliche Gemeindegottesdienst ist für sehr wenige Zeitgenossen wirklich attraktiv, und er scheint im Laufe der Jahre immer weniger Anziehungskraft zu entfalten. Der Epheserbrief vertritt noch die Ansicht, daß selbst »himmlische Mächte und Gewalten«, also Geister und Dämonen, in den kirchlichen Gottesdienst strömen, in dem die Weisheit Gottes durch die Gemeinde verkündigt wird (3,10f). Heute sind es in der Regel Ohnmächtige, Vertreter von Randgruppen, Opfer gesellschaftlicher Entwicklungen, die den Weg in die Kirche noch finden.

Die Gottesdienste bleiben, abgesehen von Fest- und Feiertagen, weitgehend leer. Aber das ist nur ein erstes Indiz für einen Prozeß, der viel umfassender läuft. Das reduzierte Teilnahmeverhalten ist verknüpft mit einem schwindenden Zugehörigkeitsbewußtsein. Seit den 70er Jahren gibt es sog. Austrittswellen, die sich von früheren Vorgän-

---

[92] E. Käsemann, Einheit und Vielfalt in der neutestamentlichen Lehre von der Kirche, in: Exegetische Versuche und Besinnungen 2, Göttingen, 1964, 263.

gen durch ihren zahlenmäßigen Umfang und durch ihren Charakter deutlich unterscheiden.[93] Meistens geht es dabei nämlich nicht mehr um einen Konfessionsübertritt, sondern um den Wechsel in die Konfessionslosigkeit. Und die Entscheidung dazu kommt auch nicht als Folge antireligiöser Propaganda zustande, jedenfalls nicht in der alten BRD. Sie wird auch nur ausnahmsweise noch mit konkreten kirchlichen Äußerungen, wie früher etwa mit der Vertriebenendenkschrift oder dem Friedensengagement, begründet. In den Austrittsbewegungen wird von den Betreffenden die innere Entfremdung gegenüber dem kirchlichen Leben auch äußerlich, juristisch und finanziell realisiert, oft im Zusammenhang mit ökonomischen Anlässen im Steuersystem. Die dabei manchmal geäußerte Versicherung, daß man sich selbst auch weiterhin als Christen betrachte, drückt glaubwürdig aus, daß sich an der persönlichen Einstellung durch den Austrittsakt nichts Entscheidendes ändert. Das läßt sich doppelt interpretieren. Entweder sagen die Austretenden mit diesem Satz, sie gehörten weiter dazu, oder sie stellen fest, daß sie im Grunde nie dazugehört haben.

Der Prozeß der Entleerung betrifft aber nicht nur die Gottesdienst- und die Kirchenstatistik. Auch die Mitarbeiter/innen der kirchlichen Organisation wirken zunehmend leer und ausgebrannt. Die amerikanischen Psychologen A. M. Pines, E. Aronson und D. Kafry unterscheiden dabei zwischen zwei verwandten, aber nicht miteinander identischen Phänomenen. »Überdruß und Ausbrennen sind Zustände körperlicher, emotionaler und geistiger Erschöpfung. Die Betroffenen fühlen sich körperlich verausgabt, hilflos, hoffnungslos und emotional erschöpft. Sie entwickeln negative Einstellungen zum Selbst, zu ihrem Beruf, zu anderen Menschen und zum Leben ganz allgemein. Ausbrennen und Überdruß sind Empfindungen des Unglücks und der Unzufriedenheit, des vergeblichen Strebens nach Idealen. In extremen Formen berauben sie die Menschen der Fähigkeit, sich mit ihrer Umwelt auseinanderzusetzen und sich an ihr zu freuen.

Überdruß und Ausbrennen sind in ihren Symptomen zwar ähnlich, ihrem Ursprung nach aber verschieden. Beide sind gehäufte Reaktionen auf Erschöpfung. Überdruß kann aus jeder *chronischen* Belastung (geistiger, körperlicher oder emotionaler Art) entstehen; das Ausbrennen ist das Resultat andauernder oder wiederholter *emotionaler* Belastung im Zusammenhang mit langfristigem, intensivem Einsatz für andere Menschen. Gefordert wird so intensive Anteilnahme vor allem in den Berufen der Gesundheitserziehung und der öffentlichen Dienste, deren Angehörige sich in vielen Fällen ›berufen‹ fühlen, sich um die psychischen, sozialen und physisch-materiellen Probleme

[93] Vgl. die Statistiken bei A. Kuphal, Abschied von der Kirche. Traditionsabbruch in der Volkskirche. Zugleich ein Beitrag zur Soziologie des kollektiven Verhaltens, Gelnhausen 1979, 34ff.

anderer Menschen zu kümmern. Ihr Ausbrennen ist die schmerzliche Erkenntnis, daß sie diesen Menschen nicht mehr helfen können, daß sie nichts mehr zu geben und sich völlig verausgabt haben«.[94]

Als Ursachen für die Entleerung in helfenden Berufen gilt ihnen die emotionale Überforderung. Die hier Tätigen sind in ihrem affektiven Erleben oft hoch sensibel, geraten aber unter den Druck, die eigene Emotionalität ständig einsetzen zu müssen, und das in asymmetrischen Beziehungen einer klientenzentrierten Orientierung: »Die Helfer geben, die Klienten empfangen«.[95] Bei den kirchlichen Mitarbeiter/innen kommt sicher hinzu, daß diese emotionale Überforderung mit anderen streßauslösenden Faktoren verknüpft ist. Hier geht es ja meistens nicht nur um Hilfe für Menschen, sondern auch um die Rettung der Kirche. Wer gegen gesellschaftliche Tendenzen zum Kirchenaustritt anarbeitet, darf keine Terminangebote verweigern, muß möglichst viele Menschen erreichen und wird dennoch den quälenden Eindruck nicht los, mit seiner Tätigkeit nicht genügend geschafft zu haben. Weil man andauernd um einen möglichst guten Kontakt mit möglichst vielen Menschen bemüht ist, tritt die Aufgabe der Kontaktpflege mit dem Wirklichkeitsbereich des Heiligen fast zwangsläufig in den Hintergrund. Und damit verschwindet auch die Möglichkeit, die eigene Leere durch die Fülle der Gottheit zu transformieren.

Die Kirchen leeren sich. Menschen verlassen die Organisation. Viele meiden den Gottesdienst. Allenfalls das Milieu bietet Zuflucht für die zahlreichen Opfer in der Gesellschaft. Ist diese Entwicklung schon ein Indiz dafür, daß die Fülle Gottes hier nicht mehr wohnt? Wenn das Wort Gottes laut wird, dann stimmen nicht alle Hörer/innen unbedingt zu. Aber dann entsteht Leben. Die Reaktionen reichen dann vom Protest bis zum Bekenntnis. Wenn Menschen sich dagegen einfach abmelden, davonstehlen, wenn sie sich, wie es die Alltagssprache anschaulich sagt, »verkrümeln«, dann könnte das die Vermutung nähren, es sei an dem Ort, den sie verlassen oder vermeiden, »nichts mehr los«.

Ist Gott nicht mehr los in den Landeskirchen? Ist er eingesperrt und angebunden? Ist die Fülle seiner Lebenskraft dort nicht mehr präsent? Haben Organisation und Milieu den Leib Christi erstickt? Es ist unheimlich schwer, auf diese Fragen eine begründete, allgemein gültige, einleuchtende Antwort zu finden. Statistiken zählen hier nicht. Subjektive Eindrücke helfen nicht weiter. Dogmatische Urteile können kontraproduktiv wirken, weil sie die »Fülle der Gottheit« in theologische Formeln zu pressen versuchen.

Vielleicht genügt es an dieser Stelle auch schon, die gestellten Fragen noch genauer zu differenzieren. Die »Fülle der Gottheit« muß

---

[94] A.M. Pines/E. Aronson/D. Kafry, Ausgebrannt. Vom Überdruß zur Selbstentfaltung, Stuttgart 1983, 25.
[95] A.a.O., 65.

nicht identisch sein mit dem unterhaltsamen Erlebnis, das ein Gottesdienst vermittelt, mit den Hinweisen zur Lebensgestaltung, die in der
Predigt zu hören sind, mit den psychologischen Methoden, die man in
der Seelsorge lernt, mit der Erörterung von Lebensproblemen, die im
Unterricht abläuft. Sie kann sich in all den genannten Operationen
und Artikulationen manifestieren. Aber sie ist etwas Eigenes, anderes,
Wirkung im Geist, Geschenk von Kraft, Integration in den Christusleib. Müssen die Kirchen, wenn sie der schleichenden Entleerung begegnen wollen, sich nicht bemühen, wieder zum Wirkungsfeld der Pler-
oma-Macht zu werden?

III.

Der Bruch in der Wirkungskraft des Gemeindelebens ist auch »unserer
Volkskirche« nicht verborgen geblieben. Sie hat ihn freilich im Rahmen ihrer sozialpsychologischen Selbstwahrnehmung auf eigentümliche Weise beschrieben und dementsprechend auch eigentümliche
Maßnahmen zu seiner Überwindung eingeleitet. Das Stichwort, das
die eigenen Schwierigkeiten erfassen soll, lautet »Traditionsabbruch«
und bezeichnet das Verschwinden überlieferter Lebensformen des
christlichen Glaubens. Dieses Zerbröckeln herkömmlicher Überliefe-
rungskanäle läßt sich nicht reparieren. Aktuelle Erhebungen sollen
helfen, die Schäden der Entleerung von Kirche durch Befragung ihrer
Mitglieder in Grenzen zu halten. Indem die EKD im Abstand von jeweils zehn Jahren drei große empirische Untersuchungen finanziert
hat, hat sie konsequent als Organisation reagiert, die wie Gewerkschaften, Parteien und Verbände kritische Entwicklungen mit marktwirtschaftlichen Methoden abzufangen versucht.

»Wie stabil ist die Kirche?« lautete der Titel einer Repräsentativ-
erhebung zur Kirchenmitgliedschaft, die zu Beginn der 70er Jahre
durchgeführt und 1974 veröffentlicht wurde. »Zu einer pessimistischen
Prognose für die Volkskirche besteht kein Anlaß«, stellte damals der
Herausgeber H. Hild im Vorwort fest[96] und signalisierte damit, wie die
Ergebnisse zu werten sind. Der »lautlose(r) Abschied von der Kirche«,
den man damals im Untergrund sich abspielen sah, sei nicht bedrohlich, solange sich die Kirche den Erwartungen ihrer Mitglieder zu öffnen versteht: »Die Funktion der Kirche in ihrem Leben ist vor allem
eine religiöse Funktion im engeren Sinn des Wortes: zeitnahe Verkündigung, nachgehende Sorge um den einzelnen, Hilfe für die Schwachen, die Kinder, die Alten. Die größte Gemeinsamkeit der Evangelischen ist durch den Zyklus der Amtshandlungen und die personale

---

[96] H. Hild (Hg.), Wie stabil ist die Kirche? Bestand und Erneuerung, Gelnhausen/Berlin
1974, 3.

Präsenz des Pfarrers bezeichnet. Wo das Angebot der Kirche sich mit den Problemen der Identität und des Lebenszyklus der Mitglieder verschränkt, da findet die Kirche die größte und die breiteste Zustimmung«.[97]

Die Reform, die Erneuerung, die im Text immer wieder empfohlen wird, besteht in der positiven Reaktion auf Erwartungen und Bedürfnisse von Zeitgenossen, die nach dem Nutzen ihrer Kirchenmitgliedschaft fragen. Das ist ein wohltuend pragmatisches Konzept, das vom materialistischen Menschenbild der Bibel gar nicht so weit entfernt sein muß. Die Frage ist nur, ob man mit den Instrumenten einer marktwirtschaftlichen Untersuchung das zu ermitteln vermag, was für Menschen im Leben und im Sterben wirklich von Nutzen ist.

Zehn Jahre später, 1984, lautet die Überschrift radikaler: »Was wird aus der Kirche?« Offensichtlich geht es nicht nur um ihre Stabilität, sondern um ihre Existenz überhaupt. Auch hier erscheint an zentraler Stelle ein trostvoller Satz: »Die Ergebnisse der Befragung weisen insgesamt darauf hin, daß auf seiten der Kirchenmitglieder die Verständigungsbereitschaft nicht geringer ist als vor zehn Jahren. Die Existenz der Kirche wird bejaht, man hat seine Erwartungen an sie, man weiß sich in einem allgemeinen Einverständnis mit ihr und dem Christentum und signalisiert Offenheit gegenüber dem Pfarrer als ihrem zentralen Repräsentanten«.[98]

Das zentrale Stichwort zur Interpretation der Einzelheiten stammt von E. Lange. Es geht um »Kommunikation des Evangeliums« in der Weise, »daß kirchliche Mitarbeiter und Kirchenmitglieder sich untereinander und mit der jeweils anderen ›Seite‹ so über Kirche, Christentum und christlichen Glauben verständigen, daß jeder dem anderen seine Position als Verstehenshilfe anbietet, alle sich darin gegenseitig der ihnen vorausliegenden *einen* christlichen Wahrheit vergewissern und diese Wahrheit dadurch auf neue Weise ›einheimisch‹ wird«.[99] Keine Position in der Kirche darf sich verabsolutieren. Alle sollen wechselseitig voneinander lernen. Der Verständigungsbereitschaft der Kirchenmitglieder muß die verständnisvolle Offenheit seitens der Theolog/innen entsprechen.

Widerwillig muß die Studie akzeptieren, daß der vorausgesetzte Funktionsmechanismus an einer signifikanten Stelle unterbrochen wird. »Daß 73 % der Evangelischen in der Hilfe für die Dritte Welt eine zentrale Aufgabe von Kirche sehen, deutet auf einen stillen Be-

---

[97] A.a.O., 286. G. Harbsmeier hatte schon damals den kritischen Kommentar geliefert: »Wie labil ist die Kirche?«, wieder abgedruckt in: Anstösse. Theologische Aufsätze aus drei Jahrzehnten, Göttingen 1977, 350ff.

[98] J. Hanselmann/H. Hild/E. Lohse (Hg.), Was wird aus der Kirche? Ergebnisse der zweiten EKD-Umfrage über Kirchenmitgliedschaft, Gütersloh 1984, 63.

[99] A.a.O., 80.

wußtseinswandel in den letzten zehn Jahren. 1972 noch vertraten nur 42 % diese Meinung«.[100] Woher rührt dieser Bewußtseinswandel? Er ist daraus erwachsen, daß sich Christ/innen und Pfarrer/innen mit ihrem Engagement nicht an das marktwirtschaftliche Gesetz von Nachfrage und Angebot gehalten haben. Die Studie kommentiert diesen Sachverhalt in ihrem Verständnisrahmen so: »Nicht jedes gesellschaftliche und politische Engagement der Kirche steht von vornherein und pauschal unter dem Verdikt der unzulässigen Einmischung. Wie die Beispiele Arbeitslosigkeit und Frieden, in ähnlicher Weise auch der Bereich der Entwicklungshilfe zeigen, werden durchaus Unterschiede gemacht und abgestufte Urteile gefällt«.[101] Wenn man den Sachverhalt präzise erfassen will, muß man die Veränderung anders beschreiben. Die Kirche Jesu Christi hat von ihren Anfängen her 2000 Jahre lang existieren können, weil sie sich dem »Verdikt der unzulässigen Einmischung«, das die Machthaber und die Massen immer wieder formuliert haben, nicht unterworfen hat. Sie hat nie einfach marktwirtschaftlich auf Erwartungen und Bedürfnisse reagiert. Sie hat ihrem Auftrag zu dienen versucht und eben damit auch die Einstellungen und Lebensformen von Menschen verändert. Was sie in die Öffentlichkeit zu tragen hat, kann Kräfte enthalten und Impulse vermitteln, die in Wirtschaftsprodukten und Parteiprogrammen nicht zur Verfügung stehen.

Die neueste Studie zur Kirchenmitgliedschaft stellt keine Frage mehr, sondern suggeriert einen Tatbestand: »Fremde Heimat Kirche«. Gegen alle Panikmeldungen aus den Medien wird festgestellt, auch und gerade für distanzierte Mitglieder »scheinen Kirche und Christentum einen stillen Wert- und Sinnhorizont zu liefern, gleichsam einen Rahmen im Hintergrund, der zur eigenen Lebens- und Familiengeschichte ›irgendwie‹ hinzugehört, eine kulturelle Heimat, derer man sich aber nur punktuell, in den großen Intervallen des Jahres- und Lebenszyklus explizit versichern muß«.[102] Die Grundlage für diese Interpretation bildet ein Adjektiv, das an entscheidenden Stellen häufig verwendet wird: »Die Grundstimmung der Kirchenmitglieder ihrer Kirche gegenüber ist freundlicher, als es die öffentliche Meinung vermuten ließ. Die Frage nach der gefühlsmäßigen Verbundenheit, die sich in den vorangegangenen Kirchenmitgliedschaftsuntersuchungen geradezu als Seismograph für die innere Nähe oder Distanz der Mitglieder zu ihrer Kirche erwiesen hat, spiegelt diese positive Einstellung wi-

---

[100] A.a.O., 128.

[101] Ebd.

[102] Studien- und Planungsgruppe der EKD, Fremde Heimat Kirche. Ansichten ihrer Mitglieder – Erste Ergebnisse der dritten EKD-Umfrage über Kirchenmitgliedschaft, Hannover 1993, 4.

der: 1992 fühlen sich der Kirche mehr Menschen verbunden als bei den Befragungen 1972 und 1982«.[103]

Im einzelnen profitieren die Kirchen dabei von der Zunahme des religiösen Interesses, ohne daß sich das als antiinstitutioneller Affekt manifestierte. Die christliche Überlieferung vermittelt immer noch Bestandteile für die persönliche Weltanschauung. Und religiöse Praxis wird partiell dort rezipiert, wo sie einen biographischen und familialen Sitz im Leben hat. Die freundliche Distanz, die sich auf diese Weise eingestellt hat, soll nicht mehr wie vor zehn Jahren durch »Kommunikation des Evangeliums« überbrückt werden. Eine Handlungsanweisung wird nirgends explizit formuliert. Aber sie läßt sich aus den Einzelaussagen der Studie unschwer deduzieren. Die Balance zwischen der »Kirche« und ihren Mitgliedern bleibt, wie im Falle freundlicher Nachbarschaft, nur dann erhalten, wenn sich die Parteien wechselseitig nicht stören. Diese Vertriebenen denken gern an die alte Heimat zurück, und bei Gelegenheit suchen sie die alten Orte zur Erinnerungspflege auf.

Wer die Studien zur Kirchenmitgliedschaft und die Dokumente zur kirchlichen Selbstdefinition aufmerksam liest, stößt auf weitere Themen der Entleerung im aktuellen Protestantismus. Theologisch gefärbte Begriffe werden als »Leerformeln« eingestuft, ohne Rücksicht auf ihren biblischen Hintergrund und ihren theologischen Sinn. Die Rechtfertigungslehre etwa, die die Volkskirche in ihrem gegenwärtigen Zustand legitimieren soll, wird aus dem Kontext von Buße und Heiligung herausgerissen. Die »Kommunikation des Evangeliums« bezeichnet einen wechselseitigen Lernprozeß, in dem niemand mehr eindeutig sagen darf, was das Evangelium in diesem Augenblick vom Gesetz der Welt unterscheidet. Die Taufe, die als Familienritus begangen wird,[104] hat praktisch die Qualität eines Segens gewonnen, auch wenn sie immer noch als Sakrament verstanden und vollzogen wird. Im Bemühen, den Prozeß der sozialen Entleerung aufzuhalten, geraten die Kirchen zunehmend in die Gefahr der theologischen Beliebigkeit und der religiösen Verharmlosung. Hat nicht der Traditionsabbruch, den man bei den Zeitgenossen so emphatisch beklagt, die innerkirchliche Sprache längst selber erfaßt?

IV.

Die Fülle füllt – oder auch nicht. Das Pleroma Gottes ist eine diffuse Größe, ohne äußere Konturen und ohne innere Ordnung. Die »Tiefen der Gottheit« (1. Korinther 2,6ff) sind unergründlich. Man kann ver-

---

[103] A.a.O., 7.
[104] Vgl. E. Busch, Das Verständnis der Taufe und die Frage der Erneuerung der kirchlichen Taufpraxis, RKZ 131, 1990, 116ff und 145ff.

sinken und verschwinden darin. Damit die Heiligen im Machtbereich des Heiligen handlungsfähig werden, muß die »Fülle Gottes« konkrete Strukturen gewinnen.

Beim Übergang zur Paränese präsentiert der Epheserbrief eine Liste von Formeln (4,4-6), deren Sinn in der Exegese umstritten ist. So wird diskutiert, ob das Gefüge dieser Begriffe schon vorher bestanden hat, ob Einzelteile mehr akklamatorische oder mehr katechetische Bedeutung enthalten und ob die Einzelaussagen wirklich eine durchdachte Struktur ergeben. Wenn man von der adressatenbezogenen Explikation in V.4b absieht, läßt sich ein Komplex rekonstruieren, der sich in drei Dimensionen differenziert: »ein Leib und ein Geist – ein Herr, ein Glaube, eine Taufe – ein Gott und Vater aller, der über allen und durch alle und in allen ist«. Die Fülle Gottes, die in der Gemeinde der Heiligen residiert, findet in diesen Aussagen ihre Struktur.

Menschen, die zu den Heiligen zählen, gehören zunächst in einen Machtbereich, der durch zwei Elemente konstituiert wird: durch Leiblichkeit und durch Geistigkeit. Damit greift der Text auf eine Vorstellung zurück, die in der neutestamentlichen Umwelt, aber auch sonst in der Religionsgeschichte verbreitet ist. Die Angehörigen einer Glaubensgemeinschaft gehören in einen Bereich, der durch den Körper des Urvaters oder durch die Gründungsgestalt der Gemeinschaft gebildet wird. »Es gibt keine Gesamtperson«, stellt der Phänomenologe H. Schmitz[105] nachdrücklich fest. Dennoch wäre es eine Verkürzung, wollte man diese Anschauung für rein metaphorisch erklären. Offensichtlich gibt es atmosphärische Gegenwart nicht nur nach Art des Wetters, sondern auch in Gestalt einflußreicher Menschen. Leib und Geist Christi bilden durch die Zeiten hindurch einen machtvollen Raum, mindestens so wirklich wie die leiblich-geistige Präsenz gegenwärtiger Individuen oder die bürokratisch-kommunikative Ausdehnung von Institutionen. Wenn die Fülle Gottes sich als ein Leib und ein Geist konkretisiert, dann eröffnet sie einen Raum, der irdisch zugänglich und himmlisch lebenserfüllt ist. Weil sich der Schatz Gottes immer in irdischen Gefäßen sedimentiert (2. Korinther 4,7), wird auch der Leib Christi immer Organisations- und Milieu-Aspekte erhalten. Aber die spezifische Qualität von Kirche als Gemeinde der Heiligen stellt sich erst ein, wenn jene Aspekte in den Machtbereich integriert sind, der durch den gewaltigen Leib und den kraftvollen Geist gebildet wird.

Leib und Geist bezeichnen also den Lebensraum einer großen Gestalt. Daß es dabei nicht, wie sonst häufig in der Antike, um den Kosmos geht, daß auch nicht ein Totemtier, wie etwa das Känguruh bei au-

---

[105] H. Schmitz, Die Aufhebung der Gegenwart. System der Philosophie V, Bonn 1980, 148.

stralischen Ureinwohnern[106], gemeint ist, stellt die nächste Aussagenreihe klar. Der Raum, in dem sich die Fülle Gottes irdisch manifestiert, wird durch drei Einzelgrößen definiert: »ein Herr, ein Glaube, eine Taufe«. Die Formel ist, wie E. Käsemann betont, sehr stark antihäretisch gemeint. »Mit solcher Akklamation grenzt sich die rechtgläubige Kirche von der Häresie ab, indem sie ihre eigene Position bestimmt. Der eine Glaube ist dann natürlich die fides, quae creditur, also die reine Lehre. Die Taufe wird erwähnt, weil sie in die Kirche eingliedert und signum ecclesiae ist. Dem einen Herrn entspricht mit dem einen Glauben und der einen Taufe einzig die Una Sancta Catholica, von welcher die Irrlehrer geschieden sind«.[107]

Offensichtlich ist der Lebensraum Gottes keine Gemeinschaft, in der jeder nach seiner Fasson selig werden kann. Die Fülle des Lebens, die hier zugänglich wird, ist unabdingbar mit der Bindung an einen Herrn, mit der Artikulation eines Bekenntnisses und mit dem Vollzug eines Ritus verknüpft. Heteronomie, Doxologie und sakramentale Lebenserneuerung konstituieren die Existenz im Machtfeld des Heiligen. Wen die Fülle Gottes erfaßt hat, der verliert die Fähigkeit zur individuellen Selbstbestimmung, der gewinnt die Fähigkeit zur Selbstüberschreitung, der erfährt die Wirklichkeit einer Selbsterhaltung durch Selbstverlust. Die Fülle Gottes verändert das Leben. Sie verändert natürlich auch das Verständnis dessen, was rechtgläubig ist.

Die Kirche bildet einen leiblich-geistigen Raum, der durch Erfahrungen und Handlungen von Heteronomie, Doxologie und Ritualität charakterisiert ist. Deshalb gerät sie in ihrer Geschichte immer vor die Entscheidungsfrage: Was ist die Wirklichkeit? Wer hat die Macht? Sie kann ihren Raum mit den Akten der Organisation und mit den Ansprüchen des Milieus so besetzen, daß die Wirklichkeit des Heiligen ins Exil geht. Sie kann ihren Herrn an irdische Mächte und Werte verraten. Sie kann ihr Bekenntnis pluralistisch oder fundamentalistisch verfälschen. Sie kann die Taufe zur Familienfeier verkommen lassen. Sie kann das Empirische, das Soziologische, das Psychologische für das einzig Wirkliche halten und bei alledem verpassen, was die Fülle Gottes als einzige Wirklichkeit ausmacht: »ein Gott und Vater aller, der über allen und durch alle und in allen ist«.

Die Formel wird auch sonst in der jüdischen und hellenistischen Welt der Antike verwendet. »Formell am nächsten steht das berühmte Fragment des Diogenes von Apollonia ..., der von der Luft, die er als

---

[106] E. Durkheim, Die elementaren Formen des religiösen Lebens, Frankfurt 1981, 144ff. Zum Verhältnis zwischen individuellem und kollektivem Körper vgl. M. Douglas, Ritual, Tabu und Körpersymbolik. Sozialanthropologische Studien in Industriegesellschaft und Stammeskultur, Frankfurt 1974, 99ff.

[107] E. Käsemann, Epheser 4, 1-6, in: Exegetische Versuche und Besinnungen 1, Göttingen 1960, 286.

Urprinzip alles Seienden ansieht, sagt: ›… Das scheint mir Gott zu sein, über alles zu gelangen und alles zu durchdringen und in allem zu sein‹ … . Aber was hier und in vielen anderen Texten kosmologisch-pantheistisch als alles beherrschende und alles durchdringende Kraft gepriesen wird, das wird in Eph dem Wirken Gottes für die Kirche und in der Kirche zugesprochen«.[108]

Für »unsere Volkskirche«, die voller Zukunftsangst steckt, ist mit diesen Worten die Richtung ihrer Entwicklung gewiesen. Wer mit jener Wirklichkeit in Kontakt steht, aus der alles stammt, die alles beherrscht und die alles durchströmt, der kann voller Vertrauen auch neuen, veränderten Lebensbedingungen entgegengehen. Die Kirche kann den Schritt in das nächste Jahrtausend trotz ihrer eigenen Leerheit hoffnungsfroh wagen, wenn sie den Anschluß an die Fülle Gottes gewinnt. Die Reform, die dabei auf sie wartet, die Kommunikation, die sie zu pflegen hat, werden freilich von anderer Art sein, als man in den Studien zur Mitgliedschaft gefordert hat.

Die Institution ist entleert, die Menschen sind ausgebrannt. Was kann die Fülle Gottes in der Kirche bewirken? Die körperbezogene Erfahrungsgestalt von Fülle heißt fließen. Das Wasser strömt. Das Licht flutet. Kraft versetzt in Bewegung. Wer in solche Phänomene der Fülle gerät, der wird umfangen, mitgerissen, mit Kraft zur Initiative und Aktivität erfüllt. Letztlich vermittelt nur ein erfülltes Leben freie Handlungsfähigkeit.

Luther hat diesen Vorgang am Ende seiner Freiheitsschrift mit folgenden Worten beschrieben: »Sieh, so müssen Gottes Güter von einem zum andern fließen und gemeinsames Eigentum werden, daß jeder sich so um seinen Nächsten annimmt, als handelte es sich um ihn selber. Von Christus her fließen sie uns zu, denn er hat sich in seinem Leben unser angenommen, als wäre er das gewesen, was wir sind. Von uns aus sollen sie denen zufließen, die sie brauchen, und zwar ebenso völlig; ich muß sogar meinen Glauben und meine Gerechtigkeit vor Gott für meinen Nächsten einsetzen, um seine Sünden zu decken, und muß diese auf mich nehmen und darf nicht anders tun, als wären sie mein eigen, ebenso wie Christus uns allen getan hat«.[109] Gegen ein naheliegendes gesetzliches Mißverständnis stellt Luther ausdrücklich fest, »daß ein Christenmensch nicht in sich selbst lebt, sondern in Christus und in seinem Nächsten: in Christus durch den Glauben, im Nächsten durch die Liebe. Durch den Glauben fährt er aufwärts zu Gott, von Gott fährt er wieder abwärts durch die Liebe und bleibt doch immer in Gott und der göttlichen Liebe«.[110]

---

[108] R. Schnackenburg, Der Brief an die Epheser, EKK X, Zürich/Neukirchen 1982, 169.

[109] M. Luther, Von der Freiheit eines Christenmenschen, Calwer Luther-Ausgabe 2, München/Hamburg 1964, 186.

[110] A.a.O., 187.

Die Fülle Gottes, die im Glauben an Jesus Christus Menschen erfaßt, bildet das energetische Netzwerk des Leibes Christi und vermittelt in diesem großen Raum einen Kreislauf von Lebenskraft. Daraus entstehen Erfahrungen, die das genaue Gegenteil zur Situation von Streß, Überdruß und Ausgebranntsein bewirken. Im Streß ist man leer, im Leib Christi erfüllt. Im Streß muß man alles, Glaube, Hoffnung und Liebe, sich abzwingen und aus sich herauspressen. In Christus erfährt man die Gnadengaben im Fließen. Im Streß will man andere zwingen oder verführen. In der Fülle Gottes wirkt eine Kraft, die ganz selbstverständlich auch andere Menschen erfaßt. Im Streß geschieht höchstens partieller Kontakt. In Christus strömt die Fülle dessen, der alles in allem erfüllt, weil hier die Ankoppelung an den kosmischen Lebensgrund gelingt, dem sich alles Leben verdankt.

Wie gewinnt man Anschluß an die Fülle der Gottheit? Die Stichworte aus dem Epheserbrief verweisen indirekt auf einige Irrwege, die man in der Kirchengeschichte sehr leicht beschritten hat. Das Bekenntnis zum einen Herrn wurde dann im Sinne des Konfessionalismus und der dazugehörenden Abgrenzung verstanden. Der Vollzug der Taufe wurde rein ritualistisch praktiziert, als gesetzlicher Druck oder in liberaler Beliebigkeit. Der Gehorsam des Glaubens wurde und wird als Unterwerfung unter kirchliche Gesetze oder klerikale Autoritäten verstanden. Man darf sicher sein, daß all diese Beispiele aus der Wirkungsgeschichte des Textes seinen Sinn deswegen verfehlen, weil sie die Fülle durch Operationen der Begrenzung, der Abwehr und der Gesetzlichkeit einschränken wollen.

Auch für den Kontakt mit der Fülle gilt ein Grundgesetz von Religion, wonach positive Erfahrungen immer negative Akte voraussetzen.[111] Die Taufe geschieht als Wiedergeburt durch das Sterben des alten Menschen hindurch. Der Glaube an das Reich Gottes beginnt mit der Praxis der Buße. Die Erleuchtung in der Mystik erfolgt nach der Reinigung. Das Bekenntnis zum einzigen Gott ist nur möglich nach der Absage an das Böse. Für unser Problemfeld ergibt sich daraus die Einsicht, daß die Erfüllung mit der Kraft Gottes nur im Zusammenhang mit Prozessen radikaler Entleerung eintritt. Der Anschluß an diese Quelle kann nur gelingen, wenn die Trennung von anderen Feldern und Mächten der Energiegewinnung erfolgt.

Was heißt in der Kirche und für die Kirche der Gegenwart Entleerung? Sicher ist damit kein statistischer Vorgang im Blick auf Mitgliederzahlen und Finanzmittel gemeint. Es geht auch nicht um die Akzeptanz jener Prozesse, mit denen die Landeskirchen im Augenblick sich auseinanderzusetzen haben. Keine Resignation oder Kapitulation vor den Fakten des Traditionsabbruchs ist intendiert. Bewußt vollzoge-

---

[111] E. Durkheim, a.a.O., 405ff.

ne Trennung ist in allen Lebensbereichen etwas anderes als abgenötigter Verlust. Entleerung heißt im Kern Umkehr, Buße, und vollzieht sich in der elementaren Struktur der Abkehr von den Götzen und der Hinwendung zu dem einzigen Gott.

Kann »unsere Volkskirche« Buße tun? Die Organisation betätigt sich vor allem als Lobby. Der Protest gegen die Abschaffung des Bußtags wirkt deswegen peinlich, weil die Frage nach der inneren Berechtigung dieser politischen Entscheidung so gut wie gar nicht gestellt wurde. Hat die Kirche in den Jahren davor denn an diesem Tag wirklich zur Buße gerufen und Buße getan? Und ist die Fähigkeit zur Umkehr an den Erhalt eines gesetzlichen Feiertages gebunden?[112] Daß die politische Entscheidung eine sachgemäße Reaktion auf einen unsachgemäßen Umgang mit diesem Tag gewesen sein könnte, darüber hat man in den Kirchen nur ausnahmsweise nachgedacht.

Das Milieu in den Ortsgemeinden ist in vielen Situationen zur Umkehr herausgefordert. Vor allem ist dabei an die Relativierung jener Exkommunikationstendenzen zu denken, die sich im kommunalen Raum immer wieder ergeben. Dann wird die Einrichtung von Asylantenheimen oder Behindertenhäusern vehement abgelehnt, oder es wird die notwendige Auseinandersetzung mit Aspekten der eigenen Vergangenheit in der NS-Zeit verweigert. Die Vollmacht des Verkündigungsamtes wird sich immer auch darin erweisen, daß der Ruf zur Umkehr gegen Organisation und Milieu trotz aller Abwehrversuche nicht unterbleibt.

Was soll im Zentrum der notwendigen Umkehr für Kirchen, Gemeinden und Pfarrerschaft in der Gegenwart stehen? In der Zeit des Kirchenkampfes war die Frontstellung relativ klar. »Die christliche Kirche ist die Gemeinde von Brüdern, in der Jesus Christus in Wort und Sakrament durch den Heiligen Geist als der Herr gegenwärtig handelt«, sagt These III der Theologischen Erklärung von Barmen. Daraus ergab sich in der damaligen Situation die unabdingbare Konsequenz: »Wir verwerfen die falsche Lehre, als dürfe die Kirche die Gestalt ihrer Botschaft und ihrer Ordnung ihrem Belieben unter dem Wechsel der jeweils herrschenden weltanschaulichen und politischen Überzeugungen überlassen«.[113] Konkretisiert wurde das in der These IV, die sich gegen die Übernahme des Führer-Prinzips in die kirchliche Praxis wendet.

Die Situation in der Gegenwart ist deswegen komplizierter und unübersichtlicher, weil Staat und Gesellschaft an der Oberfläche keine

---

[112] Vgl. J. Cornelius-Bundschuh, »Als aber Gott ihr Tun sah, wie sie sich bekehrten von ihren bösen Wegen, ...« (Jona 3,10). Anmerkungen zum Buß- und Bettag als Fest der Umkehr, in: Theologisches geschenkt. Festschrift M. Josuttis, Bovenden 1996, 124ff.

[113] Zur Interpretation vgl. E. Wolf, Barmen. Kirche zwischen Versuchung und Gnade, München 1957, 124ff.

unzumutbaren Forderungen gegenüber der Kirche anmelden und erst recht auf die Anwendung direkter Zwänge verzichten. Die der Kirche verbotene Anpassungsbereitschaft an die jeweils herrschenden weltanschaulichen und politischen Überzeugungen wird deswegen freilich nicht beendet sein. Ebenso fragwürdig wie das Führer-Prinzip, aber sehr viel selbstverständlicher akzeptiert ist heute das »Bedürfnis-Prinzip«.[114] Damit ist die Übernahme einer Handlungsperspektive gemeint, die zu den konstitutiven Prinzipien der kapitalistischen Gesellschaftsordnung gehört. Das Verhältnis von Nachfrage und Angebot wird durch die Erfüllung und Weckung von Konsumbedürfnissen in Gang gehalten. Die Kirche muß danach wie alle anderen Anbieter auf dem Markt der Möglichkeiten bemüht sein, die Bedürfnisse ihrer Mitglieder und anderer Menschen in der Gesellschaft möglichst zielgenau und adressatenspezifisch zu erfüllen.

Daß Menschen in einer kapitalistischen Welt mit entsprechenden Forderungen argumentieren, ist nicht verwunderlich. Nur das Wort, das mir gefällt, akzeptiere ich. Nur den Gottesdienst, der meinen Vorstellungen entspricht, besuche ich. Nur das, was modern oder konservativ, liberal oder traditionell ist, ist wahr. Wer mit solchen Erwartungen an das kirchliche Leben herangeht, betrachtet auch das, was ihm dort begegnet, als Warenangebot, wenn auch besonderer Art. Überraschend und verwerflich ist eine solche Haltung nicht unbedingt. Skandalös ist dagegen eine kirchliche Reaktion, die auf solche Erwartungen positiv reagiert und sich dem Gesetz der Bedürfnisbefriedigung unterwirft. Sie verrät in all ihren Spielarten nur, daß man der Macht der Fülle Gottes nicht zutraut, sich auch gegen die Marktgesetze, die in der Gesellschaft herrschen, tatkräftig durchzusetzen.

Die Fülle Gottes ist in der Tat für Menschen bestimmt, die im gesellschaftlichen Funktionszusammenhang orientierungslos und ausgebrannt sind. Aber sie verweigert sich jeder Instrumentalisierung. Man kann das Heilige nicht so verwerten, wie man die Natur und die Menschen ausbeuten kann, als letztes Reservoir zur Konsumbefriedigung in der Erlebnisgesellschaft. Wer sich Gott zu nähern wagt, der muß sich trennen, vor allem von allen Erwartungen und Bedürfnissen, die

---

[114] Vgl. W. Kreck, Gemeinde Jesu Christi und Kirche als Institution, in: Kirche in der Krise der bürgerlichen Welt. Vorträge und Aufsätze 1973 – 1978, München 1980, 53: »Wenn sich aber die Aufgabe der Kirche daran erschöpft, die mitgebrachten Erwartungen des Menschen und die von ihm empfundenen Bedürfnisse als letzten Maßstab für ihr Reden und Handeln anzusehen, dann würde sie wohl gerade, indem sie dem Menschen zu dienen meint, ihm nicht wirklich helfen. Das Evangelium ist nicht direkte Erfüllung unserer Sehnsüchte und Wünsche; die Frage, um die es im Worte Gottes geht, ist nicht einfach identisch mit den von uns mitgebrachten Fragen, sondern sie hinterfragt sie, indem sie uns selbst in Frage stellt. Die Kirche dient dem Menschen nur recht, wenn sie Gott dient, dem Gott, der in Wahrheit für den Menschen eingetreten ist«.

er bei sich verspürt. Er muß sich trennen von allen Wünschen nach Heilung, von jeder Neugier auf wunderbare Erlebnisse, von jeder Sehnsucht nach Macht und Reichtum und Lebensgenuß. In dieser Hinsicht kann es für die Zukunft der Kirche und der Glaubenden nur eine Empfehlung geben. Die Leerheit, die heutzutage erlitten wird, muß verwandelt werden in jene Entleerung, die den Einzug der Fülle Gottes bereitet. »Die Kirche von morgen wird eine mystische sein«.[115]

---

[115] So hat J. Sudbrack, Mystische Spuren. Auf der Suche nach der christlichen Lebensgestalt, Würzburg 1990, 77, das berühmte Wort Karl Rahners vom Frommen, der ein Mystiker sein wird, variiert.

Der Heilige Geist
und die Geister der Theologie

I.

Die christliche Gemeinde ist geheiligt durch die Fülle Gottes, die sie in der Taufe erfaßt hat und die sich in einem Lebensraum konkretisiert, der durch zwei Stichworte charakterisiert ist: »ein Leib und ein Geist« (Epheser 4,4). Christliches Leben vollzieht sich in einem Bereich, der von diesen beiden Faktoren bestimmt wird. In, mit und unter der Partizipation an nationalen Verbänden und sozialen Schichten, in, mit und unter aber auch der Mitgliedschaft in Denominationen und Konfessionen bezieht sich die konstitutive Zugehörigkeit von Christ/innen auf den Leib Christi. In, mit und unter kulturellen Traditionen und psychischen Strukturen, aber auch in, mit und unter theologischen Einstellungen und spirituellen Überlieferungen besteht der entscheidende Einfluß auf Christ/innen im Wirken des göttlichen Geistes. Wenn man die Beziehung zwischen diesen beiden für das christliche Leben, Denken und Arbeiten fundamentalen Begriffen umreißen will, wird man sagen müssen: Der Leib Christi ist das Wirkungsfeld des Heiligen Geistes. Der Heilige Geist ist die Wirkungskraft im Leib Christi.

Im Epheserbrief ist die Rede vom Heiligen Geist mit elementaren Erfahrungen des christlichen Lebens verbunden. Dabei geht es zunächst um die Tauferfahrung: »ihr, die ihr das Wort der Wahrheit gehört habt, nämlich das Evangelium von eurer Rettung, seid in ihm mit dem verheißenen Heiligen Geist versiegelt worden, als ihr zum Glauben kamt« (1,13). In dem Befreiungsgeschehen aus der verlorenen Welt ist den Christ/innen eine machtvolle Prägung widerfahren, die sie nicht nur in der Gegenwart aus dem Verderbenszusammenhang des Todes herausreißt, sondern auch für die Zukunft des Reiches Gottes aufbewahrt. Der Lebensraum, der durch den Leib Christi und den Geist Gottes gebildet wird, umfaßt eine zeitliche Dimension, die die irdischen Grenzen sprengt.

In der Taufe ist eine erfahrbare Lebenserneuerung geschehen, weil durch die Kraft des heiligen Gottes die Rettung aus der Gewalt des Gegengeistes erfolgt ist. Ihr wart nämlich tot »nach der Art dieser Welt, unter dem Machthaber, der in der Luft herrscht, dem Geist, der jetzt noch in denen am Werk ist, die Gott nicht gehorchen« (2,1f). Die Christ/innen sind in ein Kraftfeld geraten, an dessen Rändern immer noch ein gewaltiger Machtkampf tobt. Die Rede vom Heiligen Geist ist sinnlos, wenn man die Macht Gottes nicht mit jener Opposition konfrontiert, die die gesamte Menschheit auf dämonische Weise mit dem Todesgeschick verknüpft.

Deshalb gehört zur Lebenserneuerung aus der Kraft dieses göttlichen Geistes auch die Erfahrung einer neuen Identität. »Durch ihn werdet auch ihr miterbaut zu einer Wohnung Gottes im Geist« (2,22). Noch direkter formuliert es Paulus: »der Tempel Gottes ist heilig; der seid ihr« (1. Korinther 3,17). Christ/innen bevölkern eine Lebenssphäre, in der die Heiligkeit Gottes wohnt. Deshalb leben sie ausgegrenzt aus der Welt, versiegelt für die herrliche Zukunft, getrennt von der schlimmen Vergangenheit, erfüllt von der Kraft Gottes.[116]

Auf diese Weise sind sie nicht nur in eine neue Wirklichkeit geraten, sondern haben sie auch neue Wirklichkeiten entdeckt. »Dies war in früheren Zeiten den Menschen nicht kundgemacht, jetzt aber ist es seinen heiligen Aposteln und Propheten offenbart durch den Geist; nämlich daß in Christus Jesus die Heiden Miterben sind und mit zu seinem Leib gehören und mit an der Verheißung teilhaben durch das Evangelium« (3,5f). Ihre Welt-Anschauung hat sich verändert, weil ihr Welt-Horizont weiter geworden ist. Was früheren Generationen verborgen war, was selbst die dämonischen Mächte neugierig anlockt (3,10), ist das Geheimnis jener Erwählung, die nicht nur den Bürgern des früheren Bundes gilt (2,11ff). Durch Christus »haben wir alle beide in einem Geist den Zugang zum Vater« (2,18). Die Mauer zwischen den »Erwählten und den Verworfenen« ist niedergerissen. Die Heiligkeit Gottes hat sich der Heiden erbarmt. Das ist ein Weltgeheimnis, so attraktiv, daß selbst die Dämonen noch ihre Chance wittern.

Diese Aussagen über den Heiligen Geist werden im Neuen Testament nicht aus einem pneumatologischen Lehrsystem deduziert. Vielmehr haben sie ihren konkreten »Sitz im Leben«, sie erwachsen aus gemeinsamen Erfahrungen der versammelten Christ/innen im Gottesdienst. Dort werden enthusiastische Phänomene zugänglich, die in der religiösen Umwelt Aufmerksamkeit und Erstaunen erregen (1. Korinther 14,22ff). Dort entdecken Einzelne Gaben bei sich, von denen sie vorher keine Ahnung gehabt haben (1. Korinther 12,1ff). Dort findet eine wechselseitige Erbauung der Christ/innen statt, weil Menschen mit der Kraft zum Psalmengebet, zur Lehre, zur Offenbarung, zur Glossolalie, zur Heilung erfüllt werden. »Heiliger Geist« ist für die ersten Gemeinden ein Stichwort, mit dem sie konkrete Erfahrungen charakterisieren: Entdeckungen machtvoller Ergriffenheit, individueller Begabungen, sozialer Trennungen, innergemeindlicher Prüfungen. Diese Macht wirkt nicht nur im kognitiven Diskurs. Sie wirkt leibbezogen, bewußtseinstranszendent, identitätsverändernd. In der individuellen Geisterfahrung wird die Zugehörigkeit zum Leib Christi bis in den innersten Kern der Person hinein manifest. Deshalb ist der Gottes-

---

[116] Vgl. H. Umbach, In Christus getauft – von der Sünde befreit. Die Gemeinde als sündenfreier Raum bei Paulus, Theol. Diss. Göttingen 1992 (erscheint 1998 im Druck).

dienst jenes Ereignis, in dem die Macht Gottes gegen die Mächte der Welt Menschen für sich okkupiert.

II.

Im Gottesdienst kommen die zu Wort, die vom Geist Gottes ergriffen sind. Was man im Neuen Testament für die Anfänge des Christentums beobachten kann, läßt sich religionsphänomenologisch generalisieren. Kult ist jener rituell gestaltete Raum einer Machterfahrung, in der die Gottheit einer Religionsgemeinschaft möglichst in Reinform zur Wirkung gelangt.[117] Sofern ihnen ein Psalm, eine Lehre, eine Offenbarung, eine Zungenrede oder eine Auslegung eingegeben wurde (1. Korinther 14,26), haben sich in den ersten Gemeinden Männer und Frauen unabhängig von ihrer sozialen Schicht und ihrer religiösen Bildung geäußert. In den mitteleuropäischen Gottesdiensten der Gegenwart kommen dagegen nur Theolog/innen zu Wort, die ein akademisches Studium erfolgreich absolviert haben und durch kirchliche Prüfungsverfahren examiniert sind. Ausgerechnet in »unserer Volkskirche« muß das Kirchenvolk schweigen.

Welcher Geist kommt in diesen Gottesdiensten zur Sprache? In der theologischen Ausbildung findet kein Training für direkten Geistempfang statt. Und auch die theologischen Prüfungen enthalten keinen Test für eine direkt meßbare Geistbegabung. Wer heute im Gottesdienst verbal aktiv werden will, muß offensichtlich nicht direkt am Geist Gottes partizipieren, sondern vom Geist jener Wissenschaften bestimmt sein, die die Arbeit der theologischen Disziplinen methodisch prägen. Vorausgesetzt ist bei dieser Konstruktion, daß in der theologischen Ausbildung jene Fähigkeiten, Inhalte und Kräfte vermittelt werden, die für das menschliche Wirken im Wirkungsfeld des göttlichen Geistes erforderlich sind. Für die mediale Existenz zwischen der Wirklichkeit des Leibes Christi und der Wirkungsmacht des Geistes Gottes soll die Theologie präparieren.

Das ist eine denkbare Lösung, um die Kontinuität einer religiösen Tradition und die Kommunikation in einer religiösen Gemeinschaft einigermaßen sicherzustellen. Der Geist Gottes, diese unheimliche, diffuse und verwirrende Größe, wird an das Wort Gottes gebunden und in den breiten Rahmen einer Lehrtradition gebettet, die die Übereinstimmung im allgemeinen wie die Entwicklung von Besonderheiten gleichermaßen ermöglicht. Geist Gottes und kirchliche Lehre können, wie die Geschichte zeigt, auf sehr fruchtbare Weise miteinander kombiniert werden. Und die Theologie kann ein hilfreiches Instrument

---

[117] Daß es dabei in der Regel zur Manifestation transrationaler Phänomene kommt, zeigt F.D. Goodman, Ekstase – Besessenheit – Dämonen. Die geheimnisvolle Seite der Religion, GTB 987, Gütersloh 1997, 29ff.

sein, um Männer und Frauen auf die schwierige und gefährliche Arbeit im Machtbereich des Heiligen ordentlich einzustellen.

Voraussetzung ist freilich, daß eine Konvergenz besteht zwischen dem Geist, der im Gottesdienst wirken will, und dem Geist jener Wissenschaften, die für die gottesdienstliche Praxis ausbilden sollen. Wenn diese Voraussetzung fehlt, wenn der Geist der Wissenschaften von anderen Kräften bestimmt ist und wenn die darin Ausgebildeten diese anderen »Geister« in den Gottesdienst transportieren, dann entsteht eine Situation, die in sich sehr gebrochen ist. Es muß da nicht unbedingt der »Geist, der jetzt noch in denen herrscht, die Gott nicht gehorchen« (2,2), Einzug gehalten haben. Es brauchen da nur jene alltäglichen Irritationen zu entstehen, die die Mischung von historischen Einsichten, schultheologischen Überzeugungen und rhetorischen Kunstfertigkeiten so häufig auslöst. Der Geist Gottes wird sich nie rein und unvermischt in kirchlichen Subjekten inkorporieren. Immer wird er sich gegen die Gebrochenheit der irdischen Gefäße, in die er einfließt, durchsetzen müssen. Die Frage, die in unserem Zusammenhang zu klären ist, betrifft speziell die Theologie: Wie muß sie beschaffen sein, daß die Ausbildung darin dem Geistempfang dient und der Geistbegabung förderlich ist?

»Ihr habt ja gehört, welches Amt die Gnade Gottes mir für euch anvertraut hat: Durch Offenbarung ist mir das Geheimnis kundgemacht worden« (3,1f). Geheimnis und Offenbarung, Erkenntnis und Lehre und andere Leitbegriffe des Neuen Testaments haben die Aufgabe einer denkerischen Durchdringung der biblischen Überlieferung gleichermaßen gefordert wie relativiert. Die Vereinbarkeit von spiritueller Praxis und wissenschaftlicher Reflexion ist in der Kirchengeschichte ebensooft behauptet wie bestritten worden. Wenigstens an zwei entscheidenden Weichenstellungen soll die Problematik der Beziehung zwischen religiöser Geisterfahrung und wissenschaftlicher Geistdurchdringung genauer erörtert werden.

Die fundamentale Basis für die Entwicklung einer christlichen Theologie hat die neutestamentliche Logos-Christologie geliefert. Wenn der offenbarte Sohn Gottes selber der Logos war (Johannes 1,1ff), dann waren seine Spuren auch in den Fähigkeiten des menschlichen Geistes zu finden. Mit Hilfe der philosophischen Logik konnten schon die Apologeten im 2. Jahrhundert die Christologie interpretieren; aber umgekehrt konnte man auch mit Hilfe der Christologie den Gebrauch der philosophischen Logik sanktionieren. »Wenn Christus als der Logos, die göttliche Vernunft, genommen wurde, dann war nur natürlich, daß man sein Wirken hauptsächlich als Lehren auffaßte. Er schenkte die rechte Erkenntnis von Gott und lehrte das neue Gesetz, das den Weg zum Leben wies. Das Heil wird mit Hilfe intellektueller und moralischer Kategorien interpretiert. Sünde ist Unwissenheit. Der

Mensch hat die Freiheit, dem Guten zu folgen, aber erst von Christus empfängt er die rechte Erkenntnis des Weges zur Gerechtigkeit und zum Leben«.[118] Vernunft und Offenbarung, menschlicher Geist und göttlicher Geist müssen sich nicht widersprechen, weil und sofern der Sohn Gottes selbst Schöpfungsmittler gewesen ist.

Auf dieser Grundlage konnte die Theologie die Rationalität des christlichen Glaubens ermitteln. Die geistliche Praxis konnte durch geistige Bildung befördert werden. Kennzeichnend ist das Programm des Anselm von Canterbury in der Frühscholastik. Sola ratione, allein durch Vernunft, kann man die ratio, die Vernünftigkeit der göttlichen Offenbarung, entdecken. Der menschliche Geist ist zur Wahrnehmung der Logik des göttlichen Wirkens imstande. Daß die angestrebte Rationalität des Glaubens häufig zu einer Rationalisierung der Glaubensinhalte führte, zeigt sehr deutlich Anselms Satisfaktionstheorie oder die Transsubstantiationslehre des Thomas von Aquin. Vor einer leichtfertigen Verurteilung des scholastischen Experiments sollte man sich aber schon deswegen hüten, weil in der theologischen Existenz der scholastischen Lehrer die rationale Erkundung der Heilsgeheimnisse immer mit der spirituellen Feier dieser Geheimnisse verknüpft gewesen ist. Die Mysterien des Glaubens, deren Rationalität man zu entschlüsseln versuchte, wurden in der Frömmigkeitspraxis der Kleriker und Mönche tagtäglich rituell begangen.

Eine entsprechende Kombination religiöser und rationaler Aspekte findet man auch in der Theologiegeschichte des Protestantismus. Auch hier hat die doctrina, das reflektierte und ausdifferenzierte Lehrsystem, im Anschluß an philosophische Schulen zentrale Bedeutung gewonnen. Im alten Protestantismus geschah das weitgehend unter Aufnahme aristotelischer Kategorien. Der neue Protestantismus hat dabei vor allem Konzepte des Idealismus, der Hermeneutik und der Existenzphilosophie integriert. Daß theologische Lehre dabei zunehmend zur abstrakten, lebensenthobenen Größe geworden ist, zeigt der Vergleich mit dem Verständnis des Phänomens bei Luther.

K. G. Steck hat ausführlich dargestellt, »daß für Luther zwischen Evangelium und doctrina kein wesentlicher Unterschied besteht, daß wir es in der doctrina mit der Lehrverkündigung der Kirche zu tun haben, deren Objekt und Subjekt, deren Gegenstand *und* Herr Christus selbst ist und bleibt«.[119] Wie in der Scholastik besteht auch für Luther die theologische Aufgabe in der Kunst der Unterscheidung, aber in-

---

[118] B. Hägglund, Geschichte der Theologie. Ein Abriß, München 1983, 23. Besonders deutlich haben diesen Zusammenhang für Justin nachgezeichnet Ph. Böhner/E. Gilson, Christliche Philosophie von ihren Anfängen bis Nikolaus von Cues, 3. Auflage, Paderborn 1954, 23ff.

[119] K.G. Steck, Lehre und Kirche bei Luther, FGLP 10/XXVII, München 1963, 187; vgl. auch H.-J. Kraus, Charisma prophetikon. Eine Studie zum Verständnis der neutesta-

haltlich geht es im Vollzug der Distinktion nicht um die Entfaltung einer Sachlogik, um begriffliche Differenzierung und spekulative Durchdringung. Die Unterscheidung, die für Luther im Zentrum der theologischen Arbeit steht, betrifft den Verkündigungsakt und besteht in der situationsbezogenen Differenzierung im Worte Gottes. Letztlich geht es dabei um ein geistliches Urteil. Wer Gesetz und Evangelium zu unterscheiden vermag, der muß unter Anleitung des Geistes abschätzen können, was das Wort Gottes Menschen zu sagen hat, die entweder in Hochmut und Wahn oder in Verzweiflung und Angst existieren.

Auch wenn sich dieses adressatenbezogene Konzept von Theologie in der Geschichte des Protestantismus nicht durchgehalten hat, so bleibt mindestens in der nachreformatorischen Epoche die Einbettung der theologischen Wissenschaft in die geistliche Praxis unumstritten. Bis in die Orthodoxie hinein wird im Rahmen des ordo salutis auch immer der Artikel De unione mystica traktiert[120], und die Strenge der damals gepflegten Rechtgläubigkeit wird nur verständlich, wenn man sie in der Tiefe der dahinterstehenden Frömmigkeit begründet sieht.[121]

Bis heute bildet das Studium der Theologie den Zugangsweg für das Verkündigungsamt. Wer dieses Studium erfolgreich absolviert hat, der ist, so die Voraussetzung des Ausbildungsmodells, als Person hinreichend dafür präpariert, im christlichen Gottesdienst als handelndes Subjekt tätig zu werden. Er/Sie hat historische und systematisch-theologische Kenntnisse erworben sowie sozialwissenschaftliche und kommunikative Fähigkeiten erlernt. Er/Sie hat im Vikariat auch eine praxisbezogene Einführung erhalten und ist aufgrund dieses wissenschaftlichen Zugangsweges für seine religiöse Aufgabe so vorbereitet, daß man sie ihm/ihr, wenn auch zunächst nur auf Probe, guten Gewissens anvertrauen kann.

Ist das wirklich so selbstverständlich, wie es »unsere Volkskirche« fast uneingeschränkt vermutet? Nur ein paar randständische Außenseiter wagen ja den Nutzen des Theologiestudiums für die pastorale Praxis von Zeit zu Zeit in Frage zu stellen. Aber durch ihre Engstirnigkeit darf man sich die Wahrnehmung des Problems nicht verstellen lassen. Was hat der Geist der theologischen Wissenschaften, wie sie seit

mentlichen Geistesgabe bei Zwingli und Calvin, in: Biblisch-theologische Aufsätze, Neukirchen 1972, 235ff.

[120] Vgl. W. Elert, Morphologie des Luthertums 1, München 1931, 135ff.

[121] Vgl. J. Baur, Die Leuchte Thüringens Johann Gerhard (1582-1637). Zeitgerechte Rechtgläubigkeit im Schatten des Dreißigjährigen Krieges, in: Luther und seine klassischen Erben. Theologische Aufsätze und Forschungen, Tübingen 1993, 357: »Intellektuell differenziert, religiös lebendig, persönlich überzeugend, Kenner und kritischer Mahner im Bereich des Sozialen und Politischen«; vgl. auch ders., Lutherisches Christentum im konfessionellen Zeitalter – ein Vorschlag zur Orientierung und Verständigung, in: Einsicht und Glaube. Aufsätze 2, Göttingen 1994, 57ff.

der Aufklärung in den Fakultäten und Seminaren vertreten werden, mit jenem Geist zu tun, der als heilige Macht im Gottesdienst zu Wort kommen will? Eine theologische Ausbildung hat seit jeher den Zugang zur Leitung des Gottesdienstes eröffnet. Aber der Charakter dieser Ausbildung hat sich in den letzten Jahrhunderten beträchtlich gewandelt. Theologie ist aus einer doctrina sacra zu einer durch und durch profanen Wissenschaft geworden, die mit Methoden operiert, wie sie auch in allen anderen wissenschaftlichen Disziplinen üblich sind. Und das Theologiestudium hat sich dementsprechend aus dem spirituellen Kontext überlieferter Kirchlichkeit gelöst. Dem Lebensstil und der Gestaltungskraft des Einzelnen bleibt es in der Gegenwart überlassen, die wissenschaftliche Arbeit durch persönliche Frömmigkeit zu ergänzen.

Mit gutem Grund werden Theolog/innen und Pfarrer/innen heute nur noch ausnahmsweise als »Geistliche« bezeichnet. Durch Schulbildung und Studium sind sie akademische Experten für Theologie.[122] Das, was im Gottesdienst geschieht, können sie deshalb meistens nur im Rahmen dessen interpretieren und praktizieren, was sie an Kenntnissen und Fähigkeiten erworben haben. Gottesdienst wird dann ein religiöses Ritual mit symbolischen Bedeutungsgehalten, die durch Belehrung vermittelt werden und als Lebenshilfe gemeint sind. Alles, was darin abläuft, ist bewußtseinsorientiert und will verstanden werden. Verhaltenselemente, deren Sinn dem Alltagsbewußtsein verborgen ist, müssen getilgt, Aussagen, die den Modernitätsstandards widersprechen, müssen vermieden, Wirkungen, die transrational erfolgen, können nicht realisiert werden. Wie soll man den Geist, der sich in einem solchen Gottesdienst artikuliert, von der biblischen Tradition her charakterisieren? Gibt es hier noch eine tragfähige Basis für das Wirken von Heiligem Geist? Oder droht hier die Gefahr, daß in einem solchen Gottesdienst andere Geister zu Wort kommen, Geister theologischer Gelehrsamkeit, persönlicher Frömmigkeit, zwischenmenschlicher Nettigkeit, moralischer Entschiedenheit?

III.

In der Kirchengeschichte hat es immer Ansätze zu einer Alternative gegeben. Der von Lehren überflutete Gottesdienst sollte wieder mit Leben erfüllt werden. Gegen ein rationalistisches Verständnis des Heiligen Geistes setzte man das affektive. Das anthropologische Zentrum verlagerte sich von der Vernunft in das Gefühl. Der Geist Gottes sollte nicht nur in den Kognitionen, sondern vor allem in den Emotionen zur

---

[122] Zur Problematik gegenwärtiger Ausbildung vgl. K. Schwarzwäller, Um die wahre Kirche. Ekklesiologische Studien, Frankfurt 1996, 13ff und 263ff.

Wirkung gelangen. Und auch die Ausbildung sollte nicht nur biblische und kirchliche Lehrinhalte, sondern verstärkt auch affektive Fähigkeiten vermitteln: die Introspektion bei der Wahrnehmung der eigenen inneren Befindlichkeit, die Empathie zur Einschätzung des religiösen Entwicklungsstandes beim Gegenüber.

Aspekte einer emotionsbezogenen Wirkung des Heiligen Geistes kann man natürlich unschwer auch im Neuen Testament antreffen. Die eschatologische Be-Geisterung, die in den urchristlichen Gottesdiensten geherrscht hat, ist ohne die Berücksichtigung der emotionalen Dimension gar nicht zureichend zu erfassen. »Die Jesusanhänger befanden sich in einem pneumatischen Kraftfeld, das ihr Verhalten und Erleben völlig umstrukturierte, und in diesem Kraftfeld stellten sich bezüglich der Person Jesu Evidenzerlebnisse ein, die außerhalb dieses Bezugsrahmens als Fiktionen abgetan werden müssen«.[123] Aber die sprachlichen Reaktionen, auf die Rebell mit Recht verweist, waren verankert in einer korporalen Ergriffenheit, die selbstverständlich auch ein breites Spektrum von Gefühlsregungen umfaßte. Die Konstellationen von Liebe und Haß, Angst und Vertrauen, Lebensüberdruß und Hoffnung, die jeden Menschen bewegen, veränderten sich unter dem Einfluß der neuen Geistesmacht.

O. Pfister verweist auf Galater 5,22f: »Die Frucht des Geistes ist Liebe, Freude, Friede, Langmut, Freundlichkeit, Gütigkeit, Treue, Sanftmut, Enthaltsamkeit« und findet darin »Freiheit vor allem von Angst«[124] proklamiert. W. Rebell sieht Paulus in seinen Äußerungen zur Zungenrede 1. Korinther 14,4a mit therapeutischer Absicht sprechen: »Der Begriff ›erbauen‹ (oikodomein) dürfte hier den konstruktiven Aufbau der Persönlichkeit bezeichnen. Auch aus der heutigen Praktizierung der Glossolalie in charismatischen Kreisen und vor allem aus ihrer Verwendung in der Psychotherapie wissen wir, daß sie psychohygienische Funktionen erfüllt, daß sie befreiende Wirkungen auf seelische Tiefenschichten hat. Paulus dürfte diese Zusammenhänge gekannt haben, und deshalb hütet er sich, den privaten Gebrauch der Glossolalie in irgendeiner Weise einzuschränken«.[125] Schließlich kann auch der urchristliche Enthusiasmus als Ausbruch einer emotionalen Entgrenzung verstanden werden, die dem Einzelnen bisher verborgene und unterdrückte Erlebnismöglichkeiten eröffnet.

Dieses Schema von pneumatischer Kraft und psychischer Wirkung begegnet auch in der Kirchengeschichte. Alle Erweckungsbewegungen haben ihre Erfahrungen mit diesem Modell interpretiert. Der Geist Gottes erfaßt Menschen durch den Akt der Bekehrung, der in höchster

---

[123] W. Rebell, Erfüllung und Erwartung. Erfahrungen mit dem Geist im Urchristentum, München 1991, 30.

[124] O. Pfister, Das Christentum und die Angst, 2. Auflage, Olten 1975, 205.

[125] W. Rebell, a.a.O., 99.

76

emotionaler Betroffenheit, in Verzweiflung, mit Tränen, unter beträchtlichen Gefühlsausbrüchen vonstatten geht. Diese Geistergriffenheit äußert sich dann in Leben und Lehre, in persönlichen Konfessionen, während des Gottesdienstes, in der liebeserfüllten Zuwendung zum Nächsten. Ja, im Rahmen einer solchen Psychologisierung der Geisterfahrung wird die heilige Kraft sehr schnell zum frommen Besitz. Was in die Bekehrten eingezogen ist, wird durch die Bekehrten weitergegeben. Mit ihrem Zeugendienst versehen sie nicht nur eine mediale Aufgabe, sondern äußern sie ihren eigenen Glauben. Durch ihre Körperhaltung demonstrieren sie ihre Himmelsausrichtung.[126] Durch die Sprache Kanaans dokumentieren sie die Wahrheit ihrer Lebenserneuerung.

Das Verhältnis von Pneumatologie und Psychologie ändert sich noch einmal, wenn dem Geist Gottes nicht nur psychische Wirkungen zugeschrieben werden, die schließlich auch zur Strukturierung eines frommen Subjekts führen. In der Gegenwart wird darüber hinaus die Wirkung des Heiligen Geistes auf sozialpsychologische bzw. tiefenpsychologische Gesetzmäßigkeiten zurückgeführt. Was im Neuen Testament als Geist Gottes bezeichnet wird, gilt dann als Ergebnis kollektiver oder individueller Psychodynamik, deren Konstellationen letztlich von profanen Faktoren bestimmt sind.

Exemplarisch ist dieses Konzept bei G. Theißen durchgespielt. Die psychologische Exegese, die er mit Hilfe von drei unterschiedlichen Ansätzen an paulinischen Texten durchführt, will »menschliches Verhalten und Erleben im Urchristentum soweit wie möglich beschreiben und erklären«.[127] Was das für die Geisterfahrung bedeutet, zeigt sich an der Gestalt des Pneumatikers, der wegen seiner Partizipation am Geist für den Apostel dem menschlichen Urteil entzogen ist (1. Korinther 4,1ff), ja der die Urteilskompetenz im göttlichen Endgericht zugesprochen erhält (1. Korinther 2,15). In psychodynamischer Hinsicht findet Theißen darin die Verflüssigung statischer Überich-Instanzen. Mit Hilfe von Christologie und Pneumatologie »werden aus Objekten im Gericht Subjekte des Gerichts«.[128] »Wo ein strenges Überich war, wird Ich«.[129] Die sozialpsychologische Voraussetzung für diese individualpsychologische Veränderung bildet seiner Meinung nach die Konkurrenz verschiedener Überzeugungssysteme in der Antike, weil pluralistische Kulturen beim Einzelnen eine Verunsicherung, eine Verfestigung, aber auch eine Wandlung bisheriger Plausibilitätsstrukturen

---

[126] Vgl. M. Schanze, Die Religion des Volkes. Kleine Kultur- und Sozialgeschichte des Pietismus, Gütersloh 1980, 48ff.
[127] G. Theißen, Psychologische Aspekte paulinischer Theologie, FRLANT 131, Göttingen 1983, 11.
[128] A.a.O., 106.
[129] A.a.O., 112.

auslösen können. Was für den Apostel Gabe einer göttlichen Übermacht war, stellt sich in der psychologischen Perspektive als Ergebnis sozial- wie individualpsychologischer Konflikte und Prozesse dar.

Für die Ekklesiologie kann man einen Aufsatz von D. Stollberg heranziehen, der schon im Titel das Programm formuliert: »Kirchen sind Gruppen«. Deshalb gelten auch in diesem Bereich die Einsichten der Gruppendynamik. Die religiösen Inhalte symbolisieren die Einheit der Gruppe. Im Verhältnis zur Geschichte klärt sich die Identität der Gruppe. Die Mitglieder finden einen bergenden Halt in der Gruppe. Und der Heilige Geist ist dann, wie es religionssoziologischer und religionspsychologischer Betrachtung entspricht, die Kraft, durch die »ein gemeinsames Grundziel weiter bejaht und verfolgt wird«.[130] Selbstverständlich sind alle diese Aussagen bei Stollberg sachlich korrekt und theologisch akzeptabel. »Wenn Gott menschlich wäre ...«, wie es der Titel der Aufsatzsammlung formuliert, dann gehört zu seiner Menschwerdung auch die Inkarnation in die geschichtlichen und gesellschaftlichen und psychologischen Gesetzmäßigkeiten hinein. Wenn der Geist Gottes im Menschen wirkt, dann kann man in der Tat die Prozesse, die dadurch in Gang gesetzt werden, auch tiefenpsychologisch, lerntheoretisch und gruppendynamisch interpretieren. Wichtig ist nur, daß man sich der Begrenztheit dieser Perspektiven bewußt bleibt. Der Geist Gottes wirkt in Kognitionen und in Emotionen, aber er ist dennoch ›höher als alle Vernunft und alle Gefühle‹ (Philipper 4,7).

Wirklich brisant wird die Frage nach dem Verhältnis von Pneumatologie und Emotionalität aber dort, wo es nicht nur um die Auslegung von Texten und die Wahrnehmung von Gruppenprozessen geht, sondern wo man religiöse Praxis mit Hilfe der biblischen Überlieferung zu gestalten hat. »Mit Symbolen leben« – unter dieser Parole hat J. Scharfenberg die Wichtigkeit der biblischen Überlieferung für die menschliche Konfliktbearbeitung dargelegt. Sehr kritisch wehrt er das Schema einer simplen Bedürfnisbefriedigung ab. »Der Ruf: Bitte gib mir ein Symbol, darf keinesfalls eine Rezeptpraxis mit Symbolen entstehen lassen«.[131] Das ist gegen eine unbedachte Verwendung der biblischen Tradition zur Erfüllung von Macht- und Manipulationswünschen gesagt. Aber die positiven Gesichtspunkte »der Verständigung, der Darstellung, der Aufhebung oder der Bearbeitung«, die Scharfenberg dann auflistet, verbleiben durchaus im Horizont individualpsychologischer Konfliktbearbeitung. Die biblischen Texte erfüllen humane Funktionen. Das ist nicht wenig. Aber das Wort will ja nicht nur Vehikel zwischenmenschlicher Werte und innermenschlicher Tugenden

---

[130] D. Stollberg, Kirchen sind Gruppen. Zum religionspsychologischen Phänomen der Gruppenbildung, in: Wenn Gott menschlich wäre... Auf dem Wege zu einer seelsorgerlichen Theologie, Stuttgart 1978, 220.
[131] J. Scharfenberg/H. Kämpfer, Mit Symbolen leben, Olten 1980, 204.

sein. Es will nicht nur die Geister »der Verständigung, der Darstellung, der Aufhebung und der Bearbeitung«[132] zur Konfliktbewältigung wekken. Es will, im privaten und im öffentlichen Gottesdienst, jenen Geist schenken, der eine Macht darstellt, der Menschen aus der vergehenden Welt herausreißt und mit der Lebenskraft Gottes erfüllt. Die Wirkungen dieser Macht sind auf den kognitiven und auch auf den emotionalen Bereich nicht beschränkt. Wenn der Geist Gottes Menschen ergreift, dann werden doktrinale Schriftgelehrsamkeit und Rechtgläubigkeit, aber auch emotionale Frömmigkeit, Authentizität und Gefühlsseligkeit überschritten.

IV.

Auch »unsere Volkskirche« ist den Weg »vom Kopf in den Bauch« gegangen. Sie hat schon immer aus einer respektablen Lehrtradition gelebt und hat dazu in den letzten Jahrzehnten die aufregende Welt der Gefühle entdeckt. In den Gottesdiensten werden seitdem nicht nur Bibeltexte erklärt und Hörer/innen belehrt. Es werden auch psychologische Erkenntnisse weitergegeben und mit Hilfe rhetorischer Methoden positive Stimmungen hergestellt. Die Pfarrer/innen, die im Gottesdienst so verfahren, könnten freilich durch Theologiestudium und Lektüre darüber informiert sein, daß sich die Wirkungen des Heiligen Geistes nicht in intellektueller Geistigkeit und emotionaler Freundlichkeit erschöpfen.

Als O. Dibelius das »Jahrhundert der Kirche« proklamiert hat, da war die Theologie schon mit Entdeckungen konfrontiert, die das Verständnis des Neuen Testaments, aber auch die Arbeit der Kirche von Grund auf verändern konnten. Auf der einen Seite hatten J. Weiß und andere in »Jesu Predigt vom Reiche Gottes« die apokalyptischen Züge herausgearbeitet. Und auf der anderen Seite hatte H. Gunkel die dämonologischen Züge der biblischen Rede vom Heiligen Geist freigelegt.[133] Ein kulturprotestantisches Verständnis von christlicher Religion war damit ebenso überholt wie das pietistische Erbe. Das Reich Gottes bricht unverhofft und katastrophisch über die Welt herein. Die Arbeit für dieses Reich ist weder durch kulturelle Bildung noch durch fromme Erbauung möglich. Ebenso ist der Geist Gottes eine unheim-

---

[132] A.a.O., 203. .

[133] Nach W. Klatt, Hermann Gunkel. Zu seiner Theologie der Religionsgeschichte und zur Entstehung der formgeschichtlichen Methode, FRLANT 100, Göttingen 1969, 30f, ist dessen hermeneutischer Ansatz gekennzeichnet »durch die Geringschätzung alles Dogmatischen zugunsten von Anschauung und Erfahrung des Lebens selbst. Gunkel ist es nicht zu tun um die urchristliche oder paulinische *Lehre* vom Geist, ihm geht es um die *Wirkungen*, die dem Geist zugeschrieben werden. Dogma, Lehre, Definition ist das Sekundäre, lebendige Erfahrung ist das Primäre«.

liche Macht, die Menschen überfällt und zu unerhörten Taten befähigt, und deshalb mehr als das Prinzip von Wahrhaftigkeit, Sittlichkeit oder Bekehrtheit.

Im Zuge gesellschaftlicher und politischer Untergangserfahrungen ist die apokalyptische Dimension von Zeit zu Zeit auch in den Großkirchen aufgeflammt. Die unheimliche Erfahrung mit dem transrationalen, dynamischen, aggressiven »Geist« ist dagegen so gut wie unbeachtet geblieben. Vor allem in den Arbeiten von E. Käsemann sind diese unbürgerlichen Überlieferungslinien festgehalten, ja in der Sache aufeinander bezogen. »Merkmal der urchristlichen Anschauung ist, daß der Geist als eschatologische Gabe gilt«.[134] Jenseits der idealistischen und der pietistischen Tradition ist der Geist Gottes »als jene Macht zu zeichnen, die total den Menschen ergreift und so Existenzwandlung bewirkt«.[135] Das Fundament für das endzeitliche Geschehen, das im urchristlichen Gottesdienst Menschen aus der Verderbenswelt reißt, ist durch die Auferweckung Jesu gelegt, der nach 1. Korinther 15,45 sich selber als lebendigmachender Geist präsentiert. »Im G. manifestiert sich genauer der Auferstandene mit seiner Auferstehungsmacht, die mehr ist als nur Kraft der Ekstase und des Wunders, nämlich nach der Welt greift und die neue Schöpfung heraufführt. So gliedert der G. in den weltweiten Christusleib ein, ist er selber die Einheit des aus den Trägern der G.esgaben sich zusammensetzenden Leibes (1 Kor 12) und wirkt schließlich Totenauferstehung«.[136]

In neueren Veröffentlichungen aus dem Bereich der systematischen Theologie[137] wird die Dynamik der Geistesmacht mit Hilfe des Stichwortes »Kraftfeld« eingefangen. M. Welker erläutert den Begriff folgendermaßen: »Die Tatsache, daß das Kraftfeld des Geistes ›himmlische‹ Komplexität besitzt und den Menschen nicht verfügbar ist, schließt nach dem Zeugnis der biblischen Überlieferungen weder aus, daß sich Individuen des Geistwirkens gewiß sein können, noch daß es öffentlich machtvoll kenntlich wird. Der Geist bewirkt vielmehr besondere Verständigungsformen bzw. bedient sich ihrer, so daß sich Menschen in endlichen Lebens- und Erfahrungszusammenhängen auf die Fülle dieser Kraft des Geistes beziehen und deren reale Gegenwart und Wirken bezeugen können. Als solche Verständigungsformen werden von den neutestamentlichen Überlieferungen besonders ›Glaube, Hoffnung und Liebe‹ hervorgehoben (die manchmal irreführend als ›Kardinaltugenden‹ bezeichnet werden). In diesen Formen konkretisiert sich das Kraftfeld des Geistes so, daß menschliche Erinnerungen

---

[134] E. Käsemann, Art. Geist und Geistesgaben im NT, RGG II, 3. Auflage, Tübingen 1958, 1273.

[135] Ebd.

[136] A.a.O., 1274.

[137] Vgl. den Literaturbericht von K. Koerrenz, Pneumatologie, VuF 41, 2/1996, 45ff.

und Erwartungen, menschliche Kontaktaufnahmen und menschliche Verständigung, menschliche Zuwendung und menschliche Selbstzurücknahme *im Geist* möglich werden. Durch solche ›Gaben‹ bzw. ›Gnadengaben‹ oder Charismen gibt Gottes Geist den Menschen so Anteil an sich selbst, daß sie Glieder und Träger dieses Kraftfeldes werden. Die Gnadengaben, die Charismen, sind Elemente des Kraftfelds des Geistes, die zugleich selbst Kraftfelder bilden und durch die sich das Wirken des Geistes im endlichen Leben und Zusammenleben der Menschen verwirklicht und ausbreitet«.[138]

In diesen und ähnlichen Aussagen sind direkt und indirekt Abgrenzungen enthalten, die häufig vollzogene Verengungen im Verständnis des Heiligen Geistes aufsprengen können. Zunächst manifestiert sich der Geist Gottes nicht nur als spontanes Ereignis mit punktuellen Wirkungen. Weil der Leib Christi seinen Wirkungsraum darstellt, darf man auch mit der Konstanz und Permanenz seiner Wirklichkeit rechnen. Ebenso ausgeschlossen ist eine Beschränkung seiner Wirkung auf Individuen. Der Geist Gottes ergreift machtvoll einzelne Menschen. Aber seine Potenz ist viel zu gewaltig, als daß sie sich im Akt individueller Einwohnung erschöpfen könnte. Durch diese Menschen hindurch wird er auch andere attackieren und so eine Bewegung auslösen, bei der ein rein konsumptives Verhalten sachlich unmöglich ist. Der Geist Gottes ist nämlich keine Größe, die man kaufen, die man benutzen oder als Besitz privatisieren kann. Deshalb gibt es in diesem Kraftfeld auch keine Uniformen. Die Menschen, die von der Macht Gottes erfaßt werden, sind in sich verschieden und werden mit verschiedenen Charismen ausgestattet. Die pneumatischen Mutationen sind noch zahlreicher und erstaunlicher als die Mutationen der Evolution, und nur im Geist kann man entscheiden, ob eine individuelle Variante noch zum Leib Christi gehört oder nicht. Diese Urteilsfähigkeit ist ein Teil jener Handlungsfähigkeit, die Menschen durch Geistbegabung gewinnen, sofern sie aus der lähmenden Gesetzlichkeit familiärer Verhältnisse, gesellschaftlicher Rollenzuweisungen, persönlicher Wehleidigkeiten befreit werden.

Der Geist Gottes ist eine Macht, die in das Kraftfeld des Leibes Christi versetzt. Das kann man in Büchern publizieren, in Predigten erklären, in Gesprächen an den Mann und die Frau zu bringen versuchen. Aber dadurch, daß man von ihm redet, wirkt der Geist Gottes noch längst nicht. Er kann ausgesperrt bleiben durch die Geister historischer Analyse, systematischer Reflexion, tiefenpsychologischer Einsichten, individueller Selbstkontrolle. Der theologische Diskurs über den Geist verstrickt sich manchmal in absurde Situationen. Kranke

---

[138] M. Welker, Gottes Geist. Theologie des Heiligen Geistes, Neukirchen 1992, 224f. Vgl. auch W. Pannenberg, Systematische Theologie I, Göttingen 1988, 414ff.

heilt man nicht durch Vorträge über Gesundheit. Hunger stillt man nicht durch Empfehlungen einer Diät. Wie können Theolog/innen im Akt des Gottesdienstes die Theologie transzendieren? Wie kann die Gemeinschaft von Menschen, die sich dort versammelt hat, die Realität des Leibes Christi und die Macht des Geistes Gottes erfahren?

»Unsere Volkskirche« kann weiterhin liturgische Spielwiesen entwickeln, auf denen in immer neuen Experimenten Modelle und Entwürfe einer frommen Unterhaltungsindustrie ausprobiert werden. Sie kann auch, wenn der konservative Zeitgeist den Gottesdienst okkupiert, in musealer Perfektion mit ästhetischen Absichten überlieferte Formen pflegen. Und wird in beiden Fällen doch bei sich selber bleiben, bei ihren modernen oder traditionellen Einstellungen, bei ihren konfessionellen Prägungen, bei ihren geistes- und sozialwissenschaftlichen Methoden, bei ihren verzweifelten Missionsbemühungen. Die Fülle der Gottheit wird in den Gottesdienst wieder einziehen, wenn dort der Geist Gottes Einlaß erhält.

Das freilich setzt eine methodische Orientierung voraus, in der nicht nur die Bildung von Rationalität und die Pflege von Emotionalität intendiert sind. »Die Frucht des Geistes aber ist Liebe, Freude, Friede, Geduld, Freundlichkeit, Güte, Treue, Sanftmut, Selbstbeherrschung« (Galater 5,22). Paulus bietet hier keine Liste sittlicher Tugenden oder emotionaler Empfindungen. Er stellt exemplarisch jene göttlichen Energien zusammen, die Menschen im Leib Christi durch den Geist Gottes empfangen. »Wenn wir im Geist leben, so wollen wir uns auch nach dem Geist richten« (Galater 5,25).

Eine Ausbildung, die mehr vermitteln will als theologische Informationen, wird in die Rezeption von Inspiration einführen müssen. Mindestens Analogien dazu scheint es bei den Künstlern zu geben. »Was der Christ und der Theologe vom Poeten lernen kann, ist die Einsicht in die Notwendigkeit von Inspirationen. Die Inspiration unterscheidet den Christen vom Spießbürger, den Propheten vom Pfaffen. Ohne Inspiration können wir nur christliche Daherredner oder Kanzelschwätzer werden, aber nicht Zeugen und Prediger. Inspiration heißt: Der Geist lehrt, gibt das Wort und hilft zu seiner Artikulation, und er inspiriert nicht zuletzt in unserem Hören auch die Väter. Die Inspiration kommt gewissermaßen vor der Vernunft. – Neutestamentlich gesprochen: Geistwirkung aller Art, Prophetie und Glossolalie beispielsweise, kommt vor der Prüfung der Geister. Inspiration kommt in gewisser Hinsicht vor der Theologie, in der Hinsicht nämlich, als Theologie die Inspiration voraussetzt. Theologie kommt hinterher«.[139]

Wie gewinnt man Inspiration? Die Kreativitätspsychologie verwendet zur Beschreibung des schöpferischen Prozesses für eine Phase auch

[139] R.Bohren, Vom Heiligen Geist. Fünf Betrachtungen, München 1981, 67.

den Begriff der Illumination.[140] Im Rahmen menschlicher Arbeit in Kunst und Wissenschaft, in Handwerk und Technik taucht, wenn es gut geht, nach der Materialsammlung und der Erfahrung von Frustration ein Einfall auf, unverhofft, unableitbar, der weiterführt und die anstehenden Probleme lösen hilft. Mit gutem Grund verzichtet die Kreativitätspsychologie darauf, die Herkunft eines solchen Einfalls aus psychischen oder atmosphärischen Quellen genauer bestimmen zu wollen. Sie hat jedoch Methoden entwickelt, wie man sich dem Geschehen von Illumination durch innere Einstellung und äußere Handlungen aussetzen kann.

Auch Inspiration im religiösen Kontext geschieht unverhofft und unableitbar. Und auch diese Inspiration ist eingebettet in die Gestaltung innerer und äußerer Lebensvollzüge. Der Heilige Geist ist eine eigenständige Macht, die sich nicht methodisch herbeizaubern und professionell einsetzen läßt. Aber auch in der Praxis des christlichen Glaubens gibt es Methoden der inneren und äußeren Präparation für den Geistempfang. Nicht die reine Lehre und nicht die emotionale Authentizität stehen am Ziel einer solchen Lebensgestaltung. Sondern jene mediale Existenz, die sich von menschlicher Vernunft und persönlichen Gefühlen entleert und dem Einfluß der Gottesfülle zu öffnen versucht. Das ist ein prekäres, geheimnisvolles, nie auslotbares und nie zu perfektionierendes Geschehen. Aber in diesem Geschehen gewinnt der Heilige Geist heilende Macht über Menschen und werden die kognitiven und die emotionalen Geister der Theologie dienstbar gemacht. Inspiration wird im Lebenskontext von Spiritualität Ereignis. Und wenn das geschieht, dann hören »Liebe, Freude, Friede, Langmut, Freundlichkeit, Gütigkeit, Treue, Sanftmut, Enthaltsamkeit« auf, moralische Normen oder persönliche Tugenden zu sein; dann werden sie wirklich zu »Früchten des Geistes«, strömend aus der Fülle der Gottheit und gestaltet von den göttlichen Energien. »Die Kirche von morgen wird eine mystische sein«.[141]

---

[140] Vgl. E. Landau, Psychologie der Kreativität, München/Basel 1969, 61ff.
[141] S. o. S. 68.

Die Erwählung in Christus
und die Werbung durch Menschen

I.

Die Heiligen sind die Erwählten. Daß sie zum Volk Gottes gehören und sich in der Gemeinde zusammenfinden, verdanken sie nicht der eigenen Entscheidung, den eigenen religiösen Bedürfnissen, den eigenen frommen Gefühlen. Sachgemäß können Christ/innen die eigene Berufung nur doxologisch bestimmen: »Gelobt sei Gott, der Vater unseres Herrn Jesus Christus, der uns gesegnet hat mit allem geistlichen Segen in der himmlischen Welt durch Christus. Denn in ihm hat er uns erwählt vor der Schöpfung der Welt, damit wir heilig und untadelig vor ihm sein sollten; in seiner Liebe hat er uns im voraus dazu bestimmt, seine Kinder zu sein durch Jesus Christus nach dem Wohlgefallen seines Willens, zum Lob seiner herrlichen Gnade, mit der er uns in seinem geliebten Sohn begnadet hat« (1,3-6).

Wie ist die in Christus erfolgte Erwählung der Heiligen zu verstehen? R. Schnackenburg antwortet auf diese Frage, indem er gegenüber der damaligen religiösen Umwelt wesentliche Abgrenzungen vollzieht. Gemeint ist nicht, »daß unsere Seelen als präexistent vorgestellt werden, ein Gedanke, der aus dem Platonismus ins hellenistische Judentum, später auch in den Rabbinismus eingedrungen ist, aber vom Urchristentum nicht rezipiert wurde. Auch die Vorstellung liegt fern, daß wir räumlich-real (in mythischer Denkweise) im präexistenten Christus anwesend waren. Dazu müßte man auf gnostische Texte zurückgreifen, die eine Präexistenz der Pneumatiker (durch ihren ›Samen‹) im Pleroma voraussetzen, eine für Eph nicht nachweisbare Anschauung. Man kann den eigentümlichen Gedanken des Eph nur aus seiner Sicht auf die ganz und gar ›in Christus‹ begründete christliche Existenz verstehen. ›Sofern wir in ihm sind, waren wir es immer schon‹ (Schlier). Sofern Gott seinen Heilsplan in (dem präexistenten) Christus faßte, hat er auch uns schon ›in Christus‹ in seinen Plan einbezogen. Christus und die in ihm Erlösten sind nicht voneinander zu trennen.«[142]

Im Blick auf die säkularisierte Gegenwart sind die Akzente sicher anders zu setzen. Die Rede von der Erwählung Gottes stellt heute klar, daß die Wirklichkeit der christlichen Existenz und des kirchlichen Lebens mit soziologischen und psychologischen Kategorien nicht hinreichend zu erfassen ist. Aussagen, die nur individuelle Bedürfnisse und sozialpsychologische Mechanismen wahrnehmen, Strategien, die nur

---

[142] R. Schnackenburg, Der Brief an die Epheser, EKK X, Zürich/Neukirchen 1982, 51.

profane Kommunikationskanäle berücksichtigen, bleiben angesichts der Realität des Leibes Christi abstrakt. Sie vermögen allenfalls, die Wirkungszusammenhänge und Kommunikationsdefizite in der Organisation und im Milieu zu erfassen. Aber wer das gesamte kirchliche Handeln allein unter dieser Perspektive betrachtet, kann die reale Grundlegung christlicher Existenz vollständig nicht zu Gesicht bekommen.

Die Rede von der Erwählung besagt positiv: Was im Raum sozialer Erfahrung passiert, ist in der Welt des Heiligen vorgeprägt. Was im Ablauf eines irdischen Lebens geschieht, ist vor aller Zeit schon beschlossen. Der Weg der Einzelnen in die Christusgemeinde kann nicht als Ergebnis individueller Entscheidung oder kollektiver Bemühung gewürdigt werden. »Aus Gnade seid ihr gerettet durch den Glauben, und das nicht aus euch selbst: Gottes Gabe ist es, nicht aus Werken, damit sich niemand rühmen kann« (2,8f).

II.

»Unsere Volkskirche« redet anders. Sie will nicht »nur« die Erwählten, sie will alle erreichen. Und sie scheut sich, wenn diese generelle Ansicht mißlingt, zur Entschuldigung des eigenen Versagens die Erwählungslehre heranzuziehen. Für eine Kirche, die sich als Organisation und als Milieu definiert, muß die Distanz vieler Zeitgenossen andere Ursachen haben. Und zur Beseitigung dieser Distanz werden Methoden herangezogen, die auch andere Verbände verwenden. Nicht die Erwählten werden dann als Zielgruppe ins Auge gefaßt (das geht vielleicht wirklich gar nicht); vielmehr werden dann alle, die Mitglieder und die Noch-Mitglieder und die Nicht-mehr-Mitglieder, als Menschen betrachtet, um die man zu werben hat. Werbung im vormarktwirtschaftlichen Sinn hat viel mit Erwählung zu tun – man wirbt um den einen/die eine, den/die man in Liebe für sich gewinnen will. Werbung in diesem Sinn gehörte nach der Anschauung der Propheten unabdingbar zum Handeln Gottes. So hat Hosea den Auftrag erhalten: »Geh noch einmal hin und wirb um eine buhlerische und ehebrecherische Frau, wie denn der Herr um die Israeliten wirbt, obgleich sie sich zu fremden Göttern kehren« (3,1). Und bei Ezechiel erinnert Jahwe Jerusalem an sein früheres Bemühen: »Ich ging an dir vorüber und sah dich an, und siehe, es war die Zeit, um dich zu werben« (16,8).

Die Strategien und Modelle, die in den Landeskirchen Einzug gehalten haben, bearbeiten die Umworbenen freilich auf andere Weise. Werbung, wie sie derzeit abläuft, beginnt mit der Erhebung und Klärung von Bedürfnissen. Durch methodisch abgesicherte Befragungen, aber auch in persönlichen Gesprächen wollen Kirchenleute herausfinden: Was erwarten die Menschen von der kirchlichen Arbeit? Welche

Angebote sind für sie akzeptabel? Welche Änderungen sind nötig, damit der Kontakt mit der Kirche erhalten bleibt oder erweitert wird?

Als die Befragungswelle vor rund 30 Jahren begonnen hatte, hat W. Marhold die »Fragende Kirche« in eine funktionale Theorie volkskirchlichen Handelns integriert. »Funktional ist kirchliches Handeln dann, wenn es die Bedürfnisse und Nöte der Menschen wahrnimmt. ... Das Wahrnehmen der Bedürfnisse ist funktionale Diakonie, konsequenter Ausdruck des Dienstcharakters der Kirche. Alle geeigneten außer-theologischen Hilfen sind dafür legitim«.[143] Für den Umgang mit den Ergebnissen solcher Befragungen hat Marhold damals eine doppelte Haltung empfohlen. Auf der einen Seite gehörte für ihn zur Verarbeitung eine hohe, auch institutionell abgesicherte Bereitschaft zur Selbstkritik. »Kirchliches Handeln entspricht der Forderung nach dialektischer Funktionalität, wenn es dazu bereit ist, die eigene Plausibilitätsstruktur durch die dialektische Aufarbeitung der Wirklichkeit in Gegenwart und Zukunft einer möglichen Umformulierung auszusetzen, und bestrebt ist, jeweils schon Erreichtes zu transzendieren«.[144] Auf der anderen Seite plädierte er energisch dafür, den ermittelten Bedürfnissen auch durchaus kritisch gegenüberzutreten: »Wahrnehmung der Bedürfnisse und Nöte der Menschen darf nie kritiklos geschehen. Es gibt durch gesellschaftliche Manipulationen und geschichtliche Entwicklungen (auch der christlichen Kirchen!) erzeugte Bedürfnisse, die eine antiemanzipative Funktion gewonnen haben, die die Menschen in einer passiven Konsumentenhaltung bestärken und ihre Unfreiheit reproduzieren. Solchen Bedürfnissen und Kräften ist entgegenzuarbeiten«.[145]

In der kirchlichen Praxis ist inzwischen daraus ein Übermaß an Anpassungsbereitschaft erwachsen. Wer auf Pfarrkonferenzen Gesichtspunkte anspricht, die den Bedürfnishorizont überschreiten, dem wird in der Regel sofort entgegengehalten: Das will die Gemeinde nicht hören! Das kann niemand verstehen! Das kommt beim modernen Menschen nicht an! Aus der Bedürfnisermittlung droht eine Bedürfnisorientierung zu werden. Der Unterschied zwischen christlichem Dienst und serviler Dienstleistung wird verwischt. Eine Nächstenliebe, die sich so präsentiert, wird zum Kundendienst auf Bestellung.

Werbung im marktwirtschaftlichen Sinn muß sich nicht nur an den Bedürfnissen der Kundschaft orientieren. Sie versucht auch immer wieder, durch Sonderangebote mögliche Käufer zu ködern und dadurch die eigenen Marktchancen zu erhöhen. Bei eingeführten Marken steckt dahinter die Kalkulation, man könne durch zeitlich be

---

[143] W. Marhold, Fragende Kirche. Über Methode und Funktion kirchlicher Meinungsumfragen, München/Mainz 1971, 167.

[144] A.a.O., 168.

[145] Ebd.

grenzte Rabatte weitere Käuferschichten dauerhaft binden. Oft aber wird das Produkt dabei so entwertet, daß die quantitative Verbreitung steigt, aber das Image hinsichtlich der gelieferten Qualität verlorengeht.

Kirchliche Sonderangebote gibt es vor allem im kasuellen Bereich. Die individuellen und familialen Voraussetzungen für eine Kindertaufe sind gegenwärtig so angesetzt, daß ein entsprechender Wunsch faktisch immer erfüllt werden muß. Daß nicht nur die Jugendlichen, sondern auch ihre Eltern während der Zeit des Konfirmandenunterrichts am gottesdienstlichen Leben teilzunehmen haben, gilt als eine Forderung, die man nicht durchsetzen kann. Wenn bei einer Beerdigung einzelne Familienangehörige anwesend sind, die aus der Kirche ausgetreten sind, wird der Anteil biblischer Sprachelemente in der Handlung manchmal so reduziert, daß nur noch das Herrengebet übrigbleibt. Auch viele Predigten scheinen von der Ansicht bestimmt, daß die Verkündigungsaufgabe schon erledigt ist, wenn man die evangelische Botschaft in psychologische Lebensweisheiten übersetzt, um sie jeder Anstößigkeit zu berauben.

Eine Volkskirche, die den Strategien des Marketing folgt, droht den Menschen zu dienen, indem sie in der Sache anspruchslos wird. Daß die Kalkulation wirklich aufgeht, ist angesichts der bisherigen Resultate grundsätzlich zu bezweifeln. Eine Religion, die nichts kostet, verliert ihre Glaubwürdigkeit gerade bei denen, die nach Kraft zur Lebensgestaltung suchen. An den Wendepunkten des Lebens, in den Krisen der eigenen Biographie nimmt man diesen Service vielleicht noch in Anspruch. Von den Konsumenten her ist eine solche Haltung mehr als verständlich. Aber wenn sich kirchliche Mitarbeiter/innen darauf einlassen, die Gnade Gottes als Ware auf dem Dienstleistungssektor feilzubieten, dann bleiben sie denen, die sie in bester Absicht bedienen, die lebenserschließende Qualität der Botschaft schuldig. In der Liebe, auch in der Liebe Gottes kann man nur werben, wenn man das eigene Leben zu investieren bereit ist und wenn man die Fähigkeit hat, auch das Gegenüber zu einer solchen Investition zu verlocken.

Wenn die Volkskirche mit den marktwirtschaftlichen Instrumenten der Bedürfnisermittlung und der Sonderangebote operiert, dann ist es nur konsequent, daß sie in immer mehr Fällen auch professionelle Agenturen mit der Imagepflege betraut. Durch Werbefeldzüge soll über die kirchliche Arbeit informiert, über die Verwendung der Kirchensteuer Rechenschaft abgelegt und zu einer Beteiligung am gemeindlichen Leben eingeladen werden. Großformatige Plakate, gefällige Werbespots, interessante Informationsangebote sollen auch Zeitgenossen erreichen, die nur selten oder gar nicht mehr kirchliche Veranstaltungen besuchen und Kirchenzeitungen in die Hand nehmen. Die Werbebranche ist, wie man hört, an solchen Aufträgen sehr interessiert. Das ist nicht erstaunlich. Denn einmal sind die Wachstumsraten in diesem Geschäft inzwischen so geschrumpft, daß man für jeden neuen und interessanten Kunden nur dankbar sein kann. Zum anderen aber ist noch gar nicht entschieden, wer von einer Kooperation zwischen Werbewirtschaft und kirchlicher Institution mehr profitiert. Das kirchliche Image soll in der Öffentlichkeit aufpoliert werden. Aber vielleicht gewinnt durch die Arbeit für Kirchen und Gemeinden auch ein Geschäftsbereich an Reputation, dessen Glaubwürdigkeit, vorsichtig formuliert, nicht überall unumstritten ist.

Können Gemeinden und Landeskirchen von solchen Kampagnen wirklich profitieren? Die Kommunikationsforschung hat seit ihren Anfängen untersucht, inwieweit Werbefeldzüge zu Verhaltens- und Einstellungsänderungen beitragen können. Die Ergebnisse sind in der Regel sehr ernüchternd gewesen.[146] Man kann, wenn man Glück hat, den Wechsel zu einer neuen Zigarettenmarke erreichen. Sehr viel schwieriger ist die Arbeit schon im politischen Raum, wenn es um Einflußnahme auf potentielle Wähler/innen geht. Fast aussichtslos ist das Bemühen, Veränderungen im Kernbereich der menschlichen Existenz, in religiösen Einstellungen oder rassistischen Vorurteilen zu erreichen.[147] Die meisten finanziellen Aufwendungen, die man kirchlicherseits für Werbemaßnahmen einsetzt, dürften außer einer punktuellen Verbesserung des kirchlichen Images wenig erbringen. Und das gilt natürlich vorrangig nur für Menschen, die der durch die Werbung indirekt hergestellte Vergleich zwischen der Kirche und einer Firma bzw. einer Marke nicht irritiert.

Erste Erfahrungen mit einer breit angelegten Kampagne hat im Jahr 1993 der Evangelische Stadtkirchenverband Köln gewonnen. Für über 2 Millionen DM wurde durch eine renommierte Agentur eine Aktion gestartet, die unter dem Motto »misch Dich ein« die Kommunikation zwischen den Kirchengemeinden und den Kirchenmitgliedern verbessern sollte. Die Einschätzung über den Erfolg der Kampagne fällt unter den Betroffenen sehr zwiespältig aus. Auf der einen Seite verweist man auf das breit gestreute Echo in der Öffentlichkeit. In den Kneipen wurde diskutiert, in den Massenmedien wurde berichtet, selbst auf der akademischen Ebene entstanden Diplomarbeiten. »Genau dies hat die Kölner Kirchenkampagne bewirkt: eine öffentliche Diskussion, die

---

[146] Vgl. I.L. Janis, Kommunikation und Meinungswechsel, in: O.W. Haseloff (Hg.), Kommunikation, Berlin 1969, 126: »Kampagnen, die Menschen zu einer Änderung ihrer normativen Wertsysteme bewegen, soziale Stereotypen modifizieren oder neue politische Ideologien unterstützen sollen, mobilisieren im allgemeinen starke Resistenz in der Öffentlichkeit«.

[147] Vgl. G.W. Allport, Die Natur des Vorurteils, Köln 1971, 489ff, sowie H. C. Triandis, Einstellungen und Einstellungsänderungen, Weinheim 1975, 215ff.

Einladung zu Gespräch und Dialog.«[148] Dieser quantitativen Betrachtung werden von den Kritikern qualitative Gesichtspunkte entgegengehalten. Die Kampagne selbst, die zum Dialog anstiften wollte, war im Ansatz selbst nicht dialogisch, weil viel zu stark vorprogrammiert. Sie hat in einer Selbstpropaganda der Kirche bestanden und die transzendenten Aspekte von Religion banalisiert.

Das entscheidende Fazit formuliert M. Lauk, der geschäftsführende Gesellschafter der beauftragten Agentur: »Die Kirche ist nach meiner Einschätzung nicht beratungsfähig, da sie sämtliche Impulse zur Veränderung in einer nicht hinreichend lernfähigen Organisation absorbiert«.[149] In der Kampagne sind zwei Lebenswelten zusammengestoßen, die von ihren Voraussetzungen her nur sehr schwer und bestenfalls oberflächlich miteinander kooperieren können. Der Werbefachmann möchte das kirchliche Angebot auf dem Warenmarkt möglichst optimal präsentieren. Und stößt dabei auf einen Kunden, der sich – ich sage: aus guten Gründen – schon auf der organisatorischen Ebene den Gesetzen der marktwirtschaftlichen Ökonomie verweigert. In diesem Gemisch von flotten Parolen, theologischen Vorbehalten und überzogenen Erwartungen ist die Reaktion eines Einzelnen sicher nicht typisch, aber vielleicht aufschlußreich: »ein Zwanzigjähriger aus einer Gemeinde, der aber zur Gemeinde keinen Kontakt hat, rief an. Er sei auf dem Abgesandtenforum gewesen. Alles nur Insider. Und zum Schluß auch noch ein Gebet. Das hätte ihm gereicht. Was er anstellen müsse, um aus der Kirche auszutreten. Und gerade das wollten wir verhindern«.[150] Daß kirchliche Absicht und individuelle Wirkung auseinanderfallen, muß nicht immer ein Schade sein. Mindestens in diesem Fall könnte durch die Aktion eine wichtige Klärung gelungen sein.

Werbung im Machtbereich des Heiligen kann nicht nach den Gesetzen der Warenökonomie erfolgen. Dann werden die Adressaten oberflächlich tangiert, als Steuerzahler, als Kirchenbesucher, und aus dem Evangelium entsteht ein Angebot, das man möglichst preisgünstig mitnimmt. Werbung im Machtbereich des Heiligen kann nur bedeuten, den Erwählten die Zusage ihrer Erwählung nahezubringen. Was steht einer solchen Ausrichtung der kirchlichen Arbeit entgegen?

---

[148] Evangelischer Stadtkirchenverband Köln, misch Dich ein. Standpunkte verstehen, Wandel beginnen – die Kommunikationskampagne des Evangelischen Stadtkirchenverbandes Köln, Köln 1994, 23 (G. A. Menne).

[149] A.a.O., 66.

[150] A.a.O., 131f. (U. Seidel).

III.

»Die Erwählungslehre ist die Summe des Evangeliums, weil dies das Beste ist, was je gesagt und gehört werden kann: daß Gott den Menschen wählt und also auch für ihn der in Freiheit Liebende ist«.[151] Mit diesem Leitsatz hat K. Barth seinem grandiosen Entwurf einer evangelischen Prädestinationslehre die Richtung gewiesen. Was könnte dieser Satz, der die Summe des Evangeliums anzuzeigen behauptet, für die Praxis einer evangelischen Kirche an Handlungsdirektiven enthalten?

Im Sinne Barths wird man zunächst freilich vor einer allzu schnellen Anwendung dieser Maxime warnen müssen. Barth lehnt es nachdrücklich ab, diese Aussage mit dem Hinweis auf kirchliche Erfahrungen zu begründen. In dieser Perspektive nämlich handelt es sich nur »um die Beobachtung des sichtbaren Gegensatzes einerseits zwischen solchen Menschen, die das Evangelium durch die Kirche zu hören, und solchen, die es überhaupt nie zu hören bekommen – andererseits zwischen solchen, die es im Gehorsam und mit Gewinn und so zu ihrem Heil und solchen, die es offenkundig nur mit Widerspruch oder doch ohne irgendeinen Erfolg und so letztlich nur zu ihrem eigenen Verderben hören«.[152] Der evangelische Grundsatz der Prädestinationslehre wäre total mißverstanden, wenn man in ihm eine Interpretation kirchlicher Empirie sehen und wenn man nicht auch ihn in der Christus-Offenbarung selbst begründen würde. Umgekehrt wäre es auch grundfalsch, ihn empirisch realisieren zu wollen und also die Ausrichtung der evangelischen Botschaft auf jene beschränken zu wollen, die durch ihre Zugehörigkeit zur Organisation Kirche und ihre Beteiligung am parochialen Milieu erkennbar ihr Interesse am kirchlichen Leben bekunden.

Die empirische Begründung und die praktische Anwendung der Erwählungslehre haben immer darunter gelitten, daß das doppelte Erwählungsdekret Gottes Menschen in ihrem gesamten Leben auf eine einzige Position festgelegt hat. Es gab von der ewigen Entscheidung Gottes her die Erwählten, und es gab die Verworfenen; und jede/r Einzelne gehörte unwiderruflich und unabänderlich zu der einen oder der anderen Gruppe. Diese Scheidung reichte bis in die Kirche hinein. Alle kirchliche Anstrengung konnte dann nur dem Ziel dienen, die Erwählten mit ihrer Erwählung vertraut zu machen. Und das individuelle Glaubensleben war dann von dem Bemühen bestimmt, sich durch sichtbare Zeichen, etwa des ökonomischen Segens, der eigenen Erwählung möglichst zu vergewissern. Das alles konnte dann praktisch

---

[151] K. Barth, Die Kirchliche Dogmatik II/2, Zürich 1942, 1.
[152] A.a.O., 40.

zu einer Halbierung der kirchlichen Arbeit führen. Sie galt nur den Erwählten. Aber das wurde erkauft um den Preis einer fundamentalen gemeindlichen Teilung. Und wurde, wie Barth bei der Entfaltung seiner evangelischen Intentionen zeigt, der umfassenden Geltung des Christusgeschehens in keiner Weise gerecht.

In der Kirchengeschichte hat es noch andere Versuche gegeben, die individuellen Unterschiede der Teilnahme am kirchlichen Leben theologisch zu verarbeiten. Schon im Neuen Testament gibt es Ansätze dazu, zwischen Sarkikern, Psychikern und Pneumatikern zu differenzieren. Eine andere, äußerst wirksame Typologie hat der Pietismus entworfen, indem er die Bekehrten von den Unbekehrten abgegrenzt hat. In beiden Fällen waren die Erkennungsmerkmale zum Teil empirisch verifizierbar, etwa an besonderen enthusiastischen Fähigkeiten wie der Glossolalie bei den Pneumatikern oder an einer spezifischen Modellierung der frommen Person durch »Himmelsblick« und »Weltverachtung« der wirklich Bekehrten.

An einem Punkt freilich hoben sich beide Klassifizierungen vom Erwählungsmodell mehr oder weniger ab. Während den Verworfenen keine Chance eingeräumt werden konnte, an ihrem von Gott determinierten Geschick etwas ändern zu können, waren die negativ Qualifizierten in den anderen Typologien nicht endgültig auf ihren aktuellen Zustand fixiert. Aus Sarkikern konnten Psychiker, aus Psychikern Pneumatiker werden, wobei die Transformationsbedingungen unterschiedlich vorgestellt wurden. Und natürlich war die kirchliche Arbeit im Pietismus daran interessiert, möglichst viele Unbekehrte zur Stunde ihrer Bekehrung zu führen. In beiden Modellen war ein Aspekt der individuellen Christianisierung enthalten, der anders als beim vorzeitlich gefaßten und endgültig entscheidenden Dekret Gottes geschichtliche Entwicklungsmöglichkeiten offenließ. Wobei durch eine Kombination der Modelle auch die Erwählungsanschauung biographisch verflüssigt werden konnte. Der Weg vom Sarkiker zum Pneumatiker, die Entscheidung des Sünders in seiner Bekehrung sind dann letztlich auch im ewigen Ratschluß Gottes fundiert.

IV.

»Die Erwählungslehre ist die Summe des Evangeliums, weil dies das Beste ist, was je gesagt und gehört werden kann.« Der kirchlichen Verkündigung ist eine Botschaft anvertraut, die alle Werbesprüche an Reichtum, Tiefe und Weisheit (Römer 11,33) weit übertrifft. Weil der ewige Gott in Kreuz und Auferstehung Jesu Christi die Verwerfung für sich selbst, die Erwählung aber für alle Menschen vollzogen hat, ist diese Botschaft nicht einer bestimmten Menschengruppe, sondern allen nahezubringen. Was wird aus der kirchlichen Werbung, wenn sie in der Erwählung Gottes fundiert ist?

Der Verzicht auf eine Typologie, die mit dem Zwei-Klassen-System von Erwählten und Verworfenen rechnet, verlangt die Zuwendung zu allen Menschen. Die Einsicht aber, daß es in der kirchlichen Werbung nicht um Selbsterhaltungsmaßnahmen von Organisation und Milieu gehen kann, verleiht Geduld und Gelassenheit im Vollzug der Zuwendung zu allen Menschen. Sie kommen von Gott her, und sie bewegen sich so oder so zu ihm hin. Die religiöse Biographie, die zu jedem Individuum gehört, wird freilich immer weniger mit dem alten volkskirchlichen Modell eines christlichen Lebenslaufes zusammenfallen. Auch weiterhin kann es die mehr oder weniger gradlinige Wanderschaft von der Kindertaufe zur Beerdigung geben. Aber es steht zu erwarten, daß die Bewegungen und auch die Brüche in der religiösen Entwicklung der meisten Zeitgenossen zunehmen werden. Die individuelle Wahrnehmung des eigenen Erwähltseins wird in Zukunft sehr viel pluriformer vonstatten gehen, als es den herkömmlichen Bildern des volkskirchlich gelebten Lebens entspricht. Ein Erfolg der Kölner Kampagne hat darin bestanden, daß ein junger Mann die organisierte Kirche verlassen hat. Für die Logik der Werbung ist das ein kontraproduktives Ergebnis gewesen. Im Kontext einer individuellen Erwählungsgeschichte kann ein solcher Entschluß eine notwendige Etappe bedeuten.

Wie vielförmig die Lebensbewegung eines Einzelnen zu Gott ausfallen kann, zeigt die analoge Struktur zwischen religiöser Biographie, religiöser Kairologie und religiöser Topographie. Im Verhältnis zur örtlichen Residenz des Heiligen in einem Tempel oder in einer Kirche gibt es vier Positionen. Man kann das Kirchengebäude von außen betrachten; man kann in den Vorraum eintreten; man kann sich im Kirchenschiff niederlassen; unter bestimmten Umständen kann man sogar in das sakrale Zentrum, den Altarraum, das Allerheiligste, vordringen. In der ersten Position bleibt man gegenüber dem Heiligen in einer beträchtlichen Distanz, die durch eine einfache Körperdrehung noch verstärkt werden kann. Beim Eintritt in den Vorraum wagt man einen Schritt in das Innere, ohne sich jedoch auf das eigentliche Handlungs- und Erfahrungsfeld schon einzulassen. Wer im Kirchenschiff Platz nimmt, legt sich auf der Verhaltensebene schon stärker fest und setzt sich auf der Einstellungsebene dem Einfluß verbaler Attacken im Namen des Heiligen aus. Der Gang zum Altar endlich, der etwa beim Abendmahlsritual erfolgt, schließt zum Abschluß einer langwierigen Präparation die inkorporative Vereinigung mit dem Heiligen ein.

Was man bei der Wahrnehmung der religiösen Topographie erfahren kann, gilt auch in der religiösen Kairologie und in der religiösen Biographie. In jedem Augenblick seines Lebens befindet sich jeder

Mensch in einer dieser vier Positionen: Er steht draußen, dem Heiligen zugewandt oder abgewandt; er schaut neugierig einmal hinein; er wagt, etwa weil durch Gewohnheit gegenüber dem Zugriff der Macht immunisiert, sich in ihrem Wirkungsfeld niederzulassen; für kurze Zeiträume sind Menschen sogar befugt, der Macht des Heiligen durch intensive Körpererfahrungen zu begegnen. Aus den Bewegungen zwischen diesen vier Positionen ergibt sich im Lauf eines Lebens die Linie einer religiösen Biographie.

Für die kirchliche Werbung ergeben sich aus diesem Ansatz bei der Erwählungslehre beträchtliche Konsequenzen. Zunächst ist darin der prinzipielle Verzicht auf jede Art von Selbstdarstellung und Selbstempfehlung enthalten. Parteien, Betriebe, Verbände werben im eigenen Interesse. Die Gemeinde Jesu Christi kann mit allen Äußerungen und Handlungen nur auf den weisen, dem sie ihr Dasein verdankt. Auch das beliebte Zwei-Stufen-Schema: Wir werben für uns, damit die Menschen durch uns zu Gott finden können, ist ausgeschlossen. Es weist dem kirchlichen Betrieb eine Rolle zu, die ihm nicht zukommt. Werbung, die im Namen Gottes erfolgt, kann nur Mission sein. Sie wird, wenn sie wirklich geschieht, auch viel erfolgreicher sein als alle Bemühungen, den höchst ambivalenten kirchlichen Verhältnissen in der Öffentlichkeit ein positives Image zu schaffen.

Eine zweite Konsequenz, die sich von der Erwählungslehre her unvermeidlich ergibt, besteht im Verzicht auf den in der Kirche verbreiteten Allzuständigkeitswahn. Der Weg zur individuellen Wahrnehmung ihres Erwähltseins kann Menschen in die Organisation Kirche und in das Milieu der Gemeinde hinein-, er kann sie aber auch ebensosehr aus diesen Bereichen herausführen. »Extra ecclesiam nulla salus« – Außerhalb der Kirche gibt es kein Heil. Aber die Grenzen der Kirche sind nicht identisch mit den Grenzen einer Organisation. Und für den Erlöser, der auch in die Unterwelt gefahren ist (Epheser 4,8ff; 1. Petrus 3,19f), gibt es keinen Ort in der Welt, der absolut gottlos ist. Auch in der Organisation und im Milieu sollte man die Irrungen und Wirrungen des jeweiligen Lebenslaufs respektieren. Auch in der Organisation und im Milieu sollte man akzeptieren, daß zum gelebten Leben Trennungs- und Ablösungsprozesse gehören. Oft sind sie die unabdingbare Voraussetzung für die Möglichkeit der Versöhnung. Manche Werbemaßnahmen erwecken den Eindruck, als ob Mutter Kirche die Mündiggewordenen auf jeden Fall und um jeden Preis zu Hause halten wollte.

Das kirchliche Leben, das den vielförmigen Lebenswegen der Menschen gerecht werden will, wird in sich selbst höchst vielförmig sein. Es wird den Außenstehenden ein buntes Spektrum bieten, das man in vieler Hinsicht und aus verständlichen Gründen auch kritisieren kann. Es wird für die, die die Annäherung an das Heilige noch vermeiden, aber dennoch am gemeindlichen Leben teilnehmen möchten, Angebote sozialer Hilfe, freundlicher Geselligkeit, kultureller Gestaltung bereitstellen. Es wird auch Ritualformen entwickeln, in denen die Begegnung mit dem Heiligen in größerer Distanz versucht wird. Es sollte aber auf keinen Fall der Versuch unternommen werden, mit Rücksicht auf die Außenstehenden die Intensität möglicher Gotteserfahrung durch Reformprogramme zu reduzieren. Dann nimmt man denen, die schon jetzt zu ernsthafter Gottesbegegnung berufen sind, das Zentrum ihres geistlichen Lebens. Und dann verweigert man denen, die auf ihrem Lebensweg diese Entdeckung noch vor sich haben, das entscheidende Ziel ihres Suchens. Gerade im Interesse der Distanzierten muß deutlich sein, daß es Gottesbegegnungen im Rabatt nicht gibt.

Ein Journalist kann die Evangelische Kirche an einen hochkarätigen Repräsentanten kirchlicher Werbung erinnern: »Jeder Beruf und jedes Gewerbe hat seinen eigenen Schutzpatron; Sankt Barbara für die Bergleute und Sankt Nikolaus für die Kaufleute. Sollte er da nicht endlich in das große Buch der Helden und Heiligen aufgenommen werden: Johannes Tetzel O.P., geboren 1465 in Pirna, gestorben einsam und verlassen 1519 in Leipzig, Schutzpatron der Werber, der Agenturen, der Kreativen, all over the world?«[153]

Weil die Heiligen die Erwählten sind, sind Werbekampagnen zur kirchlichen Selbsterhaltung nutzlos und schädlich.[154] Weil zur Erwählung jene werbende Botschaft gehört, die auch und gerade den Verlorenen, Irrenden und Suchenden gilt, wird die Gemeinde Jesu Christi permanent Signale ihrer Offenheit senden. Gerade weil sie den Fernstehenden das Ziel ihres Lebensweges nicht nehmen will, wird diese Gemeinde das heilige Evangelium auf keinen Fall zu Schleuderpreisen verramschen. Sehr drastisch ist diese Einsicht im Matthäus-Evangelium formuliert: »Ihr sollt das Heilige nicht den Hunden geben, und eure Perlen sollt ihr nicht vor die Säue werfen, damit die sie nicht mit ihren Füßen zertreten und sich umdrehen und euch zerreißen« (Matthäus 7,6).

---

[153] So B. Erenz, Tetzel sei Dank. Ein großer Mann – zu Unrecht vergessen, DIE ZEIT Nr. 44 vom 27. Oktober 1995, 59.

[154] Vgl. J. Cornelius-Bundschuh, »Brücken bauen« – Kritische Anmerkungen zu einem Kommunikationsmodell für evangelische Kirchenkreise, EvTh 55, 1995, 382: »Wer sich im Feld der Öffentlichkeit in Medien selbst thematisiert, muß mit den eingespielten Reaktionen auf Medien rechnen: Wer auf Plakaten wirbt, daß Kirche Brücken baut, Gemeinschaft oder gar Einheit stiftet, Ganzheit finden hilft, muß damit leben, daß solche Plakate z.B. wie Wahlplakate rezipiert werden: Wer ›glaubt‹ eigentlich, was darauf steht?«

Die Konversion des Glaubens
und die Identität der Person

I.

Christ/innen gehören zur Gemeinde der Heiligen, weil sie durch das Werbungswort Gottes aus der Welt des Unheils in den Machtbereich des Heils überführt worden sind. Zwischen ihrer vorchristlichen und ihrer christlichen Existenz gibt es für das Neue Testament keine positiv relevante Kontinuität. »Auch ihr wart tot in euren Übertretungen und Sünden, in denen ihr früher gelebt habt nach der Art dieser Welt, unter dem Machthaber, der in der Luft herrscht, dem Geist, der jetzt noch in denen am Werk ist, die Gott nicht gehorchen. Zu ihnen haben auch wir alle einst gehört, als wir noch von den Begierden unserer selbstsüchtigen Art beherrscht wurden. Wir folgten unseren bösen Trieben und Gedanken und waren von Natur dem Zorn Gottes verfallen wie die andern auch. Aber Gott, der reich ist an Erbarmen, hat in seiner großen Liebe, mit der er uns geliebt hat, auch uns, die wir in Sünden tot waren, mit Christus lebendig gemacht – aus Gnade seid ihr gerettet« (2,1-5).

Das eschatologische Schema der Gottesbegegnung wird im Neuen Testament strukturiert durch die heilsgeschichtliche Differenz zwischen alt und neu. Kosmologisch folgt auf die alte die neue Welt. Soteriologisch wird der alte Bund durch den neuen Bund überholt. Biographisch vollziehen Menschen den Transitus zwischen alter und neuer Existenz. Die zitierte Stelle markiert die konstitutiven Merkmale dieses Übergangs.

Zur Struktur der alten Existenz gehört zunächst die Verfallenheit an die Herrschaft des Bösen. Die Aussagen sind vom antiken Weltbild geprägt. »Der ›Äon‹, hier wie ein handelndes, den Lebenswandel der Heiden bestimmendes Subjekt, also personifiziert vorgestellt, wird durch den zugesetzten (erläuternden) Genitiv ›dieser Welt‹ in seinem Einflußbereich gekennzeichnet, ebenso der ›Herrscher‹ durch die Näherbestimmung ›Macht(bereich) der Luft‹. Dahinter steht ein Weltbild, das die unteren Himmelsräume der Erde, dem Lebensraum der Menschen, zuordnet und von den ›oberen‹ Himmeln, der Welt Gottes, scheidet. In diesem Zwischenbereich zwischen Erde und Himmel haben jene gegen Gott aufrührerischen, die Menschen verführenden Mächte und Gewalten ihren Sitz und Einfluß«.[155] Entscheidend ist, daß die widergöttlichen Mächte eine Sphäre okkupiert haben, die zur Trennung zwischen Gottheit und Menschheit geführt hat.

---

[155] R. Schnackenburg, Der Brief an die Epheser, EKK X, Zürich/Neukirchen 1982, 90f.

Dieser kosmischen Versklavung entspricht die psychische Verfallenheit an die Macht der Begierden. Selbstsucht und Triebhaftigkeit, Destruktivität und Sexismus, Ausbeutung, Gewalt und Naturvergiftung und was alles sonst an Störungen zwischen Menschen und Gruppen bis heute zu beobachten ist, ist Ergebnis einer Verworfenheit, in der perverserweise noch die Gefangenschaft als Freiheit gefeiert wird.

Letztlich ist deshalb die alte Existenz charakterisiert durch die Verfallenheit an die Herrschaft des Todes. Dabei ist diese Aussage nicht biologisch zu interpretieren, sondern handlungstheoretisch. »Ihr wart tot durch Übertretungen und Sünden.« Wessen Verhalten durch die Todesmacht gesteuert ist, der steht selbst trotz allen guten Willens im Dienst des Todes, der ist tot und kann mit allem, was er tut, nur Tod produzieren. Die meisten Informationen, die durch die modernen Massenmedien wandern, widerlegen die Meinung, im Neuen Testament würden überholte mythologische Anschauungen reproduziert. Die Vorstellungen, mit denen alte Existenz hier beschrieben wird, mögen antik sein. Ihr Realitätsbezug ist bestürzend aktuell.

Entsprechend besteht die neue Existenz in einer Umpolung der alten Strukturen. Aus der Verfallenheit an das Böse hat die Rettung durch Gott befreit. Der Text bietet eine ganze Liste positiver göttlicher Energien, die das Dasein der Christ/innen ergriffen haben. Sein großes Erbarmen, seine reiche Liebe, seine überquellende Gnade haben die verlorenen und durch seinen Zorn verdammten Menschen aus der verderblichen Sündenwelt befreit.

Dazu gehört, daß sie aus der Verlorenheit an das Todesgeschick zur Teilhabe an der Auferstehung herausgeführt sind. Anders als Römer 6,1ff stellt V. 6 ausdrücklich fest, daß die Christ/innen »mit ihm auferweckt und zusammen mit ihm in die himmlische Welt versetzt in Christus Jesus« sind. Als Glieder seines Leibes haben sie den Herrschaftsbereich der Dämonen durchstoßen und sind sie deren todbringendem Einfluß entzogen, weil von der Fülle Gottes erfaßt. So können sie schon in diesem »Äon« die Himmelsmacht der Liebe realisieren.

Denn weil sie aus der Verdammnis der Sündenpraxis gerettet sind, stellen sie bis in ihre Leiblichkeit hinein die neue Schöpfung dar: »Wir sind sein Werk, geschaffen in Christus Jesus zu guten Werken, die Gott im voraus bereitet hat, damit wir sie tun« (2,10). Dieser Doppelaspekt ist entscheidend. In den Wiedergeborenen sind die guten Werke schon implantiert. Wie die Versklavten nur tödliche Opferspiele vollziehen können, so können die Befreiten aus der Kraft der göttlichen Energien nur lebensförderlich handeln.

Dieser Transitus aus der alten in die neue Welt, diese Konversion aus der alten zur neuen Existenz hat für das Neue Testament einen konkreten Sitz im Leben. »In der Taufe hat man Wiedergeburt erfahren, ist man vom Tode zum Leben hindurchgedrungen, hat man den neuen Menschen angezogen, ist man der Gewalt der Schicksalsmächte entronnen und der seligen Schar zugeordnet worden, mit Christus, wie das wohl hymnische Zitat Eph. 2,6 formuliert, in den Himmeln inthronisiert«.[156]

Über den Transitus wird im Anschluß an dieses Kapitel noch genauer zu reden sein. Im Blick auf die Konversion des Glaubens ist zunächst einmal festzuhalten, daß die neutestamentlichen Texte einen deutlichen Bruch markieren, der die elementaren Fragen des Lebens betrifft. Wer bin ich? Entweder vom Bösen beherrscht oder von Gott gerettet. Wie lebe ich? Entweder dem Tod verfallen oder zum Himmel befreit. Was tue ich? Handlungen, die dem Bösen dienen, oder Handlungen, die Gutes bewirken.

II.

In »unserer Volkskirche« sind Konversion, Wiedergeburt, Bekehrung keine leitenden Stichworte. Diese Reizbegriffe muß man wahrscheinlich schon deswegen meiden, weil sie sich unversehens gegen die Institution selbst richten könnten. In »unserer Volkskirche« kann man dagegen Identität gewinnen. Jedenfalls versprechen das zahlreiche programmatische Äußerungen zu Seelsorge, Kasualpraxis und Religionsunterricht. In allen Krisen, Konflikten und Katastrophen soll Religion gefährdete Identität stabilisieren. Und nicht zuletzt an diesem Punkt scheint ein unüberholbarer Beitrag der kirchlichen Angebote für das Leben in der Gesellschaft zu liegen. In der Tat. Wenn in Kirche und Theologie die Leitbegriffe ausgetauscht werden, wenn die Arbeit an der Identität die Bemühung um Konversion an den Rand drängt, dann darf man eine spezifische Konstellation im Verhältnis zwischen Kirche und Gesellschaft vermuten. »Identität« könnte ein begrifflicher Indikator sein, der zentrale Lebenskonflikte in der Gesellschaft, aber auch in der kirchlichen Situation umgreift. »Konversion« zielt auf Veränderung. »Identität« will konservieren. Das gilt für die Kirche als Organisation und als Milieu. Das gilt natürlich auch für die Einzelnen. Wo liegen in der Gegenwart die sozialen Gefährdungen der Person, wo die gefährlichen Möglichkeiten des Glaubens?

Die theologische Rezeption hat sich auf zwei humanwissenschaftliche Konzepte konzentriert, die das Phänomen von Identität in unterschiedlichen Perspektiven betrachten und zu unterschiedlichen Ergebnissen gelangen.[157] Auf der einen Seite steht der sozialphilosophische

[156] E. Käsemann, Neutestamentliche Fragen von heute, in: Exegetische Versuche und Besinnungen 2, Göttingen 1964, 28. Zum »Einst-Jetzt-Schema« bei Paulus und den Deuteropaulinen vgl. A. Lindemann, Die Aufhebung der Zeit. Geschichtsverständnis und Eschatologie im Epheserbrief, StNT 12, Gütersloh 1975, 67ff.

[157] Vgl. W. Pannenberg, Anthropologie in theologischer Perspektive, Göttingen 1983,

Entwurf von G. H. Mead, der das Wesen der Identität als »kognitiv« versteht und in der reflexiven Balance zwischen dem Ich, dem Mich und dem Anderen lokalisiert.[158] Auf der anderen Seite hat E. H. Erikson von Ich-psychologischen Voraussetzungen aus Identität als einen lebenslangen Prozeß beschrieben, in dem das Verhältnis zu relevanten Bezugspersonen, die Entwicklung der körperbezogenen Triebhaftigkeit und das Hineinwachsen in gesellschaftliche Institutionen miteinander verschränkt werden müssen.[159]

Warum haben diese und andere Identitätstheorien in Kirche und Theologie Eingang gefunden? Mindestens für die Praktische Theologie kann man auf folgenden Sachverhalt verweisen: Bei der Suche nach einem wissenschaftlichen Fundament der eigenen Disziplin boten sich diese Theorien deswegen an, weil sie wichtige Elemente der kirchlichen Praxis interpretieren und legitimieren halfen.[160] Das Schema der psychosozialen Entwicklung, ob stärker kognitiv oder tiefenpsychologisch orientiert, gab Impulse für die Näherbestimmung von Konfirmanden-, Religionsunterricht und Seelsorge. Das Modell der Lebenskrisen ließ die Kombination von menschlichen Grundkonflikten und kirchlichen Handlungsangeboten in der Kasualpraxis als sinnvoll erscheinen. Und die Theorie des Urvertrauens lieferte, weil sie bei Erikson mit den Symbolen und Ritualen von Religion kombiniert erscheint, für die Arbeit der Kirche eine unüberbietbare anthropologische Basis.

Die Rezeption der Identitätstheorien verschaffte also zunächst binnenkirchlich einen erheblichen Identitätsgewinn. Der hinsichtlich ihrer wissenschaftlichen Grundlegung permanent verunsicherten Praktischen Theologie bot sich hier ein theoretischer Rahmen über die Grenzen der Theologie hinaus. Und alle, die in Organisation und Milieu die Kirche als Teilsystem von Gesellschaft verstehen wollten, konnten in der Bewältigung von Identitätsproblemen die einleuchtende Legitimation der pastoralen Praxis finden. Das Stichwort Identität signalisiert ein in der Gesellschaft vorhandenes Bedürfnis, demgegenüber die Religion positiv zu reagieren vermag.

Aber weshalb ist in dieser Gesellschaft seit mindestens einer Generation andauernd von Identität die Rede? Wenn in der Wissenschaft Konzepte entwickelt und in der Öffentlichkeit aufgegriffen werden,

151ff. Hingewiesen wird auch im folgenden nur auf die theologische Rezeption der beiden Konzepte.

[158] Vgl. K. Raiser, Identität und Sozialität. George Herbert Meads Theorie der Interaktion und ihre Bedeutung für die theologische Anthropologie, München/Mainz 1971.

[159] Vgl. M. Klessmann, Identität und Glaube. Zum Verhältnis von psychischer Struktur und Glaube, München/Mainz 1980.

[160] Vgl. insbesondere R. Riess, Sehnsucht nach Leben. Spannungsfelder, Sinnbilder und Spiritualität der Seelsorge, Göttingen 1987.

dann werden in der Regel Konflikte thematisiert, die in der Gesellschaft entstanden sind und das Leben in der Gesellschaft gefährden. Identität als positives Ideal verweist dann auf destruktive Tendenzen, die die Realisierung dieses Ideals in der Lebenspraxis der Individuen elementar bedrohen.

Philosophie und Pädagogik, Soziologie und Psychologie greifen in ihren Beiträgen immer wieder Erfahrungen auf, die das Leben in unserer modernen Gesellschaft von traditionalen Kulturen fundamental unterscheiden und die den Lebensvollzug für die Einzelnen brüchig, ja unter Umständen verrückt werden lassen.[161] Zur durchschnittlichen Biographie gehört heutzutage das Nacheinander verschiedener Welten. Als Kind, als Jugendliche/r und als Erwachsene/r wandern Zeitgenossen nicht einfach durch eine einheitliche, gleichbleibende, immer breiter werdende Lebenswelt; vielmehr geraten sie durch Prozesse des Aufstiegs und Abstiegs, der technischen Entwicklung und der sozialen Veränderungen in immer neue Lebenssphären hinein. Daraus ergibt sich in der Regel auch das Nebeneinander unterschiedlicher Rollen, die im alltäglichen Wechsel zwischen Beruf, Familie und Freizeit in ihrer jeweiligen Eigenart wahrgenommen und praktiziert werden wollen. Meistens ist damit auch das Durcheinander unterschiedlicher Werte und Normen verbunden, das sich besonders zuspitzt, wenn sich jemand die Orientierung an einem religiösen Lebenskonzept zu leisten versucht. Für eine stabile Identität ist Religiosität, im Berufsleben eingesetzt, in vieler Hinsicht eher als kontraproduktiv anzusehen.

In allen hier angedeuteten Konfliktkonstellationen geht es aber um die eine und einzige Schwierigkeit des Lebens in der modernen Gesellschaft: Wie ist die Einheit der Person angesichts der Unüberschaubarkeit des eigenen Lebenslaufs zu bewahren? Sollte der christliche Glaube nicht gerade hier seine lebensfördernde Kraft beweisen?

Daß man hier nicht einfach nach dem Schema von Nachfrage und Angebot verfahren kann, wird an den Einsprüchen deutlich, die man theologischerseits gegen die Identitätskonzepte angemeldet hat. H. Luther hat die Perfektionsideale kritisiert, die er hier aufspüren zu können meinte. »Beide Versionen des Identitätskonzepts, die der Vollständigkeit und Ganzheit (Mead) einerseits, die der dauerhaften Einheitlichkeit und Kontinuität (Erikson) andererseits, scheinen mir Vorstellungen von der Identitätsentwicklung zu suggerieren, die sich sachlich nicht rechtfertigen lassen und auch den oben genannten kritischen Intentionen des Identitätskonzepts selber zuwiderlaufen«.[162] G. Schneider-Flume hat den für sie offenkundigen Leistungsaspekt ge-

---

[161] Vgl. immer noch H. P. Dreitzel, Die gesellschaftlichen Leiden und das Leiden an der Gesellschaft. Vorstudien zu einer Pathologie des Rollenverhaltens, dtv 4128, Stuttgart 1972, 222ff.

[162] H. Luther, Identität und Fragment. Praktisch-theologische Überlegungen zur Unab-

rügt, der der Rechtfertigungslehre im Kern widerspricht: »Identitäts-bildung ist allemal Ich-Leistung, ebenso wie etwa Glaube psycholo-gisch als Ich-Leistung beschrieben werden muß. Wenn aber der Ge-sichtspunkt der Leistung des Ich absolut gesetzt wird, verändert sich der Identitätsprozeß ebenso wie der Glaube verzerrt wird. Identitäts-bildung steht dann unter einem Leistungsdruck, der nun möglicherwei-se allererst in die Identitätskrise treibt«.[163] Ähnlich hat sie den Funk-tionsmechanismus aufgedeckt, in den hier die evangelische Botschaft unvermeidlich gerät. »Erikson beantwortet die Frage nach der Funkti-on der Religion für die Ausbildung der Identität, indem er Religion beschreibt als die Institution, die immer wieder das Urvertrauen bestä-tigt und das vitale Bedürfnis der Menschen nach Vertrauen und Glau-ben befriedigt. ... Religion ist damit als Antwort auf ein vitales menschliches Bedürfnis im Prozeß der Identitätsentwicklung begrün-det, sie hat eine notwendige Funktion bei der Entfaltung der Ganzheit der Persönlichkeit«.[164]

Damit sind wichtige Gesichtspunkte angesprochen[165], auch wenn man bezweifeln kann, daß die beiden ersten Einwände sachlich be-rechtigt sind. Im Blick auf die biblische Tradition müssen diese Fragen freilich noch radikalisiert werden. Nach biblischem Zeugnis besteht die elementare Wirkung jeder Begegnung mit dem Heiligen nicht ein-fach in der simplen Stabilisierung von Identität; vielmehr gibt es diese Stabilisierung häufig nur auf dem Weg der Erneuerung, ja Veränd-rung des bisherigen Selbstseins. »Nun lebe nicht mehr ich, sondern Christus lebt in mir« (Galater 2,20). Die neue Existenz, die das Evan-gelium dem Glauben verleiht, bedeutet nicht einfach die Verlängerung oder Gesundung des bisherigen Lebens, sondern dessen gründliche Umstrukturierung. Die Identität des Glaubens erwächst aus der Kon-version der Person.

Die Logik dieser Prozedur ist in dem Satz festgehalten: »das Alte ist vergangen, siehe, ein Neues ist geworden« (2. Korinther 5,17). Im Akt der Begegnung mit dem Heiligen wird der alte Mensch, ja das alte Ich getötet, beseitigt, ausgetrieben. Die Macht Gottes hat diesen Men-schen besetzt und mit der Kraft Gottes erfüllt, mit der Christuskraft,

schließbarkeit von Bildungsprozessen, in: Religion und Alltag. Bausteine zu einer Praktischen Theologie des Subjekts, Stuttgart 1992, 164.

[163] G. Schneider-Flume, Die Identität des Sünders, Göttingen 1985, 111.

[164] A.a.O., 112.

[165] Zur phänomenologischen Aufhebung der Identitäts-Problematik vgl. J.-P. Sartre, Das Sein und das Nichts. Versuch einer phänomenologischen Ontologie, Gesammelte Werke in Einzelausgaben. Philosophische Schriften 3, Reinbek 1993, 633ff, sowie ders., Die Transzendenz des Ego. Philosophische Essays 1931-1939, Reinbek 1997. Weiterführende Beiträge aus tiefenpsychologischer Sicht bieten Chr. von Braun, Nichtich. Logik – Lüge – Libido, 4. Auflage, Frankfurt 1994, sowie K. Thomas, Zuge-hörigkeit und Abgrenzung. Über Identitäten, Bodenheim 1997.

mit der Kraft des göttlichen Geistes. Und eine neue Identität macht sich breit, die haarscharf die Grenze zum Verrücktsein berührt. »Christus lebt in mir«, sagt der Apostel, weil er weiß, daß der Schatz Gottes jetzt noch »in irdenen Gefäßen« residiert (2. Korinther 4,7). »Ich bin ich«, sagen die einen, die weltverrückt bleiben. »Ich bin Christus«, sagen die anderen, die gottesverrückt werden. Was geschieht in der Realisierung von Konversion?

III.

Bekehrungsvorgänge gibt es nicht nur im religiösen Bereich. Der Wechsel von Konsumgewohnheiten wird in der Regel nicht an dieser Stelle verbucht; aber wenn es um die Heilung von einer Drogensucht geht, dann taucht sehr schnell eine religiös getönte Terminologie auf. Angesichts der jüngsten deutschen Geschichte kann man dieses Jahrhundert auch als »Jahrhundert der Konversionen« bezeichnen. Zwischen dem Kaiserreich, dem Nationalsozialismus, dem Kommunismus und der Demokratie hat es unzählige politisch bedingte Wandlungsprozesse gegeben; und bis heute sind die Echtheit und die Glaubwürdigkeit solcher Einstellungswechsel bestritten. Die Machtfrage, die sich im Suchtphänomen, aber auch in der Anpassung an politische Veränderungen bemerkbar macht, spitzt sich zu im Wirkungsbereich des Heiligen, weil mit der Steigerung des Machtfaktors auch der Umfang der Machtwirkung wächst. Nicht nur Gewohnheiten und Einstellungen, sondern der personale Kern selbst ändert sich.

Was dabei im einzelnen abläuft, läßt sich natürlich auch soziologisch und tiefenpsychologisch interpretieren. Dann achtet man auf die sozialen und psychischen Konflikte, die im Hintergrund oder im Untergrund stehen, und bewertet die Lösungen, die das Geschehen für die Lebensbewältigung bringt. Der phänomenologische Ansatz respektiert die Aussage von Betroffenen, daß ihnen in diesem Geschehen die Begegnung mit einer sie überwältigenden Macht widerfahren ist. Dabei muß man keineswegs leugnen, daß sich die Betroffenen vorher in einer kritischen Situation befanden und daß sich nachher für sie und andere konstruktive Lösungen elementarer Lebensfragen ergeben haben. Ein geradezu klassisches, viel zitiertes und vielfältig interpretiertes Modell bietet die Bekehrungsgeschichte des A. H. Francke.[166]

Der junge Theologe war im Sommer 1687 von einem umfassenden Unbehagen an der kirchlichen Lage, an der theologischen Lehre und an der eigenen christlichen Existenz erfüllt. Die Wahrnehmung des

---

[166] Die folgenden Zitate nach B. Wendland, Die pietistische Bekehrung, ZKG 38, 1920, 193ff. Zu den theologiegeschichtlichen Hintergründen vgl. E. Peschke, Bekehrung und Reform. Ansatz und Wurzeln der Theologie August Hermann Franckes, Arbeiten zur Geschichte des Pietismus 15, Bielefeld 1975.

persönlichen Unglaubens wird unvermeidlich, als er eine Predigt zu Johannes 20,31 vorbereiten soll: »Dies ist geschrieben, daß ihr glaubt, Jesus sei Christus.« Geradezu erschreckend werden ihm in dieser Situation die eigenen Defizite bewußt. »Denn solches, daß ich auch keinen wahren Glauben hätte, kam mir immer tiefer zu Herzen.« In einer von orthodoxer Lehre okkupierten Kirche entdeckt der Theologe seine geistliche Leere, die ihn zur Absage der Predigt, ja zum Verzicht auf das Pfarramt treiben könnte.

Der Umschlag vollzieht sich in jenem Augenblick der Kapitulation, in dem Francke alle Spielerei mit der eigenen Ungläubigkeit aufgibt und im Gebet radikal seine totale Ohnmacht bekennt. »Wie man eine Hand umwendet, so war all mein Zweifel hinweg, ich war versichert in meinem Herzen der Gnade Gottes in Christo Jesu.« Die Handbewegung, die er sprachlich assoziiert, ist sachlich präzise. Eine kurze Umschaltung findet statt, und das leere Herz wird von Gnadengewißheit erfüllt. Die Flußerfahrung, die in der Konversion vonstatten geht, provoziert auch bei ihm körperliche Reaktionen. Ein Strom der Freude durchflutet ihn. Die Energien der neuen Kraft machen ihn schlaflos. Und die Begeisterung, die in ihm residiert, drängt ihn zur Predigt, die er vorher noch absagen wollte.

Bei Francke und bei vielen anderen Gestalten der Religions- und der Kirchengeschichte ist die Wirkung der heiligen Kraft nicht auf die Einzelperson beschränkt. Die Heiligung durch den Heiligen Geist bringt unvermeidlich die Erweckung zur Umkehr hervor,[167] wie K. Barth konstatiert. Diese Ausbreitung von Machtfeldern der Konversion ist für das Leben der Kirche wahrscheinlich wichtiger als die Ausbildung von theologischen Schulen, um die sich manche Lehrer so mühen. Die Wirklichkeit des Heiligen wird spürbar in der Flußerfahrung von Friede, Freude und Kraft und macht aus mehr oder weniger glücklichen Menschen Medien, durch die sich die Heilskraft des Heiligen in der sozialen Umgebung ausbreiten will.

Man wird die Wirkung und die Bedeutung des pietistischen Modells von Bekehrung für die kirchliche Entwicklung nicht unterschätzen dürfen. Hier gelingt die Überwindung von dogmatischer Rechtgläubigkeit und buchstabentreuer Schriftgelehrsamkeit. Hier kommt es gerade im Bereich von Religion zu individueller Erfahrung. Hier erfolgt die Gestaltung der Existenz bis in die Emotionalität und die Leiblichkeit hinein aus der Kraft des göttlichen Geistes. Das christliche Leben wird hier weder mit der Zugehörigkeit zu einer Organisation noch mit der Beteiligung an einem Milieu verwechselt.

Die problematischen Konstellationen der pietistischen Tradition entstehen erst, wenn es um die Tradierung und Konservierung der aus

---

[167] K. Barth, Die Kirchliche Dogmatik IV/2, Zürich 1955, 626ff.

102

der Erfahrung gewonnenen Bekehrungs- und Lebensmodelle geht. Was passiert, wenn die Belebungskraft des Geistes versiegt? Wie lassen sich charismatische Erfahrungen zu künftigen Generationen transportieren? Wahrscheinlich gibt es in jeder individuellen, aber auch in jeder kollektiven Heilsgeschichte mit Gott jenen schwierigen Augenblick der Bewährung, in dem die Selbstverständlichkeit der Gottesbeziehung erneut fraglich wird. Man kann dann realitätsgerecht reagieren und um Erlösung aus der Bedrängnis flehen (2. Korinther 12,7ff). Man kann aber auch, als Einzelne/r wie als Gemeinde, die innere Leere verstecken und nach außen so tun, als ob man in einer intakten Gottesgemeinschaft lebte. Man kann schließlich auch die Gotteskraft, die der Geist in der Flußerfahrung geschenkt hat, durch die Anwendung des Gesetzes herbeizwingen wollen. Aus Lebenserfahrungen werden dann Zwangshandlungen. Christliche Existenz wird dann auf vorgeschriebene Normen programmiert, diesen Normen gemäß inszeniert und anhand dieser Normen kontrolliert.

Auch und gerade im Blick auf das Bekehrungsgeschehen ist diese Vergesetzlichung in vielen Formen zu konstatieren. Das Wunder der Gottesbegegnung wird zu einem Erziehungsprogramm, das in seiner triebfeindlichen Intention oft lebenslange Schädigungen hinterläßt. Der Entdeckungsprozeß, der einen Lebensweg der Entfernung und der Annäherung an die Wirklichkeit Gottes umfaßt, wird auf das Datum einer Einzelerfahrung oder gar einer Entscheidungsstunde zusammengepreßt; die zeitpunktbezogene Konversion, die eine Möglichkeit des göttlichen Eingriffs darstellt, wird dann zum exklusiven Muster, an dem jede christliche Biographie zu messen ist. Im Rahmen einer solchen sozialen Kontrolle wird dann auch die Vielfalt von Einstellungen und Verhaltensformen, wie sie die biblische Tradition präsentiert, auf ein enges Glaubens- und Lebenskonzept reduziert, und selbst Körperhaltungen wie der aufwärtsgerichtete Blick oder das demutsvolle Neigen des Kopfes werden zu Indizien bekehrter Gläubigkeit.

Konversion, zum Gesetz erstarrt, kann individuelle Existenz lebenslang schädigen. Seelische Verarmung und körperliche Verkrampfung, leibliche Hemmungen und psychische Beklemmungen können Nebenwirkungen einer religiösen Praxis sein, die die Macht des Heiligen nur auf gesetzliche Weise zur Wirkung zu bringen versteht. Religion wird zur Lebensgefahr, wenn das Evangelium mit dem Gesetz verwechselt wird. Der Leib Christi wird dann zum Lebensgefängnis. Und das animierende Vorbild der Heiligen gefriert zu destruktiven Idealen, an denen man immer nur die eigene Schlechtigkeit wahrnehmen lernt.

Vielleicht ist das das Beste, das man von »unserer Volkskirche« sagen kann: Ihre Distanz zum Heiligen löst zwar viel Desinteresse aus, schützt aber alle Beteiligten auch vor den verheerenden Folgen einer unsachgemäß realisierten Gottesmacht. Wenn die Rechtfertigungslehre in verkürzter Form das Feld beherrscht, dann ist zwar immer noch genügend Platz für die Spielregeln der Organisation und die kleinbürgerliche Moral des Milieus. Aber dann ist auf jeden Fall jene lebensgefährliche Potenz vermieden, die in jedem ernsthaften Ruf zur Buße und in jedem ernsthaften Ansatz zur Heiligung enthalten sein können. Indem »unsere Volkskirche« das Geschehen von Konversion an den Rand drängt, schont sie auf jeden Fall die in der Gesellschaft schon genug bedrohte Identität der Personen.

IV.

Es gibt freilich immer noch Menschen, die auf der Suche sind. Die nicht nur auf einen Fortschritt in ihrer Karriere warten, und sei es in der Form, daß sie endlich eine Lehrstelle oder einen Arbeitsplatz finden möchten. Die auch nicht nur von einer gelingenden, lebenslang währenden Beziehung träumen. Und die auch nicht nur auf eine Klärung ihrer inneren und äußeren Verwirrungen hoffen. Es gibt zahlreiche Zeitgenossen, die bewußt auf der Suche sind. Und es gibt noch mehr Menschen, die ahnen, daß ihnen etwas fehlt und die bei jedem sie wirklich treffenden Impuls sofort umkehren würden. Im Blick auf gegenwärtige kirchliche Strategien war schon davon die Rede, daß es dabei um zwei voneinander unterschiedene, aber natürlich auch miteinander verknüpfte Zielrichtungen geht, um die Suche nach religiöser Erfahrung im eigenen Leben und um die Suche nach religiöser Gestaltung, nach religiöser Ordnung des eigenen Lebens. Die Bewegungen religiöser Migration, die dabei innerlich und äußerlich ablaufen, lassen sich am klarsten an einer Einzelbiographie exemplifizieren.

Maria A. ist 27 Jahre alt, verheiratet, hat eine Tochter und hat das Studium der Sozialwissenschaften absolviert. Aus der Kindheit berichtet sie von einer religiösen Erziehung, die sie uneingeschränkt als positiv erlebt hat: »Gott war für mich ein wichtiger Gesprächspartner, zu ihm hatte ich eigentlich ein besseres Gefühl als zu meiner Mutter. Das war eine sehr positive Beziehung«.[168] In der Pubertät wird das Gebet als Kraftquelle, wie es häufig geschieht, psychologisch in Frage gestellt. Als dann aber die Sehnsucht nach Transzendenz wieder aufbricht, erlebt Maria A. eine große Enttäuschung. Das Leben in der Kirchengemeinde, der sie sich zunächst zuwendet, wirkt auf sie oberflächlich und vermittelt ihr, die nach Sinn, ja nach Gott sucht, wenig Halt. Deshalb wandert sie zur Sekte der sogenannten »Kinder Gottes« und weiter in eine Baptistengemeinde. Aber in beiden Gruppen leidet sie an den

---

[168] Chr. Bachmann, Religion und Sexualität. Die Sehnsucht nach Transzendenz, Stuttgart 1994, 24. Die Probleme personaler Repräsentanz des Heiligen behandelt umsichtig H.-M. Barth, Sehnsucht nach den Heiligen? Verborgene Quellen ökumenischer Spiritualität, Stuttgart 1992.

Versuchen, ihr Leben durch zahlreiche Vorschriften im Namen Gottes reglementieren zu wollen. Irgendwann findet sie dann für ihre Sehnsucht ihre eigene, private Lösung. Ihre Suchbewegung hat sie von sich selber weg in verschiedene Gruppen und dann wieder zurück zu sich selbst und zu ihrer persönlichen Form der Gottesbeziehung geführt.

Die frustrierenden Erfahrungen, die Maria A. in ihrer religiösen Karriere gemacht hat, dürften in vieler Hinsicht aufschlußreich sein. Menschen, die von der Sehnsucht nach Transzendenz erfüllt sind, geraten immer wieder in ein Dilemma. Die religiösen Gemeinschaften, auf die sie treffen, sind oft entweder zu oberflächlich oder zu gesetzlich. Sie verwechseln Religion entweder mit moralischen Normen oder mit zwischenmenschlicher Freundlichkeit. Positiv läßt sich dieser Sachverhalt so formulieren: Explizite Sehnsucht nach dem Heiligen umfaßt in der Gegenwart, aber natürlich auch früher immer mindestens zwei Dimensionen. Es handelt sich dabei um die Sehnsucht nach der Erfahrung des Heiligen. Und es geht dabei um die Sehnsucht nach der Gestaltung des Lebens aus der Kraft des Heiligen.

Die Sehnsucht nach religiöser Erfahrung vollzieht sich, wie die sozialwissenschaftlichen Untersuchungen zeigen[169], häufig in drei Etappen. Zunächst bemüht man sich um Kontakte mit Kirchengemeinden der großen Konfessionen, wird aber schnell enttäuscht über die spirituelle Leere, die man dort antrifft. Hier wird über Gott bestenfalls geredet und über die Dynamik des Evangeliums diskutiert. Aber weder in den Gemeindeveranstaltungen noch im Gottesdienst kommt es zur wirklichen Erfahrung jener machtvollen Wirklichkeit. Im zweiten Schritt bewegen sich suchende Zeitgenossen in der Therapie- bzw. Psychoszene. Dort gibt es emotionale Entdeckungen, Selbsterfahrungsmöglichkeiten, intensive zwischenmenschliche Kontakte, die höchst aufregend und animierend sein können. Immer noch aber mangelt es am Transzendenzbezug. Deshalb führt der Weg weiter in esoterische Gruppen, die das, worüber in den Kirchen geredet wird, erfahrbar machen und die das, was man in der Psychoszene erlebt, in Richtung Transzendenz entgrenzen.

Ein wichtiges Moment ist dabei der Erwerb von Handlungsfähigkeit. Die Sehnsucht nach Religion findet auf diesem Weg nämlich nicht nur in körperlichen Übungen, seelischen Exerzitien, geistigen Einsichten ihre Erfüllung. Menschen werden darüber hinaus in esoterischen Zirkeln, sofern diese nicht die Subjektivität total domestizieren, zu handlungsfähigen Subjekten. Ihnen werden Techniken anvertraut, die den Kontakt zur Wirklichkeit des Heiligen zu öffnen versprechen. Und

---

[169] Vgl. H. Stenger, Die soziale Konstruktion okkulter Wirklichkeit. Eine Soziologie des »New Age«, Opladen 1993, 204ff.

wenn man genauer hinschaut, handelt es sich dabei oft um vergessene Traditionen der kirchlichen Frömmigkeitspraxis.

Für die Kirchen ergibt sich aus der Wahrnehmung solcher religiösen Wanderungen die Frage, ob und wie sie auf die dort faßbaren Defizite ihrer eigenen Arbeit reagieren sollen. Sie können die Tendenz zur Individualisierung, die sich in solchen Bewegungen ausdrückt, als unchristlich verteufeln. Sie können auch die esoterischen Gruppen, meistens ohne wirkliche Sachkenntnis, als geldgierig denunzieren oder als götzendienerisch dämonisieren. Sie können diesen Sachverhalt aber auch als Chance zur Selbstwahrnehmung entdecken. Aus einer Organisation, die eine große Arbeitsbeschaffungsstelle für Psychotherapeuten geworden ist, geht man am besten sofort zu den Experten. Und aus einem Milieu, das sich über Gott und die Welt vorwiegend unterhält, kann man nur fliehen in Gruppierungen, die häufig genug alte religiöse, auch alte kirchliche Methoden der Spiritualität so vermitteln, daß Selbstfindung und Transzendenzbezug miteinander verknüpft sind. In der Konversion des Glaubens ist die Identität der Person dann geisterfüllt aufgehoben.

Das gilt auch für jene Zeitgenossen, die nach einer religiösen Ordnung für ihr angsterfülltes und chaosbedrohtes Leben suchen. In der Unübersichtlichkeit moderner Verhältnisse finden sie keinen Halt. In der Vieldeutigkeit aktueller Verhaltenskonzepte fühlen sie sich verloren. Ihr kognitives und emotionales Differenzierungsvermögen ist eingeschränkt. Um in Einstellung und Verhalten handlungsfähig zu bleiben, benötigen sie ein Weltbild mit klaren Strukturen. Von der Religion erwarten sie selbstverständlich, daß sie die elementaren Unterscheidungen humaner Lebenspraxis zu liefern vermag. Das Lehrgebäude des Glaubens hilft zwischen Gott und dem Bösen unterscheiden. Für den Lebensvollzug erwachsen daraus klare Anweisungen für richtiges bzw. gegen falsches Verhalten. Im Blick auf die Christengemeinde kann es eindeutige Kriterien der Zugehörigkeit geben. Und im Ausgleich für das beengte Dasein in diesen irdischen Verhältnissen wartet auf die wahrhaft Gläubigen der gerechte Lohn in der Gotteswelt.

Menschen, die mit einer dogmatistisch geprägten Mentalität Halt und Geborgenheit in den Kirchengemeinden suchen, werden dort nicht unbedingt Heimatgefühle entwickeln können. Die hermeneutische Artistik auf den Kanzeln, in sich schwer verständlich, vermittelt oft den Eindruck dogmatischer wie moralischer Beliebigkeit. Das Gemeindeleben ist mehr von dem Wunsch nach Unterhaltung als von dem Ziel der Erbauung geprägt. Und durch die Bildungsangebote, die die Organisation Kirche auf übergemeindlicher Ebene macht, sind viele Zeitgenossen schlicht überfordert. So geraten sie im Lauf ihres Lebens immer mehr in den Sogkreis von religiösen Gruppen, die ihre einfachen Bewußtseinsstrukturen mit einem eindeutigen Lehrgebäude und einem übersichtlichen Normensystem zu füllen versprechen. Der Dogmatismus der Einzelnen findet im Fundamentalismus von Gruppen seine religiöse Basis für Identität.

Der christliche Fundamentalismus ist für »unsere Volkskirche« deswegen unangenehm, weil er sie auf manchmal sehr aggressive Weise an eigene Defizite erinnert. Vor der Aufgabe der Abgrenzung gegenüber der Welt hat sie fast vollständig kapituliert. Gegenüber den Austrittsbewegungen bleiben die Missionsbemühungen meistens erfolglos. Und von der Wirklichkeit Gottes wie von der Herrlichkeit seines Reichs wird oft nur sehr verschwommen geredet. Auch muß man trotz aller Komplexität moderner Lebensprobleme darauf insistieren: Nicht nur Menschen mit hohem Bildungs- und Differenzierungsniveau dürfen mit Ernst Christen sein wollen. Freilich, auch das ist festzuhalten: Das Christsein entscheidet sich nicht am Verhältnis zu einem Dogmen- und Normensystem. Die Gefahr jedes Fundamentalismus besteht darin, daß er die Fundamente des Glaubens dort sucht, wo man sie auf keinen Fall finden kann: in den Maßstäben eines religiösen oder moralischen Gesetzes. Das Fundament des Glaubens liegt im Evangelium als einer Gotteskraft (Römer 1,16f) und wird alltags-praktische Basis in einer lebendigen Gottesbeziehung. Die Flußerfahrung der Gottesfülle muß immer wieder alle Tendenzen zur Erstarrung und Verhärtung modifizieren. Und das einzige Mittel gegen die Selbstgerechtigkeit der Frommen besteht in der täglichen Erneuerung, die man nicht nur von anderen fordern, die einem vielmehr selbst geschenkt werden muß. Religiöse Ordnung des Lebens, die mehr ist als ein gesetzliches Verhaltenskorsett, kann es nur geben im Rahmen religiöser Erfahrung.

»Unsere Volkskirche« ist darauf angewiesen, daß Menschen, die nach religiöser Erfahrung und nach religiöser Gestaltung des Lebens suchen, sie an ihre eigentliche Aufgabe erinnern. Viel gravierender als der ökonomische Verlust, der durch den Austritt der religiös Distanzierten droht, ist die Abwanderung von Menschen, die mit ihrem Erfahrungshunger und ihren Klärungswünschen Organisation und Milieu verlassen, weil sie die Kraft des Leibes Christi an anderer Stelle entdecken. Nur eine Kirche, die ihre alte Identität nicht mit fast allen Mitteln zu erhalten versucht, wird Menschen auf einem Lebensweg beistehen können, in dem durch zielgerichtete Suche und unerwarteten Einbruch der Einfluß des göttlichen Geistes erfolgt. Durch die Konversion der Person erwächst eine offene Identität, die aus religiöser Erfahrung lebt und zu religiöser Gestaltung fähig ist.

Die Taufe der Sünder und die Segnung der Kinder

I.

Christ/innen gehören in die Gemeinde der Heiligen, weil sie durch die Gnade Gottes geheiligt sind. Der Schritt aus dem alten ins neue Leben, die Wende, die eine neue Identität verleiht, vollzieht sich konzentriert in einem sakralen Akt von sakramentaler Qualität. Der Übergang in die neue Welt geschieht durch die Taufe. Im Zusammenhang seiner Mahnungen erinnert der Epheserbrief die Gemeindeglieder an dieses Geschehen: »Darum heißt es: Wach auf, der Du schläfst und steh auf von den Toten, so wird Dich Christus erleuchten« (5,14).

In der neutestamentlichen Forschung besteht weitgehend Übereinstimmung darin, daß hier ein Liedfragment zitiert wird und daß dieser Vers den Adressaten aus der Taufliturgie vertraut ist. Welche religionsgeschichtliche Überlieferung im Hintergrund steht, ob die Anschauungen, die hier anklingen, stärker gnostisch oder stärker jüdisch geprägt sind, müssen die Experten ausdiskutieren. In der Tat kennt der Epheserbrief »keine Präexistenz der Seelen, keinen pneumatischen Wesenskern im Menschen, keinen Seelenaufstieg«[170] im gnostischen Sinn. Durch die Taufe werden nicht verlorengegangene Lichtfunken in die göttliche Heimat zurückgeholt, sondern gottlose Sünder gerettet. Diese Rettungsaktion gilt Menschen, die Gottes Geschöpfe sind und deshalb aus der Finsternis der Verworfenheit in das Licht der Gnade zurückgeführt werden sollen.

Die Taufe, in der ein Weckruf erklingt, ist offenbar ein Erweckungsgeschehen. Das Sprachmaterial, das in diesem liturgischen Text verwendet wird, verweist auf den Tagesanbruch. Aus dem Schlaf gelangt man ins Wachen. Wer gelegen hat, soll sich erheben. Aus der Dunkelheit tritt man ins Licht. Was Menschen im Biorhythmus alltäglich erleben, gewinnt durch zwei Hinweise eine extraordinäre Qualität. Der Schlaf, aus dem man gerufen wird, ist keine Erholungspause, sondern besteht in der Untätigkeit des Todes. Und das Licht, in das man gerät, stammt nicht von der Sonne, sondern vom Christus. Das Schwellenritual Taufe, in dem die Konversion der Christ/innen geschieht, vollzieht sich als ein Übergang vom Tod in das Leben.

Wie ist das zu verstehen? Und wie kann man das praktizieren? Worin besteht die Veränderung, die durch den Taufakt an und mit Menschen passiert? Und wie kann man diese Veränderung theoretisch und praktisch realisieren?

---

[170] R. Schnackenburg, Der Brief an die Epheser, EKK X, Zürich/Neukirchen 1982, 234.

Das Stichwort »Erleuchtung« könnte auf einen Bewußtseinswandel verweisen. Die Paränese im Kontext würde dann mit den Einsichten und Anschauungen begründet, die die Christ/innen durch ihre Umkehr gewonnen haben. Die Gattung des Weckrufs könnte eine emotionale Transformation signalisieren. Die Christ/innen würden demnach aus den finsteren Bindungen an Unzucht, Habsucht und Haß in einen Zustand geraten, in dem sie freie, handlungsfähige Subjekte geworden sind. Aber was genau hat diesen Umschwung bewirkt? In welchem Sinn hat das Licht die Finsternis, die Freiheit die Gefangenschaft, das Leben den Tod abgelöst?

Die Realität, um die es hier geht, läßt sich auf kognitive Einsichten und emotionale bzw. existentielle Erfahrungen nicht beschränken. Der Christus, der die Transformation in der Taufe bewirkt, ist eine transmentale, transindividuelle, transpersonale Größe. Durch die Taufe werden Menschen in seinen Leib integriert und gewinnen Anteil an der Fülle der Gottheit. Taufe ist ein transitorischer Akt, der aus der Todeswelt des vergehenden Äons in die Lebenssphäre des Christus führt. Todgeweihte Sünder/innen werden mit Lebenskraft angefüllt. Im Blick auf aktuelle Schwierigkeiten ist schon jetzt festzuhalten, daß dieses sakramentale Geschehen keineswegs exklusiv auf die Schuldproblematik bezogen ist. Die Verlorenheit, aus der hier die Rettung erfolgt, wird auch im Todesgeschick erfahren, und die Macht, die hier gebrochen wird, ist auch die Verdammungskraft des Gesetzes.

Am umfassendsten hat dieses Verständnis E. Käsemann in seiner Analyse der urchristlichen Taufliturgie von Kolosser 1,15-21 eingefangen. »In der Taufe wechselt der Christ den Herrschaftsbereich. Er gehört fortan nicht mehr dem Kosmos, sondern dem Kosmokrator. Er hat die Abhängigkeit von den Gewalten der Welt abgestreift und untersteht nunmehr einzig dem Sohne, dessen Reich Vergebung der Sünden heißt. Er steht damit wieder dort, wo die Welt am Anfang gestanden hat und am Ende stehen wird, im Schöpfungs- und Auferstehungslicht. Denn er lebt im Leibe Christi, also in der Möglichkeit des εἶναι ἐχ vom Haupte Christus her, der beides ist, Anfang und Ende, Offenbarung der Schöpfung wie der Auferstehung. Und er lebt in diesem Leibe so, daß er nicht nur von Christus herkommt oder auf Christus zugeht, sondern ›in ihm‹ als solcher, den der neue Äon sich eingegliedert hat, daß er bei und unter Christus bleibe«.[171]

Die Konversion des Glaubens besteht konkret im sakramentalen Transitus aus der alten in die neue Welt. Wenn diese Begrifflichkeit zutrifft, wenn es dabei nicht um mythologische Anschauungen oder symbolische Übertreibungen, sondern um spürbare, erfahrbare Realitäten

---

[171] E. Käsemann, Eine urchristliche Taufliturgie, in: Exegetische Versuche und Besinnungen 1, Göttingen 1960, 46.

geht, dann spitzt sich die ganze Taufdebatte auf die fundamentale Frage zu: Wie kann man diese Realitäten in der kirchlichen Praxis realisieren? Wie kann man den Akt des Taufrituals menschlicherseits so gestalten, daß die Kraft des Taufgeschehens darin möglichst uneingeschränkt zur Wirkung kommt? Wenn die Gemeinde der Heiligen als Gemeinschaft der Getauften entsteht, dann hängt auch die Zukunft der Volkskirche daran, daß sie nicht nur eine angemessene Lehre von der Taufe vertritt, sondern sich auch zureichend auf die Praxis des Taufens versteht.

II.

»Unsere Volkskirche« rekrutiert sich durch die Taufe von Kindern. Deshalb ist die Kritik an der Institution häufig mit der Kritik an dieser Gestalt des Ritus verbunden. Und auf der anderen Seite verweist die Apologie der Kindertaufe immer wieder auf die volkskirchliche Situation. Auch jene sozialwissenschaftlich orientierten Trostbücher, die die Stabilität »unserer Volkskirche« gegenüber allen Befürchtungen untermauern wollen, betonen die Wichtigkeit des Rituals im öffentlichen Bewußtsein.[172] Schon die Tatsache, daß, und die Art, wie die Tauffeier in einem Werbespot der Genußmittelbranche auftaucht, sollte die Kirchen vor einer allzu schnellen theologischen Vereinnahmung der empirischen Untersuchungsergebnisse warnen.

»Die Taufe scheint im Bewußtsein der Kirchenmitglieder erheblich an Bedeutung gewonnen zu haben, sie wird gleichsam zum Kristallisationspunkt einer zumindest formalen Kirchenmitgliedschaft. Inwieweit sich mit ihr auch religiöse Inhalte verknüpfen, kann nicht mit Bestimmtheit gesagt werden«, heißt es in der letzten EKD-Studie »Fremde Heimat Kirche«,[173] die mit dieser Feststellung auf die positive Einschätzung des kirchlichen Angebots verweist. Im einzelnen läßt sich aus der Erhebung auch ein bestimmtes Taufverständnis rekonstruieren, das mit den neutestamentlichen Aussagen freilich wenig gemein hat. Die Daten signalisieren nämlich »über die insgesamt gestiegene Wertschätzung der Taufe hinaus einen prägnanten Trend: Die Bedeutung der Taufe als lebens- und familiengeschichtliche Wegmarke hat im Bewußtsein der Kirchenmitglieder stark zugenommen. Sie bleibt zwar zuallererst der Aufnahmeritus der Kirche, doch ist sie zugleich erheblich mehr: Familienfest und Feier des Lebens, Voraussetzung für

---

[172] Vgl. Chr. Grethlein, Taufpraxis heute. Praktisch-theologische Überlegungen zu einer theologisch verantworteten Gestaltung der Taufpraxis im Rahmen der EKD, Gütersloh 1988, 38ff.

[173] Studien und Planungsgruppe der EKD (Hg.), Fremde Heimat Kirche. Ansichten ihrer Mitglieder – Erste Ergebnisse der dritten EKD-Umfrage über Kirchenmitgliedschaft, Hannover 1993, 16.

religiöse Begleitung an lebensgeschichtlichen Übergängen, Schutzritual zur Abwehr bedrohlicher Schicksalsmächte«.[174]

Das Volk hat in der Volkskirche eine eigene Tauftheologie entwickelt, die vor allem lebens- und familiengeschichtlich orientiert ist. Die Tauffeier ist, wie es der Werbespot ganz realitätsgerecht zeigt, ein Familienfest mit pastoraler Anwesenheit geworden und hat sich damit in den Kreis der anderen Kasualhandlungen eingereiht, die ebenfalls stark familienfundiert vollzogen werden.

Das Fazit der EKD-Studie lautet entsprechend: »die Bedeutung der Taufe stellt sich als ein Amalgam von Christsein, Kirchenzugehörigkeit und Familie dar«.[175] Dieses Ergebnis wird an den entscheidenden Punkten zutreffend sein. Die Frage ist nur, wie man kirchlicherseits darauf reagiert. Ausgeschlossen ist eine Verketzerung der volkstümlichen Taufanschauung, aber auch die simple Verwendung der Taufe zur Erfüllung lebensgeschichtlich begründeter Bedürfnisse. Daß die Menschen für ein beginnendes Leben eine religiöse Basis suchen, ist höchst respektabel. Die Frage ist nur, ob sie das, was sie suchen, wirklich in Form der Taufe erhalten können.

Der Streit um die Kindertaufe, der seit K. Barth die protestantische Theologie bewegt, ist in der kirchlichen Praxis erstaunlich schnell zur Ruhe gekommen. Zuletzt hatte J. Moltmann für »die Taufe der Glaubenden, Berufenen und Bekennenden« plädiert,[176] und zwar mit der Begründung, daß das Neue Testament, aber auch die reformatorische Tradition eine eindeutige Reihenfolge vorgibt: »zuerst der Glaube, dann die Taufe«.[177] Selbst wo man die Kindertaufe als Zeichen der voraussetzungslosen Rechtfertigung und der zuvorkommenden Gnade praktiziert, sieht Moltmann diese Reihenfolge respektiert, da man auch dort nicht alle Kinder, sondern nur die Kinder christlicher und also mehr oder weniger glaubender Eltern zum Sakrament zuläßt. Sein praktischer Vorschlag für die allmähliche Umgestaltung sieht folgendermaßen aus: »An die Stelle der Kindertaufe sollte die Segnung der Kinder im Gottesdienst der Gemeinde und die ›Ordination‹, die öffentliche und ausdrückliche Beauftragung der Eltern und der Gemeinde zum messianischen Dienst an ihren Kindern treten. Die Taufe der Eltern ist Berufungsgeschehen und umfaßt auch ihre familiären, sozialen und politischen Beziehungen. In seinen weltlichen Berufen soll der Christ seiner Berufung folgen und ihr entsprechend handeln. Darum

---

[174] Ebd.
[175] A.a.O., 49.
[176] J. Moltmann, Kirche in der Kraft des Geistes. Ein Beitrag zur messianischen Ekklesiologie, München 1975, 266.
[177] A.a.O., 255.

ist es wichtig, diese Berufung im Beruf der Elternschaft an den Kindern deutlich zu machen«.[178]

Daß das Problem der Kindertaufe aus der kirchlichen Diskussion so gut wie verschwunden ist, daß auch Moltmanns Alternativvorschlag kaum aufgegriffen worden ist, könnte eine Vermutung nähren, die sich so formulieren läßt: Der Streit um Kindertaufe oder Kindersegnung ist überflüssig, weil die Kindertaufe faktisch als Kindersegnung vollzogen wird.

In der Tat gibt es, wie wir teilweise schon gesehen haben, eine große Koalition derer, die die Segensaspekte der sakramentalen Handlung betonen. Dazu gehören auf der einen Seite die Angehörigen mit ihrer volkstümlichen Taufanschauung, die darin eine religiöse Basierung des nun beginnenden Lebensweges und eine religiöse Fundierung der neuen Familienkonstellation suchen. Dazu gehören auf der anderen Seite aber auch all jene pastoralen Äußerungen, die in Taufgesprächen und Taufansprachen die Annahme Gottes, den Schutz und die Begleitung betonen, die dem Täufling durch die symbolisch dargestellte Zuwendung Gottes in Zukunft zuteil werden wird.[179] Der entscheidende Unterschied zwischen Segen und Sakrament wird in der Praxis meistens elegant übergangen. Das Sakrament führt durch das Sterben des alten Menschen in neues Leben. Der Segen erfüllt das geschenkte Leben mit göttlicher Lebenskraft. Wer die kirchliche Taufpraxis anhand dieser Differenzierung betrachtet, kann zu einem relativ eindeutigen Urteil gelangen. Die Taufe der Sünder ist zur Segnung der Kinder geworden.

III.

Wie macht man das: taufen? Wie gestaltet man ein rituelles Geschehen, in dem ein Herrschaftswechsel erfolgt, in dem die Schwelle zwischen der alten Todeswelt und der neuen Gottesherrschaft mit Leib, Seele und Geist überschritten wird? Wie bringt man zum Ausdruck, daß in der Taufe anderes, ja sogar mehr geschieht als in einer Segnung?

Die Kritik an der Kindertaufe führt deswegen in die Irre, weil man dabei den Transitus als Bewußtseinsakt interpretieren muß. Die »Taufe der Glaubenden, Berufenen und Bekennenden« integriert in eine Gemeinde, in der man erkannt hat und realisiert, was faktisch auch für alle anderen Menschen gilt. Die Kritik an der Kindertaufe lokalisiert die Problematik der Taufpraxis in einer anthropologischen Dimension,

---

[178] A.a.O., 266.
[179] Vgl. die Berichte aus acht Kirchengemeinden bei Chr. Lienemann-Perrin (Hg.), Taufe und Kirchenzugehörigkeit. Studien zur Bedeutung der Taufe für Verkündigung, Gestalt und Ordnung der Kirche, München 1983, 35ff.

nämlich beim individuellen Bewußtsein. Nur wer sich im Glauben versteht, nur wer seiner Berufung folgt und das Bekenntnis als Einzelne/r nachspricht, darf zur Gemeinde der Heiligen zählen. Die biblische Tradition dagegen rechnet damit, daß die göttlichen Atmosphären nicht nur einen Kopf, sondern ein ganzes Haus erfüllen. Deshalb können relevante Mitglieder einer Hausgemeinschaft ihre Bereitschaft zum Gottesdienst im Namen aller anderen proklamieren (Josua 24,15). Die Segensmacht des göttlichen Friedens kann abgezogen werden, wenn ein Haus dieses Gnadengut nicht verdient (Matthäus 10,12ff), und die häusliche Lebensgemeinschaft bewirkt sogar, daß auch die Kinder aus einer christlichen Mischehe geheiligt sind (1. Korinther 7,14). Hier und auch an vielen anderen Stellen besteht der Gnadenempfang in der Gottesbegegnung nicht in einem rein personalen und überwiegend kognitiven Geschehen. Immer geht es dabei um den Eintritt in Machtfelder göttlicher Gegenwart, die transindividuelle und transmentale Wirkungen haben. Entsprechende Notizen in der Apostelgeschichte (Acta 16,15) sind für die Diskussionen um die Kindertaufe deswegen unergiebig, weil die Vorstellung einer hauserfüllenden Präsenz des Heiligen den Vollzug der Kindertaufe sowohl begründen als auch überflüssig machen kann. Nur ein extrem kognitiv und individuell orientiertes Menschenbild wird die Kindertaufe als solche für unmöglich erklären.

Die Frage, wie man tauft, läßt sich durch die Debatte darüber, ob man auch an Säuglingen diesen Ritus vollzieht, nicht zureichend klären. Jedes agendarische Formular kann man auch als eine Gebrauchsanweisung interpretieren. Die Taufagenden der evangelischen Kirchen beziehen sich direkt oder indirekt auf jene Anregungen, die Luther in seinem »Taufbüchlein« ausgesprochen hat. »Unsere Volkskirche«, die sich evangelisch nennt, täte gut daran, diese Anregungen aufmerksam zu studieren.

Der Reformator beginnt mit einem Satz, der erstaunlich aktuell klingt. »Weil ich täglich sehe und höre, wie gar mit Unfleiß und wenigem Ernst, will nicht sagen mit Leichtfertigkeit, man das hohe, heilige, tröstliche Sakrament der Taufe handelt über den Kindlen«,[180] plädiert er zunächst dafür, daß die Taufhandlung in deutscher Sprache vollzogen wird. Alle Beteiligten sollen, was dabei geschieht, »verstehen« und sich »zu Herzen nehmen«[181] können. Das Verstehen, um das es hier geht, betrifft sicherlich nicht nur die kognitive Aufklärung und auch nicht nur die existentielle Betroffenheit. Das Verstehen des Sakraments ist für Luther deswegen nötig, weil sich auf diesem Weg der Ernst, die Tiefe, die Wirklichkeit der Handlung erschließen. Auch für

---

[180] M. Luther, Das Taufbüchlin verdeutschet und aufs neu zugericht, zitiert nach: Die Bekenntnisschriften der evangelisch-lutherischen Kirche, 3. Auflage, Göttingen 1956, 535.
[181] Ebd.

ihn geht es um einen Schwellenritus, um den Übergang aus einer Machtsphäre in die andere. Diejenigen, die die Taufe gebrauchen, müssen wahrnehmen, »daß es wohl not ist, dem armen Kindlein aus ganzem Herzen und starkem Glauben beistehen, aufs andächtigst bitten, daß ihm Gott nach Laut dieser Gebet nicht allein von des Teufels Gewalt helfe, sondern auch stärke, daß es müge wider ihn ritterlich im Leben und Sterben bestehen«.[182]

Bei seinen agendarischen Empfehlungen streicht Luther ein ganzes Bündel von Einzelakten, die man im Lauf der Liturgiegeschichte angesiedelt hatte: das Anhauchen durch den Priester und das Einführen von Salz in den Mund des Täuflings, die Öffnung der Ohren und die Salbung von Scheitel und Brust, das Taufkleid und die Taufkerze. Diese Reduktion des rituellen Repertoires soll den Kern des Taufgeschehens um so deutlicher hervortreten lassen.[183] Und der besteht für Luther in einem dreifachen Schritt, dessen Logik sich ritualtheoretisch unschwer erheben läßt.

Nach A. van Gennep umfaßt jedes Übergangsritual drei Etappen.[184] Es beginnt mit der Trennung von der bisherigen Lebenssphäre. Es setzt sich fort im Transitus aus der alten in die neue Umgebung. Und es endet mit dem Eintritt in den neuen Lebensbereich. Diese Struktur ist bei Luther durch die Streichungen fast in Reinform erhalten. Der erste Akt ist als Austreibung gestaltet. Durch Befehl, Gebet und Bekreuzigung wird die Macht des Bösen vertrieben. Das bildet die Voraussetzung dafür, daß der Täufling bzw. seine Paten im Übergangsstadium der Macht des Bösen absagen und den Glauben an Gott bekennen können. Daraufhin kann der eigentliche Taufakt geschehen, durch den der Täufling in die Gemeinde der Heiligen integriert wird.

Für die Frage nach der Gestaltung des Taufrituals bleibt auf jeden Fall festzuhalten, daß in Luthers Vorschlag nicht nur der Glaube der Taufe vorangeht, sondern daß hier der Glaube seinerseits eine Basis hat. Dieser Glaube entsteht ja nicht in inneren Bedürfnissen des frommen Subjekts, sondern ist Ergebnis einer Befreiungsaktion. Deshalb gehört für die neutestamentliche wie für die reformatorische Tradition in den Prozeß der Glaubensentstehung immer die Buße bzw. die Austreibung des Bösen hinein. Die Taufe der Sünder umfaßt notwendigerweise diese drei Aspekte. In negativer Hinsicht geht es um die Tötung des alten Adams bzw. um die Befreiung des Menschen aus der adamitischen Macht. Im Transitus wird die Absage an diese Macht und das Bekenntnis zur Heilsmacht Gottes vom Täufling bzw. für den Täufling

[182] A.a.O., 536.
[183] Vgl. dazu H.-M. Gutmann, Symbole zwischen Macht und Spiel. Religionspädagogische und liturgische Untersuchungen zum »Opfer«, Göttingen 1996, 243ff.
[184] A. van Gennep, Übergangsriten, Neudruck Frankfurt 1986, 21.

artikuliert. Und dann kann die Aufnahme in den Herrschaftsbereich des Leibes Christi vonstatten gehen.

IV.

Die Taufe der Sünder wird gegenwärtig häufig, vielleicht sogar meistens, als Segnung der Kinder gefeiert. Der Unterschied zwischen Sakrament und Segensakt ist in der kirchlichen Praxis verwischt. Und man könnte lange darüber streiten, ob eine Taufe, in der die Segensaspekte einseitig in den Vordergrund treten, ihre sakramentale Qualität noch bewahrt. Aber das ist, wie die Kirchen- und Ketzergeschichte beweist, ein Minenfeld, das man nur in extremen Notsituationen betreten sollte. Hier mag der Hinweis auf die Probleme genügen, die es schon in urchristlicher Zeit mit Getauften gegeben hat: »Während Apollos in Korinth war, durchzog Paulus das Hochland und kam dann nach Ephesus und fand dort einige Jünger. Zu denen sagte er: Habt ihr den heiligen Geist empfangen, als ihr zum Glauben gekommen seid? Sie antworteten ihm: Wir haben nicht einmal gehört, daß es einen heiligen Geist gibt« (Acta 19,1-2).

Kann man das Taufritual so gestalten, daß sich der Übergang aus dem alten in den neuen Herrschaftsbereich, daß sich der Empfang des heiligen Geistes spürbar vollzieht? Oder bleibt die Macht des Heiligen so unverfügbar, daß man voller Vertrauen auf die Verheißung nur ein paar Worte zu sprechen und nur einige Wassertropfen zu sprengen hat? Läßt sich der eschatologisch-kosmologische Horizont dieses Geschehens im modernen Weltbild von aufgeklärten Menschen überhaupt inszenieren?

Die neuralgischen Punkte liegen nicht in der Taufhandlung selbst, die man einigermaßen einfach als Reinigungsakt oder als Duftmarkensignal[185] erklären könnte. Sehr viel prekärer und unheimlicher bleiben der Vollzug der Präparation und der Separation, die nach der Meinung Luthers, ja der theologischen Tradition insgesamt, die Taufhandlung selber erst möglich machen. Daß »unserer Volkskirche« die Gestaltung gerade dieser Akte Schwierigkeiten bereitet, ist natürlich kein Zufall. Denn in den Akten der Präparation und der Separation geht es um Trennungen, um Befreiung aus der Macht des Bösen, um Abgrenzung gegenüber der Welt, um die Unterscheidung zwischen Gemeinde und Öffentlichkeit. Eine Volkskirche, die sich selbst als Teil der Gesellschaft sieht, wird unvermeidlich Probleme haben, wenn sie auch nur ganz generell die Differenz zur Gesellschaft behaupten soll.

Natürlich hat es in den letzten Jahren Versuche gegeben, das reduzierte Taufritual symbolisch auszuschmücken. Besonders beliebt ist da-

---

[185] Vgl. die Beispiele bei I. Eibl-Eibesfeldt, Liebe und Haß. Zur Naturgeschichte elementarer Verhaltensweisen, München 1970, 216f.

bei die Übergabe und das Anzünden einer Kerze. Dieser alte liturgische Brauch vermittelte ursprünglich Anteil am unauslöschlichen Licht des Erlösers; aber in seiner Mehrdeutigkeit kann man ihn auch familienidyllisch und damit im Rahmen einer Segenstheologie interpretieren. Ein Blick in die Ökumene kann helfen, weitere Möglichkeiten zur Bereicherung und Präzisierung des Taufrituals zu erkunden.

Die entscheidenden Strukturelemente des Sakraments sind auch im orthodoxen »Mysterium der Erleuchtung« zu finden. Weil der Raum für eine ausführliche Wiedergabe und Analyse hier fehlt, soll ein umfassendes Zitat die wesentlichen Punkte der Handlung wiedergeben: »Zum Ritus der Aufnahme gehörten Exorzismen, die den Katechumenen aus der Gewalt des Bösen befreien helfen sollten. Bei der Kindertaufe kann der Ritus der Bekreuzigung und Namensgebung als Beginn des Katechumenates betrachtet werden. Der erste Teil der Tauffeier stellt den Abschluß des Katechumenates dar: Der Katechumene wird sinnbildlich des alten Adams entkleidet. Er wendet sich dem Osten zu, Christus, der Sonne der Gerechtigkeit, dem ›Aufgang aus der Höhe‹. Der Priester haucht den Katechumenen an, um mit dem Geiste Christi den Geist des Bösen zu vertreiben. Er zeichnet das Kreuz auf Stirn und Brust des Taufanwärters, um dessen Denken und Streben in das österliche Kreuzesmysterium einzubeziehen. Er legt ihm die Hand auf, um ihn unter den Schutz Gottes und die Obhut der Kirche zu stellen. In der Vollmacht, die der Auferstandene Seinen Aposteln und ihren Nachfolgern gegeben hat (Mk 16,17), beschwört nun der Priester in Exorzismen die Macht des Bösen, den Teufel, den Taufanwärter zu verlassen. Dabei wendet der Priester den Täufling, der die Hände emporhebt, gegen Westen, d. h. gegen das Reich der Finsternis und des Todes. Der Täufling oder dessen Pate entsagt nun dem Satan, dem Fürsten dieser Welt, all seinen dämonischen Werken, seinen Dienern, seinem Dienst und seinem Glanz. Darauf fordert der Priester den Täufling auf, zum Zeichen der Abkehr und Verachtung auf den Satan zu speien und zu blasen. Dann wendet der Priester den Täufling, der seine Arme gesenkt hat, wieder in die Richtung der aufgehenden Sonne und fragt ihn mehrmals, ob er sich Christus angeschlossen habe und an Ihn glaube. Hier ist nun der Ort, wo der Täufling oder sein Pate oder die Gemeinde anstelle des Täuflings das nikänokonstantinopolitanische Glaubensbekenntnis, das in jeder Liturgiefeier rezitiert wird, spricht. Am Schluß dieses Teils fordert der Priester den Täufling auf, vor Christus niederzufallen und Ihn anzubeten.

Erst jetzt beginnt die eigentliche Tauffeier mit dem für die Mysterienhandlungen charakteristischen Eingangssegen: ›Gesegnet das Reich des Vaters …‹, auf den unmittelbar die Friedens-Ektenie mit eingeschobenen Bitten für den zur Erleuchtung Kommenden folgt. Seit alters wird die Taufe auch Erleuchtung (Photismos) genannt. Denn in der Taufe leuchtet dem Täufling das Licht Christi auf, ihn licht zu machen. Dies deutet hin auf die Verklärung in der Theosis, die nun anhebt. Daher werden alle Kerzen angezündet und ringsum duftet der Weihrauch«.[186]

Die zahlreichen Einzelhandlungen, die Luther in seinem Vorschlag gestrichen hat, weil sie den zentralen Kern überdecken, waren Relikte einer geschichtlichen Entwicklung, in der die kirchliche Taufpraxis zwei erhebliche Modifikationen erfahren hat.[187] Die altkirchliche Erwachsenentaufe wurde durch die Kindertaufe abgelöst, und, was noch wichtiger ist, das Taufgeschehen wurde aus einem wochen- bzw. monatelangen Prozeß auf einen sonntäglichen Akt reduziert. Für eine wirkliche Präparation und eine begründete Separation braucht man Zeit, da jede wirkliche Trennung Klärungen einschließt. Aus dem Machtfeld des Bösen muß man sich schrittweise lösen. Die Mysterien des Glaubens darf man nur allmählich erfahren. Wie dieser Ablauf in der westlichen Kirche des Frühmittelalters gestaltet war, mag ein Rückblick in die Geschichte skizzenhaft illustrieren.

Die sogenannten Skrutinien, die ritualisierten Etappen der Taufvorbereitung, umfassen damals drei bzw. sieben Gottesdienste der Vorosterzeit. In diesem Prozeß werden die Täuflinge einerseits immer stärker in die Glaubensgeheimnisse eingeführt. Andererseits wird »durch Exorzismen geprüft (scrutari/scrutinium), wieweit der Widersacher noch Macht über sie hat«.[188] Kennzeichnend ist schon die erste Sequenz, in der die Einschreibung des Namens, die Stirnsignierung, Kreuzsegnung, Handauflegung und Salzweihe erfolgen. In der dritten Sequenz geschieht die apertio aurium, die Öffnung der Ohren, durch die Übergabe der Evangelien, des Glaubensbekenntnisses und des Herrengebets. Im letzten Akt am Karsamstagmorgen wird der große Exorzismus vollzogen. Für die Inhalation des Glaubens sorgen die Öffnung der Sinne, die Berührung von Nase und Ohren mit Speichel, sowie die redditio, die Rückgabe des Bekenntnisses, das nach einigen Quellen vom Priester selbst unter Handauflegung gesprochen wird. Salbung und Abschwörung beschließen den Vorgang, wobei die Abschwörung teilweise auch schon vor der Übergabe des Glaubensbekenntnisses vonstatten gegangen ist.

Wesentlich für diesen rituellen Prozeß, der hier nicht im einzelnen analysiert werden kann, ist zunächst die zeitliche Erstreckung. Was später insgesamt in einem einzigen Ritus zusammengefaßt ist, läuft hier in Etappen ab, die vom Ablauf des Kirchenjahres geprägt sind.

---

[186] S. Heitz (Hg.), Mysterium der Anbetung III, Köln 1988, 21f.
[187] Daß es auch in der Alten Kirche Schwierigkeiten mit der Taufe gab, zeigt am Beispiel Augustins R. Zerfaß, Die Last des Taufgesprächs, in: Menschliche Seelsorge. Für eine Spiritualität von Priestern und Laien im Gemeindedienst, Freiburg 1985, 142ff.
[188] B. Kleinheyer, Sakramentliche Feiern I. Die Feiern der Eingliederung in die Kirche, Gottesdienst der Kirche 7,1, Regensburg 1989, 108.

Auch die räumliche Plazierung ist alles andere als willkürlich. Wer in den Leib Christi integriert werden will, muß sich regelmäßig dort einfinden, wo sich dieser Leib in ritueller Sozialgestalt manifestiert. Und schließlich muß man beachten, daß die Taufvorbereitung hier nicht nur die kognitive Ebene betrifft. Nicht nur Lehren werden vermittelt. Die Prozedur, die hier abläuft, präpariert den ganzen Menschen für den Übergang in den Heilsbereich Christi. Und diese Präparation umfaßt auch hier die Doppelstruktur. Die Aufgabe in das Machtfeld Christi kann nicht erfolgen ohne die Befreiung von der gottwidrigen Macht.

Die Taufe der Sünder ist in der Liturgiegeschichte anders als eine Segnung der Kinder gestaltet worden. Sie ist Herrschaftswechsel und deshalb immer auch Trennungsprozeß und Befreiungsaktion. Wie sich dieser Aspekt in der Gegenwart agendarisch realisieren läßt, ist hier im einzelnen nicht darzustellen. Seit der Aufklärung wird die Abgrenzung gegenüber dem Bösen immer mehr als problematisch empfunden. Und auch der neueste Entwurf sieht die Absage nur fakultativ und nur im Fall der Erwachsenentaufe vor.[189] Eine wesentliche Barriere für ein vertieftes Verständnis dürfte in der Tat eine meist mit biologischen Vorstellungen verknüpfte Erbsündenanschauung gebildet haben. Aber im Neuen Testament ist die Taufe ja keineswegs ausschließlich mit der Schuldproblematik verkoppelt. Die Rettung, die in diesem Akt realisiert wird, gilt auch denen, die unter der Herrschaft des Todes und unter der Verdammungsmacht des Gesetzes zu leben haben.

Daß der Aspekt der Befreiung konstitutiv zum Taufgeschehen hinzugehört, wird nicht zuletzt daran deutlich, daß er auch dort auftaucht, wo man das Sakrament vor allem als Familienfeier versteht, die man tiefenpsychologisch interpretieren kann. Jedenfalls hat J. Scharfenberg die immer noch bestehende Anziehungskraft der Taufe in dieser Perspektive verständlich zu machen vermocht. Auf der einen Seite wird seiner Ansicht nach hier ein innerfamilialer Ambivalenzkonflikt bearbeitet. »Das Untertauchen im Wasser stellt eigentlich einen lebensbedrohenden Akt dar. Da ist vom Ersäuftwerden des alten Menschen die Rede, von der Absage an den Teufel, der dieses Kind in seinen Klauen hält, und vieles andere mehr. Es erscheint mir deshalb nicht unwahrscheinlich, daß die Attraktivität der Taufe in der Möglichkeit besteht, den eigenen unbewußten Aggressionen gegen das Kind einen symbolisch verschlüsselten, deshalb aber nicht weniger entlastenden Ausdruck zu verleihen und so den Grundkonflikt der Ambivalenz in gewisser Weise zu bearbeiten, ohne ihn voll ins Bewußtsein rücken zu müssen«.[190] Auf der anderen Seite werden durch diesen Akt aber auch

---

[189] Agende für evangelisch-lutherische Kirchen und Gemeinden III/1, Hannover 1988, 121.

[190] J. Scharfenberg, Psychoanalytische Randbemerkungen zum Problem der Taufe, Theologische Quartalschrift 154, 1974, 8f.

alle Überforderungsansprüche wie auch die symbiotischen Tendenzen relativiert. »Auf dem unbewußten Erfahrungshintergrund des Ambivalenzkonflikts der Eltern würde am Symbol Ersäufen – Wiedererstehen bewußt gemacht werden können, daß die Aufgabe einem neugeborenen Kind gegenüber nicht nur darin besteht, es bedingungslos anzunehmen (was durch die Popularisierung psychologischen Wissens bereits zu einem Überforderungssyndrom ersten Ranges geworden ist), sondern ebenso darin, frühzeitig die Fähigkeit einzuüben, es hergeben zu können. Unbewußte aggressive Impulse werden so transformiert in den Entschluß herzugeben. Das Kind stirbt in der Taufe als mein Kind, als mein persönliches Eigentum, das allein mir gehört, aber auch allein mich fordert, es ›kriecht aus der Taufe‹ als Kind Gottes, das mir nur vorübergehend anvertraut ist und für das die christliche Gemeinde bereit ist, eine Mitverantwortung zu übernehmen«.[191]

Die Befreiungsaspekte, die hier im Rahmen der Familiendynamik festgestellt werden, gehen, wenn man das Geschehen nicht nur psychologisch betrachtet, weit über diesen wichtigen, aber doch auch engen Lebensbereich hinaus. Wenn hier wirklich ein Machtwechsel erfolgt, dann sind nicht nur die Bemächtigungsversuche der Eltern und Geschwister, sondern die Machtansprüche aller anderen Instanzen zurückgewiesen. Kein Staat und keine Gesellschaft, kein Wirtschaftssystem und keine Institution kann gegenüber getauftem Leben Rechte anmelden, die etwa in der Hingabe dieses Lebens bestehen. Das Ritual der Taufe impliziert immer eine Gesellschafts- und natürlich auch eine Kirchenkritik:[192] Denn es wird im Namen jenes Gottes vollzogen, der Menschen aus der Macht des Bösen befreit und sie damit aus den absoluten Bindungen durch andere Mächte herauslöst.

---

[191] Ebd.

[192] R. Bohren, Von der Freiheit in der Kirche, in: Geist und Gericht. Arbeiten zur Praktischen Theologie, Neukirchen 1979, 122: »Die Erwachsenen- und Säuglingstaufe sind diskutabel, die Freiheit nicht. Die Kirche steht und fällt nicht mit der Erwachsenen- oder Säuglingstaufe, sie steht und fällt aber in ihrem Verhältnis zur Freiheit«.

Die Einrichtung der Ämter und die Streichung von Stellen

I.

Der Leib Christi ist eine gegliederte Größe. Die Gemeinde der Heiligen wird erbaut im Zusammenspiel aller, die zu ihr gehören. »Einem jeden aber von uns ist die Gnade gegeben nach dem Maß der Gabe Christi. Darum heißt es: ›Er ist aufgefahren zur Höhe und hat Gefangene mit sich geführt und hat den Menschen Gaben gegeben.‹ Daß er aber aufgefahren ist, was bedeutet das anderes, als daß er auch herabgefahren ist in die Tiefe, auf die Erde? Der herabgefahren ist, das ist derselbe, der aufgefahren ist über alle Himmel, um das All zu erfüllen. Und er hat einige als Apostel eingesetzt, andere als Propheten, andere als Evangelisten, andere als Hirten und Lehrer, damit die Heiligen für ihren Dienst zugerüstet werden. Dadurch soll der Leib Christi aufgebaut werden, bis wir alle zur Einheit des Glaubens und der Erkenntnis des Sohnes Gottes gelangen und so zum vollkommenen Menschen werden und das Maß der Fülle Christi erreichen« (4,7-13).

Auch hier muß man die Aussagen ganz wörtlich nehmen. Dabei ist zunächst auf die Reihenfolge zu achten. Die Liste der Ämter beginnt mit einem Hinweis auf die Charismen in der Gemeinde. Und diese sind in der All-Macht des Auferstandenen fundiert. Er, der den ganzen Kosmos von oben bis unten erfüllt, konkretisiert seine Gaben in der Begabung aller Christ/innen. Jede Lehre vom Amt ist demnach in der Charismenlehre begründet, jede Aussage zur Ekklesiologie in der Christologie. Und aus dieser Begründung ergibt sich das Ziel aller kirchlichen Praxis. Durch die Arbeit der Ämter am Leib Christi vollzieht sich das Wachstum des Leibes Christi. Am Ende steht die Fülle der vollkommenen Christusgestalt.

Die Diskussion innerhalb der Amtstheologie war und ist an vielen Punkten mit kontroverstheologischen Fragen belastet. Ist das Amt der Gemeinde über-, zu- oder untergeordnet? Ist die Zahl der Ämter fixiert, oder ist sie variabel? Gibt es innerhalb der Ämter eine hierarchische Struktur? Sollte man das mißverständliche Stichwort »Amt« nicht durch den Begriff des »Dienstes« ersetzen?

In historischer Hinsicht kann man der Zusammenfassung von R. Schnackenburg durchweg zustimmen. »Die pragmatische Zielsetzung des Verf., die Stellung der in den Gemeinden tätigen Verkündiger, Hirten und Lehrer angesichts der Gefährdung der Einheit zu stärken, ließ ihn theologische Ausführungen von großer Tragweite machen. Die Nennung jener Männer Seite an Seite mit den alten Autoritäten ›Apostel und Propheten‹ und ihre Bezeichnung als Gaben Christi gibt ihnen eine feste Position, eine von Christus selbst gewollte Funktion in der nachapostolischen Kirche. Sie stehen damit freilich nicht über der Kirche oder den übrigen Gläubigen; vielmehr hat ihr ›Amt‹ allein den Sinn, die Glieder der Kirche an Christus, das Haupt, und aneinander zu binden, um dem Aufbau des Leibes zu dienen. In diesem Sinn aber ist es ein wesentliches, konstitutives Bauelement der Kirche. Es ist ein ›Amt der Einheit‹, das die Gefahren der Abweichung und Auflösung abwehren und die Gläubigen durch Verkündigung und Lehre, Fürsorge und Mahnung zusammenführen und auf Christus, das Haupt, hinführen soll. In dieser Sicht auf die geschichtlich gewordene und gewachsene Kirche ist es auch ein notwendig bleibendes Amt, das die Verbindung mit dem apostolischen Ursprung zu wahren hat«.[193] Allenfalls in der pointierten Rede vom »Amt der Einheit«, in der der Plural der Ämter zum Singular konzentriert wird, klingt die alte Debatte um die Bedeutung des Petrusamtes für den Bestand der Kirche nach.

Unübertrefflich klar hat E. Käsemann die Fundierung aller kirchlichen Ämter in der Christusherrschaft über Kirche und Welt festgehalten. »Die fast phantastisch anmutenden Aussagen über die Omnipotenz und Ubiquität Christi im All werden hier durch den Apostel selber bestätigt und gleichsam im vorhinein interpretiert: Weil und sofern der Christusleib als Bereich eschatologisch verwirklichter Christusherrschaft auf Erden die neue Welt und Schöpfung Gottes ist, weil und sofern der Christus mit seiner Gabe jedes seiner Glieder zur nova oboedientia beruft, lebendig macht und zum Dienst und Leiden in der geistlichen Waffenrüstung aktiviert, weil und sofern er selber in seinen Gaben und den sie erweisenden, durch sie ermöglichten Diensten gegenwärtig ist als der seinen Anspruch auf die Welt Bekundende, das Profane Heiligende, die Erde Entdämonisierende, – darum und insofern kann tatsächlich verkündigt werden, daß er das All mit seiner Auferstehungsmacht erfülle. Voraussetzung solcher Argumentation ist der gerade für Paulus, wie seine Abendmahlslehre beweist, entscheidende Grundsatz, daß der Geber nicht von seiner Gabe getrennt werden darf, sondern in ihr präsent ist. Jeder Dienst in der Gemeinde deutet, weil und sofern er festgehaltene Gnade ist, auf den hin, welcher der erste und wahre Apostel, Prophet, Bischof, Diakon, Lehrer, Hirte, Evangelist, Wundertäter ist, der liebt und sich nicht rächt, tröstet, ermahnt, richtet, vergibt und von Herzen demütig ist«.[194]

Die Gemeinde der Heiligen stand am Anfang der Kirchengeschichte vor der Aufgabe, die Arbeit am Leib Christi durch die Einrichtung von Ämtern und Diensten zu strukturieren. Gegenwärtig steht die Volkskirche vor dem Problem, daß sie angesichts ihrer finanziellen

---

[193] R. Schnackenburg, Der Brief an die Epheser, EKK X, Zürich/Neukirchen 1982. 194f.
[194] E. Käsemann, Amt und Gemeinde im Neuen Testament, in: Exegetische Versuche und Besinnungen 1, Göttingen 1960, 118.

Entwicklung viele der von ihr geschaffenen Stellen in absehbarer Zeit streichen muß.

Wenn sie bei der Gestaltung der Zukunft ihre Anfänge nicht vergißt, wird sie mindestens folgende Gesichtspunkte zu berücksichtigen haben:

1. Die Ämter und Dienste des Leibes Christi sind in der Fülle der Gottheit begründet. Sie sind also nicht in Finanzquellen fundiert und werden durch ökonomische Entwicklungen nur teilweise tangiert. In immer neuen geschichtlichen Situationen, teilweise sehr bedrückender Art, hat der Leib Christi die Kraft zur geordneten Gliederung seiner Aufgaben in immer neuen Konstellationen gefunden.

2. Die Ämter und Dienste des Leibes Christi werden in den Begabungen der Gemeinde konkret. Die Arbeit in diesem Bereich verläuft deshalb unabhängig von den Strömen der Ökonomie. Sie wird auch von Möglichkeiten und Defiziten im Kontext von Professionalisierung und Spezialisierung nicht berührt, weil die Charismen aus der Kraft des Geistes erwachsen.

3. Die Ämter und Dienste des Leibes Christi haben der Erbauung der Gemeinde dadurch zu dienen, daß sie Aufgaben der Verkündigung, der Lehre und der Fürsorge im Arbeitsfeld von Gemeinde vollziehen. Dieser Primärbereich kirchlicher Praxis darf nicht überwuchert werden durch sekundäre Strukturen, die diesen Aufgaben zuarbeiten wollen, aber dabei personelle, finanzielle und zeitliche Ressourcen in einem Höchstmaß beanspruchen.

II.

»Unsere Volkskirche« ist seit der Nachkriegszeit, also in den letzten 50 Jahren, heftig gewachsen. Wer Organisationspläne der Landeskirchenämter, Stellenpläne in den Kirchenkreisen, Listen von landeskirchlichen Einrichtungen in diesem Zeitraum verfolgt, wird auf eine erstaunliche Zunahme stoßen. Abteilungen wurden neu eingerichtet oder erweitert, Beratungsstellen eröffnet, Institutionen der Aus- und Fortbildung für verschiedene Berufsgruppen installiert. Auch die Zahl der Pfarrstellen im parochialen und im übergemeindlichen Bereich ist gewachsen. Außerdem konnte eine beträchtliche Anzahl von nicht-theologischen Mitarbeiter/innen, etwa für therapeutische und diakonische Tätigkeiten, gewonnen werden. Und über den Zuwachsraten im personellen Bereich darf man die Zunahme an Sachwerten nicht unterschätzen. Kirchengebäude und Pfarrhäuser wurden restauriert oder neu erbaut. Gemeindezentren, Kindergärten, Studentenwohnheime, Tagungsgebäude, Verwaltungszentren wurden in erheblicher Anzahl errichtet. In vielfältigen Formen haben auch die Landeskirchen in Westdeutschland vom Wiederaufbau der Nachkriegszeit, vom sogenannten Wirtschaftswunder und von den Wachstumsraten der gesellschaftlichen Entwicklung profitiert.

Die Ämter und Dienste, von denen das Neue Testament redet, sind in dieser Zeit zu Ämtern und Dienststellen gewachsen. Behörden haben die Charismen überflüssig gemacht. Wer in den Landeskirchen Ämter erwähnt, denkt zunächst an das Landeskirchenamt, das Amt für Gemeindedienste und andere Einrichtungen. Diese Mutation des Amtes aus dem personalen in den institutionellen Bereich gehört in den Prozeß der Bürokratisierung, der auch die soziale Gestaltung des kirchlichen Lebens geprägt hat und dessen Problematik in der Gegenwart immer klarer hervortritt.

Was hat dieser weitgehend ökonomisch bedingte Prozeß mit dem Wachstum des Leibes Christi, mit der Stiftung von Ämtern und Diensten im Neuen Testament zu tun? Daß der Traum vom »Jahrhundert der Kirche« auf diese Weise in Erfüllung gegangen sei, wird am Ende des Zeitraums niemand behaupten. Dafür sind die inneren und äußeren Schwierigkeiten, mit denen man in den Landeskirchen gegenwärtig zu kämpfen hat, zu offensichtlich. Auf der anderen Seite wird man eine Entwicklung, die für die kirchliche Praxis soviel Ausdehnungsmöglichkeiten erbracht hat, im Rückblick auch nicht pauschal kritisieren dürfen. Wie lassen sich das ökonomisch und das christologisch orientierte Wachstum sinnvoll einander zuordnen?

Die Grundfigur, mit der man diese Zuordnung immer wieder versucht, besteht im Modell des Dienens. Die Verwaltung soll der Verkündigung, die Beratung soll letztlich der Heiligung dienen. Fast alles, was in der Gesellschaft an finanziellen, technischen und wissenschaftlichen Entwicklungen hervorgebracht wird, kann in der Kirche zum Vollzug ihres Auftrags verwendet werden. »Prüfet alles, und das Gute behaltet« (1. Thessalonicher 5,21). Das haben die Landeskirchen, die in vieler Hinsicht gewaltig gewachsen sind, mit bester Absicht getan. Viel Gutes ist auf diese Weise gebaut und erneuert, eingerichtet und angestellt worden.

Dennoch werden viele den Eindruck nicht los, daß der kirchliche Wachstumsprozeß inkongruent verlaufen ist. Äußere und innere Entwicklung entsprechen einander nicht. Finanzkraft und Glaubenskraft sind nicht miteinander gestiegen. Die Errichtung von Gebäuden hat die Erbauung von Menschen nicht immer gefördert. Die kirchlichen Institutionen haben zu-, die christlichen Individuen eher abgenommen. Irgendwie scheint das Dienstmodell nicht funktioniert zu haben. Im ökonomisch bedingten Wachstumsprozeß müssen Kräfte wirksam geworden sein, die sich der Konzentration auf die christologische Orientierung entzogen haben.

Die Probleme, die das Anwachsen des Verwaltungsapparats mit sich bringt, hat für den Bereich der römisch-katholischen Kirche der Soziologe F.-X. Kaufmann beschrieben. Zunächst konstatiert er dort eine weitgehende Immunisierung gegen alle Bürokratiekritik, wird doch »der bürokratische Charakter der kirchlichen Organisation durch den Umstand verschleiert, daß diese Organisation gleichzeitig mit einem normativen und geistlichen Anspruch auftritt und auf eben dieser geistlichen Basis Gehorsam und Unterwerfung verlangt. Solange solcher Herrschaftsanspruch sich traditionaler Formen der Kontrolle bediente, war er in etwa stets erträglich, weil der personalisierte Stil der Herrschaftsbeziehungen der Berücksichtigung persönlicher Umstände immer noch Raum bot. In dem Maße jedoch, als traditionale Herrschaftsformen durch bürokratische substituiert werden, die Kontrolle also generalisiert und anonymisiert wird, wird sie mit einem geistlichen Gehorsamsanspruch inkompatibel«.[195] Zu den negativen Folgen dieser Entwicklung zählt Kaufmann die wachsende Entfremdung der Kirchenmitglieder gegenüber der Amtskirche. Ebenso nachdrücklich betont er, daß die Zunahme bürokratischer Rationalisierung und Zentralisierung keineswegs nur positive Effekte für das Gemeindeleben und die Tradierung des Glaubens mit sich bringt.

Die Zunahme eines Verwaltungsapparats enthält eine Eigendynamik, die sich der Steuerung durch andere Gesichtspunkte sehr stark entzieht. »Parkinsons Gesetz« hat auch die Kirchenämter erfaßt und alles Bemühen, die Verwaltung der Verkündigung dienstbar zu halten, in Frage gestellt. Nicht wegen der Herrschsucht oder Gesetzestreue derer, die in den Ämtern arbeiten, droht diese Überfremdung, sondern aus strukturellen Gründen. Auch und gerade der unscheinbare Apparat einer Bürokratie enthält eine spezifische Rationalität, die die in diesem Bereich tätigen Menschen erfaßt und beeinflußt und gegen andere Rationalitäten resistent macht. Deshalb ist das Dienstmodell im Vollzug der kirchlichen Verwaltung so schwer zu realisieren.

Zur bürokratischen Zentralisierung bildet die kommunikative Vernetzung des kirchlichen Lebens teils die selbstverständliche Ergänzung, teils die unabdingbare Gegensteuerung. Weil alles mit allem zusammenhängt, müssen alle mit allen überall reden. Wer die Terminkalender kirchlicher Mitarbeiter/innen kritisch unter die Lupe nimmt, kann ins Staunen geraten, wieviel Zeit für Sitzungen und Tagungen, Verwaltungsaufgaben und Fortbildungsmaßnahmen aufgewendet wird. Empirische Erhebungen über die jeweiligen Zeitdeputate liegen nicht vor. Aber die Klagen der Betroffenen haben einigen Informationswert. Die Pfarrer/innen sind unglücklich über viele Zumutungen. Die Ge-

---

[195] F.-X. Kaufmann, Kirche begreifen. Analysen und Thesen zur gesellschaftlichen Verfassung des Christentums, Freiburg 1979, 138.

meindeglieder sind ungehalten über zahlreiche Abwesenheiten ihrer Pastoren. Weil die Organisationsdichte so hoch ist, muß man auf der jeweiligen Entscheidungsebene miteinander reden. Und weil der Eindruck autoritärer Führung vermieden werden soll, muß man auch zwischen den Entscheidungsebenen andauernd kommunizieren. Die Übernahme von Spezialaufgaben, die Mitgliedschaft in Ausschüssen, das Interesse an Fortbildung kann dazu führen, daß die Zeit, die für die spezifischen Aufgaben im jeweiligen Berufsfeld zur Verfügung steht, erheblich eingeschränkt wird. Die sekundäre Kommunikation über die kirchliche Praxis, die in den meisten Sitzungen und Tagungen abläuft, geht oft zu Lasten der primären Kommunikation in der Praxis selbst, der sie doch eigentlich dienen sollte. Daß in der Kirche alle andauernd miteinander reden, um zu partizipieren, um sich zu informieren und zu legitimieren, ändert nichts an der tatsächlichen Verteilung von Macht. Aber es läßt beim außenstehenden Betrachter leicht den Verdacht aufkommen, daß Praxis in der Kirche des Wortes aus einem permanenten Palaver besteht. Die Verkündigung, der alles dienen soll, wird leicht überwuchert von einer kommunikativen Betriebsamkeit, in der sich die Dauerreflexion verunsicherter Kirchenmenschen kondensiert.

Die Gesetze bürokratischer Herrschaft[196] und die Interessen kommunikativer Beteiligung wirken auch in jenem Bereich, der in den letzten Jahrzehnten die höchsten Zuwachsraten zu verzeichnen hat, in der Aus- und Fortbildung kirchlicher Mitarbeiter/innen. Leitbild ist das Ideal einer zunehmenden Professionalisierung,[197] das vom Individuum ein hohes Maß an Lernbereitschaft, von der Institution ein reiches Angebot an Bildungsmöglichkeiten verlangt. Das Leitbild der Professionalisierung muß einer Kirche, die mit dem Charisma ihrer Mitglieder rechnet, nicht unbedingt widersprechen. Es könnte dabei im Kern ja um die Förderung der persönlichen Fähigkeiten gehen. In der Gegenwart freilich ist dieser Vorgang mit drei Aspekten befrachtet, deren Problematik immer deutlicher wird.

Die zunehmende Professionalisierung führt unvermeidlich zur Ausbildung von Experten und zur Entwertung all jener, die neben- oder ehrenamtlich im kirchlichen Raum geholfen haben. Verbunden damit wächst die Tendenz zur Spezialisierung, die die Verwendungsmöglichkeiten des Einzelnen reduziert und die Einstellung weiterer Speziali-

---

[196] Zu den Konflikten zwischen Amtsautorität, Sachautorität und demokratischer Kontrolle vgl. W. Schluchter, Aspekte bürokratischer Herrschaft. Studien zur Interpretation der fortschreitenden Industriegesellschaft, Frankfurt 1985, 145ff.

[197] Kennzeichnend für diese Entwicklung ist die inflationäre Verwendung des Begriffs »Kompetenz«; vgl.: Der Beruf des Pfarrers/der Pfarrerin heute. Ein Diskussionspapier zur V. Würzburger Konsultation über Personalplanung in der EKD, Hannover 1989, 26ff.

sten erforderlich macht. Spezialisierung aber ist unvermeidlich verknüpft mit der Rezeption immer neuer Methoden und Menschenbilder, deren Konvergenz mit der Arbeit am Leib Christi außer den spezialisierten Experten niemand mehr beurteilen kann. Jedenfalls drängen auf diesem Weg in den Handlungsraum Kirche Verfahren, die man ebensogut auch in Kommunen, Verbänden und anderen profanen Einrichtungen verwenden kann. Das muß nicht gegen sie sprechen. Zunächst bildet es nur die Gelegenheit für den Austausch zwischen den Spezialisten darüber, warum sie jetzt dies und das praktizieren und weshalb sie sich im Gespräch so schwer gegenseitig verstehen.

Das ökonomisch fundierte Wachstum hat sich in Tendenzen zur Bürokratisierung, zur Dauerkommunikation und zur Professionalisierung niedergeschlagen. Aus der Perspektive des Leibes Christi muß man konstatieren: Das alles, das da gewachsen ist, muß nicht unbedingt sein. Aber das, was sich entwickelt hat, muß auch nicht unbedingt weg. Der Leib Christi umfaßt immer auch eine mehr oder weniger organisierte Sozialgestalt, und er manifestiert sich immer auch in einem so oder so gefärbten Milieu. Daß der Ausbau der Verwaltung für die Organisation nützlich und die Schulung von Spezialisten für das Milieu hilfreich sein kann, ist ja nicht zu bestreiten. Die grundsätzliche Frage ist nur, ob das Wachstum in diesen Bereichen nicht die Erbauung der Heilsgemeinde erstickt. Nur im Rahmen dieser Frage lassen sich auch die anstehenden Entscheidungen über den ökonomisch erforderlichen Stellenabbau theologisch verantwortlich treffen.

Für die jüngste Theologengeneration impliziert dieser Vorgang schwerwiegende Konsequenzen. Die Streichung von Stellen beseitigt mögliche Arbeitsplätze. Student/innen und Vikar/innen geraten auf diese Weise in eine Situation, die den Älteren zeit ihres Lebens erspart geblieben ist und die mit großen inneren und äußeren Belastungen einhergeht. In der historischen Perspektive wird freilich deutlich, daß Vollbeschäftigung unter protestantischen Theologen während der letzten 200 Jahre immer nur vorübergehend geherrscht hat und daß die Konstellation drohender Arbeitslosigkeit, wie sie jetzt von jungen Theolog/innen und von den Kirchen insgesamt zu bewältigen ist, eher die Regel gewesen sein dürfte. Die Erinnerung an frühere Zeiten, in denen es ähnliche Schwierigkeiten gegeben hat, wird für die Betroffenen kein Trost sein. Aber vielleicht kann sie innere Turbulenzen entdramatisieren und zu jener Nüchternheit helfen, die auch in bedrohlichen Lagen einen Ausweg zu finden vermag.

H. Titze hat in seiner Göttinger Habilitationsschrift über den »Akademikerzyklus« für die Zeit von 1770 bis zur Mitte unseres Jahrhunderts sechs Wellen ermittelt, in denen unter deutschen Akademikern Arbeitslosigkeit grassiert hat. Seine Untersuchung bezieht sich exemplarisch auf Juristen, Ärzte und evangelische Theologen. Diese Zyklen, die man statistisch belegen kann, lassen sich jeweils in vier Phasen unterteilen.[198] Die »Aufbauphase des Mangels« entsteht, weil »der Nachwuchs wegen eines zu geringen Zustroms in die Karriere nicht ausreicht«. Das führt durch Sogeffekt zu einem verstärkten Zustrom und ergibt die »Abbauphase des Mangels«. Darauf folgt die »Aufbauphase der Überfüllung«, weil die gestiegene Zahl der Anwärter zu einem Bewerberstau aufläuft. Die »Verschlechterung der Berufsaussichten führt zu einer Schrumpfung des Nachwuchsstroms (Abschreckungseffekt)«, wodurch sich die »Abbauphase der Überfüllung« ergibt, so daß nach einiger Zeit wieder ein Bewerbermangel entsteht und der Zyklus von neuem beginnt.

Auf die vielen interessanten Einzelheiten, die Titze präsentiert, kann an dieser Stelle nicht eingegangen werden. Nachdenklich stimmt der Hinweis auf die Prüfungsergebnisse, die mit diesem zyklischen Ablauf verknüpft sind. »Aus der langfristigen Perspektive über mehrere Generationen hinweg bringt die Prüfungsstatistik eine eigentümliche quantitative Relation zum Vorschein: Mit dem Anstieg der Prüfungszahlen nimmt auch die Mißerfolgsquote zu (d.h. der prozentuale Anteil der nichtbestandenen an der Gesamtzahl der Prüfungen)«.[199] Konkret bedeutet das, daß mit dem Anstieg der Bewerberzahlen nicht einfach auch die Zahl der durchfallenden Kandidaten steigt, was bei gleichbleibenden Prüfungsbedingungen zu erwarten wäre. Vielmehr wächst die Prozentzahl der Durchfallquote, und das weist darauf hin, daß der Selektionsdruck im Prüfungsverfahren gewachsen ist.

Der methodische Ansatz der Untersuchung von Titze ist am marktwirtschaftlichen Modell orientiert. Auch die Arbeitslosigkeit von evangelischen Theolog/innen wird durch das Verhältnis von Angebot und Nachfrage, von Personalmangel und Personalüberfluß sowie die damit verbundenen Erwartungen und die daraus resultierenden Entscheidungen der Individuen reguliert. Daß ein solcher Mechanismus auch im Augenblick wirksam ist, zeigt sich am Sinken der Studentenzahlen angesichts der gewachsenen Stellenknappheit. Daraus könnte sich die Hoffnung ergeben, daß es in absehbarer Zeit wieder einen Personalmangel geben wird, weil die geringen Bewerberzahlen die freiwerdenden Stellen nicht füllen werden.

Eine solche Hoffnung setzt freilich voraus, daß die Bewerberzahl schwankt, aber das Stellenangebot konstant bleibt. Das ist im Blick auf die personellen und finanziellen Schrumpfungsprozesse in der Volkskirche nicht zu erwarten. Zwar haben Austrittsbewegungen schon in den 20er Jahren die Berufsaussichten evangelischer Theologen verunsichert, ohne daß es zum befürchteten großen Einbruch gekommen

---

[198] H. Titze, Der Akademikerzyklus, Göttingen 1990, 31f.
[199] A.a.O., 180.

wäre. Und ähnliche Gegenbewegungen zu gängigen Trends kann man prognostisch nie vollkommen ausschließen. Aber angesichts dessen, was man gegenwärtig realitätsgerecht konstatieren kann, wird man auch und gerade für Theolog/innen in den Landeskirchen mit einem ökonomisch bedingten Stellenabbau rechnen müssen.

III.

Dem Leib Christi ist Wachstum verheißen. Ämter und Dienste, die seine soziale Gestalt konkret strukturieren, wird es in dieser oder jener Form auch weiterhin geben. Zu panischen Reaktionen im Blick auf die Zukunftsentwicklung besteht in diesem Machtbereich keinerlei Anlaß. Der Leib Christi, der Tempel des Herrn, das Volk Gottes, die Gemeinde der Heiligen – »die Pforten der Hölle sollen sie nicht überwältigen« (Matthäus 16,18).

Das bedeutet für die anderen Sozialgestalten von Kirche freilich keine Bestandsgarantie. Alle vorliegenden Prognosen sagen voraus, daß die Organisation und das Milieu sich mehr oder weniger verändern werden. Demographische Wandlungen, ökonomische Entwicklungen, religionssoziologisch meßbare Tendenzen, öffentliche Mentalitäten werden in diesem Prozeß eine wichtige Rolle spielen. Das Gewicht, die Richtung wie die Kombination der verschiedenen Faktoren sind im Detail vorher schwer einzuschätzen. Auf jeden Fall kann man vermuten: Die Organisation Kirche wird schrumpfen; das Milieu der Ortsgemeinde kann wachsen, wenn es sich der ständig steigenden Zahl der Opfer in der Gesellschaft öffnet.

Für den Bereich der verschiedenen Ämter und Dienste heißt das schon heute: Der Abbau von Stellen wird zunehmend notwendig werden. Das Wirtschaftswunder ist auch in der Kirche zu Ende. Was man in den letzten Jahrzehnten ausgebaut und neu installiert hat, wird mehr oder weniger rigoros reduziert werden müssen. Im Rückblick kann man sogar konstatieren: Ein Stellenpegel, wie er vor fünfzig Jahren in den Landeskirchen vorhanden war, ließe sich auch angesichts der eingeschränkten Möglichkeiten noch längere Zeit finanzieren. Aber wie man den Bestand von Institutionen angesichts gesellschaftlicher Entwicklungen nie einfach konservieren kann, so kann man auch frühere Zustände angesichts neuer Erfahrungen nie einfach rekonstruieren. Der in der Gegenwart notwendige Abbau von Stellen kann nicht nostalgisch vonstatten gehen.

Trennungen sind in der Regel schwieriger als Bindungen. Die Gründung von Instituten ist erfreulicher als ihre Schließung. Die Einstellung neuer Mitarbeiter/innen löst positive Reaktionen aus, die Entlassung ist von Widerspruch, Ärger, Enttäuschung begleitet. Menschen verlieren mit ihrem Arbeitsplatz die Möglichkeit, ihren individuellen

Beitrag zum gesellschaftlichen und zum kirchlichen Leben zu leisten. Insofern enthält jeder Akt von Entlassung neben den Zukunftsängsten und Unterhaltssorgen, die er auslöst, ein erhebliches Maß an persönlicher Kränkung: »Ich werde nicht mehr gebraucht.« Und gerade eine Kirche, die christliche Existenz ohne Buße und Bekehrung ermöglicht, die also den Umgang mit Trennung und Verzicht nicht trainiert, eine solche harmonie- und zustimmungssüchtige Kirche wird Schwierigkeiten mit harten Entscheidungen haben. Nur wer den radikalen Einschnitt von Trennungserfahrungen im religiösen oder im privaten Bereich schon einmal überlebt hat, kann in großer Unabhängigkeit, aber auch voller Vertrauen, andere entlassen.

Die Organisation wie das Milieu geraten mit der Aufgabe des Stellenabbaus an die Grenzen dessen, was sie zu leisten vermögen. Gerade Behörden sind in der Kunst der Selbsterhaltung unübertrefflich. Da ihre Verlautbarungen und Erlasse auch in der Kirche auf allen Ebenen und nach allen Seiten begründungsbedürftig waren, haben sie eine erfolgreiche Ausbildung in der Beschaffung von dienlichen Sachargumenten hinter sich. Die Einrichtungen und Personen, die von Schließungen und Entlassungen betroffen sind, lassen sich sehr schnell mobilisieren. Und Experten, die für den Bestand bedrohter Bereiche heftig plädieren, stehen genug zur Verfügung. Nur im äußersten Notfall übernehmen Behörden eine solche Aufgabe, die Widerstand weckt, und handeln am ehesten dort, wo die kritischen Reaktionen gering sind.

Auch das Milieu wird sich mit Sparmaßnahmen nicht anfreunden können. An der Basis erlebt man ja beides: Die Beteiligung am gemeindlichen Leben läßt nach, die sozialen Aufgaben wachsen. Natürlich ist man hier dankbar für alle Anregungen, die übergemeindliche Ämter für Liturgie und Diakonie, für Besuchsdienst und Obdachlosenhilfe vermitteln. Und jede Stellenstreichung, ob im pastoralen, kirchenmusikalischen, diakonischen oder katechetischen Bereich, reißt eine Lücke, die von anderen haupt-, neben- oder ehrenamtlichen Mitarbeiter/innen nicht einfach zu schließen ist. Die schlichte Fürsorgepflicht für jene, die nach einer Stellenstreichung nicht mehr erreicht werden können, zwingt die Ortsgemeinden dazu, sich Sparzwängen in personaler Hinsicht nach Möglichkeit zu entziehen.

Alle Gremien und alle Personen, die über Schließungen und Entlassungen zu beraten und zu entscheiden haben, benötigen eine große innere Unabhängigkeit. Man hat die Notwendigkeit der anstehenden Entscheidung erkannt. Man hat eingesehen, daß positive Alternativen nicht zur Verfügung stehen. Man hat sich freigemacht von der Vorstellung, daß die Betroffenen selber zustimmen können. Man sorgt nach Kräften dafür, daß die Aspekte der Billigkeit und der Gerechtigkeit angemessen berücksichtigt werden. Die Entscheidung, die dann fällig ist und die als Machtgeschehen in das Leben anderer Menschen eingreift, sie fällt in jedem Fall schwer. Gibt es Gesichtspunkte über die organisations- und milieusoziologischen Fragen hinaus, die dabei zu beachten sind?

IV.

Gegen alle Panikmache und Zukunftsangst ist festzuhalten: Kirche als Leib Christi kann nicht zugrunde gehen. Die Organisationsformen haben sich im Laufe von 2000 Jahren erheblich verändert. Die Lebensbedingungen von Ortsgemeinden in der Ökumene sind höchst divergent. Alle ökonomischen und politischen und kulturellen Faktoren, die dabei wirksam werden, können Veränderungen bewirken. Der Leib Christi beweist seine Lebenskraft gerade dadurch, daß er sich nicht mit überlieferten Modellen auf Gedeih und Verderb identifiziert. Die Existenz und die Kontinuität der christlichen Kirche bewährt sich in der Freiheit gegenüber geschichtlich gewachsenen und gesellschaftlich bedingten Ordnungsstrukturen.

In der gegenwärtigen Situation wird man noch einen Schritt weiter gehen müssen. Der prognostizierte Schrumpfungsprozeß gewinnt eine restriktive Qualität für das gesamtkirchliche Leben, wenn man ihn nur unter negativen Aspekten betrachtet und nicht auch die Chancen für die Entwicklung der Kirche entdeckt, die darin stecken. Das Wachstum der Verwaltung in der Organisation, die Zunahme von Unterhaltung im Gemeindemilieu, die Vielfalt der Ausbildungsangebote für die Mitarbeiter/innen haben das kirchliche Leben ja nicht nur gefördert. Die Rationalität der Bürokratie, die Diktatur der Nettigkeit in der Ortsgemeinde, das Experimentieren mit immer neuen Methoden und Mustern haben oft eine Eigendynamik entwickelt und die Kräfte des Leibes Christi an ihrer Entfaltung gehindert. Es könnte ja sein, daß man durch die notwendigen Sparmaßnahmen in der Kirche zur Setzung von Prioritäten gezwungen wird, die in der Konzentration auf die Sache bestehen.

Was ist notwendig, um der Erbauung des Leibes Christi zu dienen? Das meiste, was heute noch finanziert wird, gehört bestenfalls zu den Adiaphora, in den weiten Bereich dessen, was für das kirchliche Leben förderlich, aber nicht unbedingt erforderlich ist. Ausgerechnet ökonomische Entwicklungen verlangen nun theologische Klärungen. Und das ist gut.

Am Modell des Gotteshauses haben wir demonstriert, wie das soziale Leben des Leibes Christi intern strukturiert ist. Es gibt den Kernbereich der Vereinigung im Altarraum. Es gibt den Hörbereich der Erleuchtung. Es gibt den Schwellenbereich der Reinigung. Und es gibt das weite Feld der Umgebung, von der her man das Kirchengebäude betrachten kann, in das hinein aber auch die Wirkungen der heiligen Handlung fließen. Alle Ämter und Dienste, die in der Kirche tätig sind, kann man daran messen, an welcher Stelle in dieser Struktur sie plaziert und in welcher Weise für das Leben in dieser Struktur sie hilfreich sind.

Es liegt auf der Hand, daß Menschen, die an verantwortlicher Position Gottesdienst feiern, Evangelium verkündigen, Unterricht erteilen, Seelsorge üben, Diakonie praktizieren, auf jeden Fall für den Lebensvollzug des Leibes Christi unverzichtbar sind. Wobei man aber sofort zwei naheliegende Mißverständnisse abwehren muß. All diese Praxisfelder müssen nicht unbedingt von akademisch ausgebildeten Theolog/innen wahrgenommen werden. Ja, es ist auch nicht unbedingt nötig, daß in allen diesen Bereichen professionelle Mitarbeiter/innen eingesetzt werden. Für die Erbauung der Gemeinde der Heiligen ist wesentlich, *daß* Christ/innen in diesen Handlungsfeldern aktiv sind. Mit welcher Ausbildung und unter welchen rechtlichen Bedingungen die Arbeit im einzelnen übernommen wird, ist von sekundärer Bedeutung. Natürlich ist es wünschenswert, daß Ausbildung und Rechtsstellung möglichst optimal organisiert sind. Aber nach welchen Kriterien man dieses Optimum jeweils bestimmt, das ist, wie wir sehen werden, höchst umstritten.

Das Problem des Stellenabbaus ist gegenwärtig auch deshalb so brisant, weil um diese Grundstruktur der gemeindlichen Praxis ein dichtes, weiträumiges Netz von Sekundäreinrichtungen und Zulieferanten gewachsen ist. Damit sind nicht die sogenannten Paragemeinden gemeint, die in Krankenhäusern und Gefängnissen, an Hochschulen und an diakonischen Einrichtungen den jeweiligen Lebensverhältnissen entsprechend das Geschehen von Kirche realisieren. Auch dort kann, wenn auch mit weniger Personal und geringerem organisatorischem Aufwand, das Wachstum des Leibes Christi bedeutsam gefördert werden. Sofern diese Gemeinden angesichts ihrer personellen und finanziellen Ausstattung schon heute gezwungen sind, sich auf das Wesentliche zu konzentrieren, können sie geradezu als Vorbild für Entwicklungen dienen, die die meisten Ortsgemeinden noch vor sich haben.

Das große Problem in der gegenwärtigen Situation bilden die Sekundäreinrichtungen in der organisierten Kirche. Alle Ämter der Verwaltung, der Fortbildung, der animierenden Unterstützung sollen und wollen dem Primärbereich der gemeindlichen Praxis dienen. Sie haben sich mittlerweile aber so monströs ausgeweitet, daß sie im kirchlichen Leben unverantwortlich viel Personal, Zeit und Energie beanspruchen. Damit wird nicht bestritten, daß es für die Einrichtung und Beibehaltung dieser Ämter gute Gründe gibt. Es wird den dort wirkenden Mitarbeiter/innen auch nicht unterstellt, daß ihre Tätigkeit durch böse Absicht oder schlechte Ergebnisse gekennzeichnet sei. Die grundlegende, in der Tat kritisch gemeinte These besagt einfach dies: Das Verhältnis von primären und sekundären Ämtern in der Kirche hat die sachlich vertretbare Balance verloren. Es wird zu perfekt verwaltet. Es wird zu oft getagt. Es werden zu viele gut gemeinte und manchmal auch gut gemachte Materialien geliefert.

Der Abbau von Stellen muß auf jeden Fall im Sekundärbereich der Amtskirche beginnen, also in den Landeskirchenämtern, in den übergemeindlichen Einrichtungen, in Fortbildungsinstituten, in Tagungsstätten und Freizeitheimen. Welche inhaltlichen Aspekte dabei im einzelnen zu berücksichtigen sind, wird noch zu klären sein. Daß ein solches Programm ausgerechnet Positionen betrifft, die offiziell der Gemeinde dienen sollen, aber häufig auch Gemeindearbeit zu dominieren versuchen, wird erheblichen Widerstand wecken. Gerade an diesem Punkt wird sich zeigen, wie unreflektiert die Organisation Kirche dazu tendiert, sich mit dem Leib Christi zu identifizieren. Wer diesen Aberglauben nicht teilt, der wird die hier vertretene These samt den darin enthaltenen Konsequenzen nur für selbstverständlich erklären können.

Religiöse Praxis lernt man nur im Vollzug. Die Kraft des Evangeliums zeigt sich im Akt der Verkündigung. Die Fülle der Gottheit wird manifest bei der Feier des Gottesdienstes. Der Leib Christi vergegenwärtigt sich im Geschehen von Heiligung. Ausbildung und Fortbildung für den religiösen Beruf kann deshalb nur am Ort der Gemeindebildung geschehen. In das seriöse Handwerk wird man eingeführt durch Hospitation bei einem Meister oder einer Meisterin.

Die Verlagerung aller Ausbildungsangebote und Fortbildungsprozeduren aus dem Gemeindebereich in Universitäten, Predigerseminare, Pastoralkollegs und andere Institute enthält Voraussetzungen, die bei näherer Betrachtung höchst problematisch sind. Sie signalisieren eine Strukturkrise des kirchlichen Lebens, einen Widerspruch, der ebenso erschreckend wie charakteristisch ist.

Wenn Ausbildungs- und Fortbildungsverfahren aus der Gemeinde ausgelagert werden, impliziert das auf der einen Seite das Urteil: In diesem Bereich kann man für die religiöse Praxis nichts lernen. Die dort Tätigen können allenfalls als Handlanger im Vikariat hilfreich sein. Die dort Lebenden kann man als Experimentierfeld benutzen. Die Fülle jedoch, aus der Einsicht und Kraft, Lebensprägung und Handlungsfähigkeit fließen, ist hier nicht anzutreffen.

Wo anders will man religiöse Unterweisung erfahren als dort, wo sie alltäglich praktiziert wird? Das gegenwärtige System setzt voraus, daß das in der Tat geschehen kann, und zwar in jenen Einrichtungen, in denen über diese Praxis geredet, reflektiert und diskutiert wird. Die Fülle, die dort vermittelt wird, besteht in theoretischen Einsichten der verschiedensten Art, die das religiöse Geschehen historisch und hermeneutisch, soziologisch und psychologisch betrachten und in diesem Kontext durchaus auch Handlungsdirektiven für die pastorale Praxis entlassen.

Die Gemeinde aber, in der der Leib Christi und die Fülle Gottes präsent sein könnten, wird dann zum Anwendungsfeld jener neuen Einsichten und Methoden, die man in den Einrichtungen der Aus- und Fortbildung mehr oder weniger gut mitbekommen hat. Diese Verlagerung der Ausbildung aus der Gemeinde ist mit einer erheblichen Verarmung für die Gemeinde verknüpft. Sie muß von jenen Brosamen leben, die vom reichen Tisch der Wissenszentren zu ihr gelangen. Die Fülle, die das Christusgeschehen auch hier hervorbringen könnte, bleibt unentdeckt. Pfarrer und Pfarrerinnen werden in der religiösen Praxis zu ausführenden Organen von Theorien, die nicht unbedingt aus dieser Praxis erwachsen sind.[200]

Letzten Endes ist die beschriebene Verlagerung also eine Beraubung. Nicht unbedingt in finanzieller Hinsicht. Die Kosten für den sekundären Bereich der organisierten Kirche sind zwar immens. Aber da das Steueraufkommen in den Parochien höchst unterschiedlich ausfällt, gibt es immer auch Einzelgemeinden, die vom Organisationsaufwand profitieren. Sehr viel erheblicher sind schon die personellen Verluste. Denn die kreativen Potenzen, die in den Instituten gesammelt werden, werden der Gemeindearbeit entzogen, könnten dort aber mit ihrer Einsatzbereitschaft und Experimentierfreudigkeit fruchtbare Modelle wirklich religiöser Lebensgestaltung entwerfen.

Die entscheidende Chance, die der Gemeinde durch die Auslagerung genommen wird, betrifft freilich ihr eigenes Dasein. Sie wird darauf reduziert, Bestandteil der organisierten Kirche zu sein, der der Zufuhr von außen bedarf. Die Fülle der Gotteswirklichkeit, die Charismen, die sie selber enthält, die Möglichkeiten der Modellierung, die in ihr stecken, bleiben unausgeschöpft. Die viel beklagte Betreuungsmentalität in den Ortsgemeinden ist nicht im Gegenüber von Klerus und Laien begründet, sondern in jenem Netzwerk von binnenkirchlich organisierter Entwicklungshilfe, das bisher etwa im Rahmen von Finanzausgleich örtliche Probleme scheinbar bereinigt, aber auch örtliche Aktivitäten gelähmt hat.

In der Situation des Stellenmangels bildet die Auswahl des Personals eine besonders heikle Aufgabe. Sehr viele Landeskirchen haben inzwischen realisiert, daß ein ausreichend bestandener Abschluß des Theologiestudiums noch keine zureichende Voraussetzung für die zweite Ausbildungsphase und dann auch für die Zuerkennung der An-

---

[200] Daß gerade im parochialen Bereich Impulse entstehen, die weit über den Raum der Einzelgemeinde hinaus wirken, zeigen die Beispiele des Politischen Nachtgebets und des Konfirmandenunterrichts: vgl. M. Meyer-Blanck (Hg.), Zwischenbilanz Hoyaer Modell. Erfahrungen – Impulse – Perspektiven, Hannover 1993.

stellungsfähigkeit darstellt. War bisher die wissenschaftliche Prüfung im ersten und im zweiten Examen die Grundlage für eine pfarramtliche Karriere, so müssen jetzt über die intellektuellen Fähigkeiten hinaus, die dort ermittelt wurden, weitere Eingangskriterien gefunden und angewandt werden. Mit Mitarbeiter/innen von höchster kognitiver Kapazität allein wäre den Gemeinden in der Tat wenig gedient.

Um eine derartige Engführung zu vermeiden, wird in den Auswahlgesprächen meistens ein zweiter Eignungsbereich getestet, oft mit dem Stichwort »kommunikative Kompetenz« zusammengefaßt. Weil es im Pfarramt in der Tat andauernd um die Begegnung mit anderen Menschen geht, sollen Problemoffenheit, Gesprächsfähigkeit, emotionale Sensibilität, die Fähigkeit zur angemessenen Selbstdarstellung und andere kommunikative Verhaltensdimensionen in die Entscheidung mit einbezogen werden.

Man wird den Wert beider Kriterienkomplexe nicht bestreiten können. Zur Wahrnehmung pastoraler Praxis gehören in der Tat intellektuelle, emotionale, kommunikative Fähigkeiten in einem erheblichen Ausmaß. Gleichzeitig muß man aber darauf hinweisen, daß solche Kriterien dem Zentrum des kirchlichen Lebens noch nicht angemessen sind. Sie mögen für die Arbeit in der Organisation und im Milieu genügen. Entsprechende Gesichtspunkte werden deshalb bei der Personalauswahl in der Wirtschaft und in den helfenden Berufen ebenfalls angewandt. Rationale, emotionale und kommunikative Fähigkeiten reichen aber dort nicht aus, wo es um das Wachstum des Leibes Christi geht. Das macht die Frage nach der geistlichen Begabung, nach der religiösen Berufung eines Bewerbers/einer Bewerberin unvermeidlich.

Es gibt viele Gründe, die dafür sprechen, diese Frage auch weiterhin auszublenden. Geschichtlich macht das Erbe eines gesetzlichen Pietismus die Entwicklung und Anwendung solcher Gesichtspunkte fast unmöglich. Die lebendige Glaubensgeschichte von Menschen kann nicht einfach in das Korsett eines Terminmodells, einer Konversionserfahrung spezifischer Art gesteckt werden. Und alle Formen lebendiger Religiosität, die sich in dieses Muster nicht pressen lassen, fallen dann sehr leicht aus der Akzeptanz einer religiösen Gruppe heraus. Geistliche Begabung als Eingangsmerkmal ist auch deswegen schwer zu ermitteln, weil die akademische Ausbildung – in ihrem Rahmen unvermeidlich – kein entsprechendes Training, noch nicht einmal regelmäßige Reflexionsmöglichkeiten bereitstellt. Und im Blick auf die Personen, über die zu entscheiden ist, muß man konstatieren, daß sie in der Regel noch keine pastorale Erfahrung haben, daß also die Fähigkeiten, die sich oft in der Praxis entwickeln, bei ihnen deswegen noch gar nicht ausgebildet sein können. Schließlich kann man auch endlos darüber debattieren, ob und inwiefern so etwas wie geistliche Begabung direkt oder indirekt zu erspüren ist.

Trotz all dieser Bedenken sollte man kirchlicherseits dieser Frage nicht ausweichen. Die Organisation erwartet Kenntnisse der Lehrtradition und Fähigkeiten zu ihrer möglichst optimalen Anwendung in der Gegenwart. Das Milieu braucht Begabungen zur Animation. Der Leib Christi aber schenkt und benötigt geistliche Vollmacht. Mindestens indirekt und unausgesprochen fließen bei Auswahl- und Bewerbungsgesprächen solche Gesichtspunkte auch heute schon ein. Die individuelle Intimgrenze ist bedroht, wenn nach der persönlichen Frömmigkeit gefragt wird. Ein simples Wirklichkeitsbild bestimmt meistens die Diskussion, wenn sich Stellenträger nach dem Verständnis von Auferstehung erkundigen. Mindestens in solchen prekären Situationen, die von den Bewerber/innen schon heute viel Differenzierungsvermögen, Takt und Standfestigkeit verlangen, bricht ein Fragenkreis auf, der auf die Dauer auch in der Volkskirche nicht tabuisiert werden kann. Daß offizielle Vorgaben eine Hilfe sein können, zeigt bei aller Problematik das Paper der anglikanischen Kirche, [201] an Hand dessen eine Kommission die Eignung von Kandidaten für das geistliche Amt feststellen soll.

Mindestens ebenso wichtig wie die Gesichtspunkte, die bei diesem Verfahren angewandt werden, ist die Zusammensetzung des Gremiums, das damit hantieren soll. Die Organisation wird versuchen, möglichst viele Vertreter der anstellenden Behörde, also Juristen und Theologen des Landeskirchenamtes, dahin zu entsenden. Standesver-

[201] The Report of a Working Party on Criteria for the Selection of Ministry in the Church of England, ABM Policy Paper No. 3 A, October 1993; A. Ohlemacher faßt die Gesichtspunkte in einem schriftlichen Bericht folgendermaßen zusammen:
»1. Bewerbende sollen die anglikanische Kirche in der Tradition kennen und bereit sein, in ihr zu arbeiten.
2. Ihre Berufung sollten Bewerbende frei benennen können und in eigenem Nachdenken und durch Rückfragen bei anderen geprüft haben; ihre Einstellung zur Berufung sollte ›gehorsam, realistisch und wohl informiert‹ (obedient, realistic and informed) sein.
3. Die Berwerbenden sollten eine gute Grundorientierung im christlichen Glauben, das Bedürfnis, diese zu vertiefen, und eine Bereitschaft zur Hingabe (commitment) mitbringen sowie die Fähigkeit, über den Glauben zu reden.
4. Die Spiritualität der Bewerbenden sollte in persönlichen und gemeinschaftlichen Formen vorhanden sein; und sie sollten Spiritualität als Energiequelle entdeckt haben.
5. Reife der Persönlichkeit und des Charakters der Bewerbenden sollte zu spüren sein, ebenso wie die Fähigkeit, auf die verschiedenen Anforderungen des Dienstes, auf Streß flexibel und ausgeglichen (balanced) zu reagieren; dazu sollten die Bewerbenden als integer gelten.
6. Selbstbewußtsein und Selbstakzeptanz als Basis zum Knüpfen von menschlichen Beziehungen sollten vorhanden sein; ausdrücklich sollen die Bewerbenden die Sicht der Kirche zur Sexualmoral teilen (die, wie ich aus dem Studium in Oxford weiß, in manchen Zügen noch sehr diskutiert wird).
7. Führungs- und Teamfähigkeit für kirchliche Aufgabenbereiche sollten vorhanden sein, ebenso die Kraft, die Rolle eines Vorbilds zu übernehmen«.

tretungen wie der Pfarrerverein oder wie Vikarsgruppen werden auch im Blick auf die Gemeindesituation für die Mitwirkung von Pfarrer/innen, Vikar/innen bzw. Pastoralpsycholog/innen sorgen. Wer damit ernst macht, daß »Christus als Gemeinde« existiert, wird auf der Hinzuziehung von solchen Gemeindegliedern bestehen, die nicht einfach die Erwartungen von Organisation und Milieu wiederholen, sondern die in ihrer geistlichen Weisheit allein dem Leib Christi verpflichtet sind. In jeder Gemeinde, die ihren Namen verdient, gibt es solche Männer und Frauen. Aber schon bei der Besetzung einer Pfarrstelle ist es im Rahmen der gegenwärtigen Kirchenverfassungen fast unmöglich, ihre geistliche Urteilsfähigkeit wirklich fruchtbar zu machen. Vielleicht könnte ein Bischof oder Präses, der jenseits von kirchlichen Parteien und interessierten Gruppen in Vollmacht sein Amt versieht, einen Kreis von Männern und Frauen berufen, die solche Entscheidungen weise und vollmächtig treffen.

Die Zulassung zum Verkündigungsamt enthält auf jeden Fall ein geistliches Urteil. Einem getauften Christen, der/die die erforderlichen Fähigkeiten aufweist und die notwendige Ausbildung absolviert hat, wird attestiert, daß er das Grundrecht christlicher Existenz, an der Weitergabe der evangelischen Botschaft mitzuarbeiten, im Rahmen des Pfarrerberufs wahrnehmen darf. Eine solche Entscheidung ist lebenswichtig, nicht nur für die Betroffenen, sondern für die gesamte Kirche. Ein geistliches Uteil ist mehr als der Verwaltungsakt einer Behörde und steht deshalb nur einem Gremium mit geistlicher Vollmacht zu.

Das Geschenk der Gnade
und die Besoldung der Pfarrerschaft

I.

Christ/innen sind durch die Taufe geheiligt und damit der Macht der Weltgesetze entzogen. Deswegen können sie etwas tun, ja mit ihrer ganzen Existenz etwas sein, was unter verblendeten und verworfenen Menschen ansonsten unmöglich ist. Die Nachahmung, die sich bei Paulus auf Christus (1. Korinther 11,1) und auf den Apostel bezieht (1. Korinther 4,16), gilt im Epheserbrief auch für das Gottesverhältnis: »So seid nun Gottes Nachfolger als seine geliebten Kinder und lebt in der Liebe, wie auch Christus uns geliebt und sich selbst für uns gegeben hat als Gabe und Opfer, Gott zu einem lieblichen Geruch« (5,1f).

Inhaltlich besteht die Nachahmung Gottes in einer Lebenspraxis, die dem Leib Christi gemäß ist. »Die Liebe Christi, die er ›uns‹ erwiesen hat, ist also das Gott wohlgefällige Opfer, das er in seiner Selbsthingabe uns zugute darbrachte. Sie begründet, fordert, normiert eine ihr entsprechende Liebe in unserem Wandel der Liebe. In ihrem nachbildlichen Vollzug bewegen wir uns als ›die geliebten Kinder‹ in der ›Nachahmung des in solcher Weise in Christus vorbildlichen Gottes‹. Die Imitatio Dei im paulinischen Sinn ist Nachvollzug des uns auf sich verweisenden Opfers Christi«.[202]

Auf der Basis einer solchen Einstellung, die Lebenshingabe als fundamentales Strukturelement christlicher Lebenshaltung erklärte, war die Versorgung derer, die am Leib Christi spezifische Dienste versahen, von Anfang an ein Problem. Inwieweit hatten Apostel, Propheten, Evangelisten, Hirten und Lehrer Anspruch auf Lebensunterhalt durch die Gemeinde?

U. Luz rechnet bei der Klärung dieser Frage mit einer zweistufigen Entwicklung, wobei es zunächst um zwischengemeindliche Funktionen und dann um innergemeindliche Positionen ging.[203] Auf der ersten Stufe handelte es sich um Apostel und Missionare, die Beruf und Familie in der Nachfolge Jesu verlassen hatten und auf ihrer Wanderschaft von Ort zu Ort die Botschaft vom Reich Gottes verkündigten. Dazu gehörten vor allem die von G. Theißen so genannten Wanderradikalen in Palästina,[204] deren Lebensbedingungen von Matthäus 10

---

[202] H. Schlier, Der Brief an die Epheser. Ein Kommentar, Düsseldorf 1957, 232.

[203] Vgl. zum Folgenden U. Luz, Die Kirche und ihr Geld im Neuen Testament, in: W. Lienemann (Hg.), Die Finanzen der Kirche. Studien zur Struktur, Geschichte und Legitimation kirchlicher Ökonomie, München 1989, 525ff.

[204] G. Theißen, Soziologie der Jesus-Bewegung. Ein Beitrag zur Entstehungsgeschichte des Urchristentums, ThExh 194, München 1977, 14ff.

und anderen Texten her umrißhaft rekonstruierbar sind. Ihr Dasein war gekennzeichnet durch Heimatlosigkeit: »Die Füchse haben Gruben, und die Vögel unter dem Himmel haben Nester; aber der Menschensohn hat nirgends eine Stelle, wo er sein Haupt hinlegen kann« (Matthäus 8,20 bezogen auf 8,19); durch Familienlosigkeit: »Wenn jemand zu mir kommt und haßt nicht Vater und Mutter, Frau und Kinder, Brüder und Schwestern, und dazu sich selbst, dann kann er nicht mein Jünger sein« (Lukas 14,26); durch Besitzlosigkeit: »Weh euch Reichen! Denn ihr habt euren Trost schon empfangen. Weh euch, die ihr jetzt satt seid! Denn ihr werdet hungern« (Lukas 6,24f).

Diese Wanderarbeiter des Reiches Gottes waren natürlich angewiesen auf die Unterstützung der kleinen Gemeinden, die sich durch ihre Verkündigung bildeten. In der Aussendungsrede ist festgehalten, daß sich die Versorgung auf das extreme Existenzminimum beschränken muß: »Ihr sollt weder Gold noch Silber noch Kupfer in euren Gürteln haben, auch keine Reisetasche, auch nicht zwei Hemden, keine Schuhe, auch keinen Wanderstock« (Matthäus 10,9f); vor allem ist dadurch jede Form der Münzgeld-Entlohnung ausgeschlossen. Der Gnadenaspekt des Opfers Christi ist hier radikal ernst genommen. »Umsonst habt ihr‹s empfangen, umsonst gebt es auch weiter« (Matthäus 10,8). Die Nachahmung Gottes hat sich am Vorbild Christi zu orientieren, auch und gerade was das Verhältnis zur Tauschökonomie betrifft. Wer das eigene Heil umsonst empfangen hat, kann anderen Menschen nur umsonst Heilung bringen (Matthäus 10,7f). Die Fürsorge durch die Gemeinde kann allenfalls in Naturalien bestehen: »Denn dem Arbeiter steht sein Brot zu« (Matthäus 10,10b).

Dieses radikale »missionarische Unterhaltsprinzip«[205] ist Lukas 10,7 schon modifiziert; dort heißt es ausdrücklich: »dem Arbeiter steht sein Lohn zu«, auch wenn ansonsten von einer häuslichen Bewirtung mit Naturalien die Rede ist. Paulus, nach Theißen kein Wanderradikaler mehr, sondern ein missionarischer Gemeindeorganisator, hat dann den Anspruch der Wanderarbeiter gegenüber der Gemeinde ausdrücklich begründet. Er beruft sich auf einen Befehl des Herrn, »daß die, die das Evangelium verkündigen, sich vom Evangelium nähren sollen« (1. Korinther 9,14). In diesem Zusammenhang wird durch ihn eine neue Tauschregel formuliert: »Wenn wir unter euch Gaben des Geistes säen, ist es dann zuviel verlangt, wenn wir irdische Gaben von euch ernten?« (1. Korinther 9,11).

Der Gabentausch[206] wird jetzt nicht mehr durch das Verhältnis zwischen Christus und dem Apostel bestimmt, sondern betrifft die Bezie-

---

[205] U Luz, a.a.O., 539.

[206] Grundlegend zum Verständnis von Tauschprozessen in der Religion ist immer noch M. Mauss, Die Gabe. Form und Funktion des Austauschs in archaischen Gesellschaften (1924), in: Soziologie und Anthropologie II, Berlin 1978, 9ff.

hung zwischen dem Apostel und der Gemeinde. Und deshalb gilt auch nicht mehr das radikale Gnadenprinzip des »umsonst«, sondern das zwischenmenschliche Lohnprinzip: irdische Gaben für geistliche Gaben. Wer der Gemeinde göttliche Lebenskraft vermittelt, hat Anspruch auf Versorgung mit materiellen Lebensmitteln. Das Opfer, das der Nachahmer Gottes mit seiner Arbeit erbringt, will durch die gemeindliche Opfergabe ihm gegenüber erwidert werden. Paulus selbst hält es für eine besondere Belohnung seines apostolischen Dienstes, daß »ich das Evangelium unentgeltlich predige und so von meinem Recht am Evangelium nicht Gebrauch mache« (1. Korinther 9,18).

Der Unterhaltsanspruch der Missionare, die zwischengemeindliche Aufgaben wahrnehmen, ist dann relativ schnell auf einzelne Positionen in den Gemeinden übertragen worden. Der deutlichste Beleg findet sich schon im paulinischen Schrifttum: »Wer im Evangelium unterrichtet wird, der gebe dem, der ihn unterrichtet, von allem, was er hat« (Galater 6,6). Die Maxime, die der Apostel hier formuliert, hat zahlreiche Parallelen in der hellenistischen Diatribe-Literatur.[207] Konkrete Einzelheiten kann man aus diesem sparsamen Hinweis nicht erheben. Aber wenn die paulinische Tauschregel wirklich gilt, dann kann auch ein für die christliche Existenz so fundamentaler Vorgang wie der Tauf-Unterricht an die finanzielle Entlohnung des Lehrers durch den Schüler gebunden sein.

Wie in der nachapostolischen Zeit synoptische und paulinische Argumentationsmuster miteinander verknüpft werden, zeigt sich 1. Timotheus 5,17f: »Die Ältesten, die der Gemeinde gut vorstehen, sollen doppelt geehrt und entlohnt werden, vor allem, wenn sie sich mit ganzer Kraft um Predigt und Lehre bemühen. Denn die Schrift sagt (5. Mose 25,4): ›Du sollst dem Ochsen, der da drischt, nicht das Maul verbinden‹; und ›Jedem Arbeiter steht sein Lohn zu‹«. Wenn man so will, klingt hier sogar ein spezifischer Leistungsgedanke an.

Alle Formen pastoraler Versorgung, die sich in der Kirchengeschichte entwickelt haben, wurden durch diese Argumente gestützt. Auf der anderen Seite haben aber auch alle kirchenkritischen Bewegungen, die den Reichtum und die Käuflichkeit des Klerus beklagten, die radikale Aufhebung des Tauschprinzips durch die Aussendungsrede Jesu ins Feld geführt. Immer wieder ist umstritten gewesen, worin die Nachahmung Gottes für die zum Dienst Berufenen ökonomisch besteht. Der Lohngedanke, der in der Rechtfertigungslehre protestantische Pfarrer/innen unangenehm berührt, wird von ihnen – mit gutem Grund – lebenspraktisch selbstverständlich in Anspruch genommen.

---

[207] Vgl. H. D. Betz, Der Galaterbrief. Ein Kommentar zum Brief des Apostels Paulus an die Gemeinden in Galatien, München 1988, 517ff.

II.

In der pastoralen Praxis vollzieht sich ein Tausch zwischen geistlichen und irdischen Gaben. Die Entlohnung der Pfarrerschaft durch die Gemeinde ist in der Geschichte freilich nur ausnahmsweise rein monetär erfolgt. In der Regel handelte es sich um eine Mischunterstützung. Die meist sehr geringen Geldbeträge wurden ergänzt durch die Möglichkeit der Bewirtschaftung des pastoralen Grundbesitzes sowie durch die Stolgebühren, die für pastorale Dienstleistungen in der Kasualpraxis zu erbringen waren. In einer Zeit, in der die Besoldung der Pfarrerschaft als selbstverständlich, aber auch als in der Zukunft bedroht gilt, könnte es hilfreich sein, sich die Veränderungen bewußt zu machen, die mit der Ausbreitung des Geldsystems in den Beziehungen zwischen Menschen entstanden sind.

In seiner »Philosophie des Geldes« verfolgt G. Simmel eine geisteswissenschaftliche, keine gesellschaftskritische Intention. Aber auch in seiner Analyse wird die Macht, die Geld über Menschen gewinnt, sehr deutlich faßbar. Simmel geht von einigen sprachlichen Beobachtungen aus. Geld ist das, was in der Gesellschaft gilt: »Geld ist das ›Geltende‹ schlechthin«; »es ist das zur Substanz erstarrte Gelten, das Gelten der Dinge ohne die Dinge selbst«.[208] Mit Geld sammelt man ein »Vermögen«. »Die reine Potentialität, die das Geld darstellt, insofern es bloß Mittel ist, verdichtet sich zu einer einheitlichen Macht- und Bedeutungsvorstellung, die auch als konkrete Macht und Bedeutung zugunsten des Geldbesitzers wirksam wird«.[209]

Geld verschafft Geltung, das Vermögen bringt Macht. Wie ist diese Wirkung von Münzen, Scheinen und Schecks verständlich zu machen? Für Simmel ist Geld dasjenige Produkt des menschlichen Geistes, das Symbol, das in einem Siegeszug ohnegleichen die gesamte Welt erfaßt, durchdringt und verändert. Eine einzelne Sache verliert im Lauf der Geschichte total ihren Gebrauchswert und entwickelt sich zu einer abstrakten Größe, zur reinen Funktion, die den Wert aller anderen Sachen darstellt und den Tausch zwischen allen Menschen reguliert. Diese »steigende Vergeistigung des Geldes«,[210] die er in aller Ausführlichkeit beschreibt, hat inzwischen dazu geführt, daß an den Börsen nur noch Zahlen kursieren, imaginäre Objekte, die von Sachen oder Waren gar nicht mehr gedeckt sein müssen.

Die Faszination, die dieses Produkt des menschlichen Geistes auf die Menschheit ausübt, besteht darin, daß es in vielfacher Hinsicht Freiheit verschafft. Es ermöglicht Kommunikation zwischen Ländern und Völkern über alle religiösen und kulturellen Grenzen hinweg. Es

---

[208] G. Simmel, Philosophie des Geldes, Frankfurt 1989, 124.
[209] A.a.O., 276.
[210] A.a.O., 246.

befreit Arbeitgeber und Arbeitnehmer aus einer wechselseitigen Bindung, die von Sklavenbesitzern und Feudalherren immer noch ein gewisses Maß der Fürsorge für ihre Untergebenen verlangt hat. Es ermöglicht dem Einzelnen, in der Differenz zwischen Haben und Sein zu existieren, sofern der Aktienbesitzer durch sein Vermögen nicht mehr in der Weise geprägt wird, wie das beim Eigentümer eines Bauernhofes oder einer Werkstatt der Fall war. Es macht in den meisten Beziehungen unabhängig, weil es diese Beziehungen depersonalisiert. Wer einen anderen im Geschäft bedient, wird zum Funktionsträger einer Leistung, für die er bezahlt wird, bei der aber kein persönliches Verhältnis aufgebaut werden muß.

Dennoch wäre dieses Geistesprodukt nach Simmels Meinung vollständig verkannt, wenn man nur seine positiven Aspekte wahrnehmen würde. Es schafft Freiheit, es sorgt, sofern man es hat, für Unabhängigkeit zwischen den Menschen. Aber merkwürdigerweise ist das Geld auch jenes Objekt, das Menschen wie kein anderes in die Abhängigkeit treibt. »Niemals ist ein Objekt, das seinen Wert ausschließlich seiner Mittlerqualität, seiner Umsetzbarkeit in definitivere Werte verdankt, so gründlich und rückhaltlos zu einer psychologischen Absolutheit des Wertes, einem das praktische Bewußtsein ganz ausfüllenden Endzweck aufgewachsen«.[211] Das absolute Mittel, das Freiheit ermöglicht, wird für sehr viele Menschen zum absoluten Selbstzweck, dem sie ihr Leben opfern.

Warum das so ist, bleibt im Rahmen einer geisteswissenschaftlichen Analyse weitgehend verborgen. Immerhin ergeben sich aus den angedeuteten Wirkungen dieses Geistesproduktes »bedeutsame Beziehungen gerade zu der Gottesvorstellung, die freilich die Psychologie nur aufdecken kann, weil es ihr Privilegium ist, keine Blasphemien begehen zu können. Der Gottesgedanke hat sein tieferes Wesen darin, daß alle Mannigfaltigkeiten und Gegensätze der Welt in ihm zur Einheit gelangen, daß er nach dem schönen Worte des Nikolaus von Kusa die Coincidentia oppositorum ist. Aus dieser Idee, daß alle Fremdheiten und Unversöhntheiten des Seins in ihm ihre Einheit und Ausgleichung finden, stammt der Friede, die Sicherheit, der allumfassende Reichtum des Gefühls, das mit der Vorstellung Gottes und daß wir ihn haben, mitschwebt. Unzweifelhaft haben die Empfindungen, die das Geld erregt, auf ihrem Gebiete eine psychologische Ähnlichkeit mit diesen. Indem das Geld immer mehr zum absolut zureichenden Ausdruck und Äquivalent aller Werte wird, erhebt es sich in abstrakter Höhe über die ganze weite Mannigfaltigkeit der Objekte, es wird zu dem Zentrum, in dem die entgegengesetztesten, fremdesten, fernsten Dinge ihr Gemeinsames finden und sich berühren; damit gewährt tatsächlich

---

[211] A.a.O., 298.

auch das Geld jene Erhebung über das Einzelne, jenes Zutrauen in seine Allmacht wie in die eines höchsten Prinzips, uns dieses Einzelne und Niedrigere in jedem Augenblick gewähren, sich gleichsam wieder in dieses umsetzen zu können«.[212]

Die Ausbreitung des Geldsystems hat auch für das soziale Leben und damit auch für die Beziehungen in der Kirche direkte Auswirkungen gehabt. So war das Wachstum der Organisation nur möglich, weil das Wirtschaftswunder auch die Kirchen erfaßte und Geldströme auslöste, die die Integration bis dahin selbständiger Anstalten und Werke, aber auch die Neugründung zahlreicher Einrichtungen ermöglichte. Die Depersonalisierung, die unvermeidlich zum Geldsystem gehört, veränderte auch die Beziehungen im kirchlichen Raum. Wenn einzelne Gemeinden für diakonische Anstalten in ihrer Nähe Kartoffeln sammelten, wenn Gemeindeglieder Naturalgaben, aber auch Geldbeträge im Pfarrhaus ablieferten, dann waren das immer auch Interaktionen, die einen mehr oder weniger großen Anteil zwischenmenschlicher Kontakte enthielten. Wenn in einer Organisation zunehmend Geldströme fließen, dann werden diese Bewegungen zwar auch von Sitzungen und Verhandlungen umrahmt. Aber die Gespräche, die zu diesem Kreislauf gehören, beschäftigen sich nicht mehr mit dem Wetter, den Kindern oder dem Vieh, sondern sind auf das Geld konzentriert, auf seine sachgemäße Verwaltung und seine gerechte Verteilung.

Erst durch die Geldwirtschaft ergibt sich jene abstrakte Form der Zugehörigkeit, wie sie für »unsere Volkskirche«, aber auch für andere Gruppen in der Gesellschaft charakteristisch ist. Vereine, Verbände, Parteien, aber auch Religionsgemeinschaften leben von der »Möglichkeit des Individuums, sich an Assoziationen zu beteiligen, deren objektiven Zweck es fördern oder genießen will, ohne daß für die Persönlichkeit im übrigen die Verbindung irgendeine Bindung mit sich brächte. Das Geld hat es bewirkt, daß man sich mit Anderen vereinigen kann, ohne etwas von der persönlichen Freiheit und Reserve aufgeben zu brauchen«.[213]

»Unsere Volkskirche« nutzt, und dagegen ist zunächst gar nichts zu sagen, die Vorteile des Geldsystems. Sie bietet die Möglichkeit einer Zugehörigkeit ohne persönliches Engagement. So gesehen ist sie viel mehr eine »Freikirche« als jene Religionsgemeinschaften, die man meistens so bezeichnet. Dort wird in der Regel ja nicht nur eine finanzielle Verpflichtung, sondern auch eine handfeste Glaubensentscheidung gefordert. Hier genügt, nach der Kindertaufe, die monetäre Beteiligung am kirchlichen Leben. Das Risiko, das diese Zugehörigkeitsform impliziert, zeigt sich spätestens in ökonomischen Krisen. Eine

---

[212] A.a.O., 305.
[213] A.a.O., 465.

Partizipation, die über das Geldsystem läuft, kann und muß bei finanzieller Verknappung aufgekündigt werden, ohne daß sich für die Betroffenen an ihrem inneren Verhältnis zur Religion etwas ändert. Was für die theologische Wahrnehmung merkwürdig aussieht, ist in sich durchaus stimmig. Eine abstrakt vermittelte Zugehörigkeit zu einer abstrakt erfahrenen Organisation kann man beenden, ohne daß sich am religiösen Selbstbild etwas ändert. Im Idealismus des Kirchenaustritts begegnet »unsere Volkskirche« im Spiegelbild ihrer eigenen idealistischen Ideologie. Real betroffen von dieser Entwicklung sind aber Männer und Frauen, deren Arbeitsplätze auf diese Weise in Gefahr geraten.

III.

Die »Nachahmer Gottes« geben ihr Leben umsonst. Aber alle Opferbereitschaft ändert an der materiellen Realität nichts, daß man zum Leben Lebens-Mittel benötigt. Zu den abschreckenden Gestalten der Vergangenheit zählt deshalb der »Hungerpastor«, der sich in der Jugend für hungernde Arbeiter engagiert hat und später auf einer Hungerpfarre sein Dasein fristet.[214] Den strikten Gegensatz dazu bildet »Elmer Gantry«, ein Evangelist, der an den finanziellen Erfolgen seiner missionarischen Aktivitäten zugrunde geht.[215] Die Macht des Geldes zeigt sich nicht zuletzt darin, daß sowohl Mangel als auch Überfluß Abhängigkeitshaltungen hervorrufen können. Nicht zuletzt deshalb, weil hier klare, für alle Kolleg/innen gleichermaßen geltende Regelungen herrschen, hat das augenblickliche System der Pfarrerbesoldung so viel Befürworter.

Dieses System wird mittlerweile seit fast genau 100 Jahren praktiziert. Es hat die alte Mischfinanzierung aus Pfründe und Stolgebühren, die bis dahin üblich war, abgelöst und damit viele Unebenheiten beseitigt. O. Janz, der den Veränderungsprozeß im Detail untersucht hat, beschreibt die früheren Verhältnisse so: »Die Einkommen der Pfarrer waren relativ uneinheitlich, unregelmäßig und von lokalen Bedingungen abhängig: Sie wurden beeinflußt von der Größe der Pfründe, der Höhe der Gebühren, der Zahl der Amtshandlungen, den Preisen für landwirtschaftliche Erzeugnisse und der Geldentwertung. Dies gilt, wenn auch in vermindertem Maße, ebenfalls für Stadtpfarrstellen, bei denen Naturalabgaben und Selbstwirtschaft allerdings eine geringe Rolle spielten«.[216]

---

[214] W. Raabe, Der Hungerpastor, Berlin 1864.
[215] S. Lewis, Elmer Gantry (1927), Berlin 1955.
[216] O. Janz, Von der Pfründe zum Pfarrgehalt: Zur Entwicklung der Pfarrerbesoldung im späten 19. und frühen 20. Jahrhundert, in: W. Lienemann (Hg.), Die Finanzen der Kirche, a.a.O., 684.

Die Beschwerden und Reformvorschläge, die damals auch von den sich bildenden Pfarrervereinen übernommen wurden, orientierten sich an der Besoldung der Staatsbeamten: »Eingeklagt wurde nicht nur eine Anhebung der Pfarreinkommen auf das Niveau der akademisch gebildeten Staatsbeamten, sondern auch deren größere Gleichmäßigkeit und Regelmäßigkeit, eine höhere soziale Sicherheit, eine geregelte Altersprogression, die Berücksichtigung der individuellen Leistung und eine stärkere Unabhängigkeit von der Gemeinde, die der Würde des Amts Rechnung trägt«.[217]

1898 wurden diese Forderungen in Preußen durch ein staatliches Gesetz weitgehend erfüllt, und andere Landeskirchen im Reich sind diesem Beispiel alsbald gefolgt. Eine wichtige Pointe dieser Entwicklung besteht in dem darin enthaltenen gesellschaftlichen Anachronismus. Die finanzielle Versorgung der Pfarrerschaft wurde in jenem Zeitraum verbessert, in dem sich ihr öffentliches Ansehen verschlechtert hat und ihre staatlichen Aufgaben reduziert wurden. Die allgemeinen Funktionen, die sie als Standesbeamte, Schulaufseher und Armenfürsorger zu erfüllen hatten, wurden am Ende des 19. Jahrhunderts anderen Instanzen übertragen. Und die Erschütterung der volkskirchlichen Strukturen, die mit der Industrialisierung und der Proletarisierung breiter Bevölkerungsschichten verknüpft war, hat sich in einem umfassenden Prozeß der Entkirchlichung niedergeschlagen, der alle Spielarten von innerer Ablehnung bis zu äußerem Austritt umfaßte. Wenn in dieser Zeit die Pfarrerbesoldung dem Beamtenstatus angepaßt wird, dann ist damit eine sozioökonomische Entfremdung gegenüber breiten Volksschichten vollzogen. Im Bewußtsein der kleinen Leute geraten die Vertreter der Kirche nun endgültig an die Seite derer, die in Staat und Wirtschaft das Sagen haben. Und dieser Eindruck war durchaus berechtigt; denn die Neuordnung wurde begünstigt »durch die zunehmend wohlwollende Haltung, die der Kirche als einem Faktor der sozialen Integration nach dem Ende des Sozialistengesetzes von den Trägern der politischen Macht entgegengebracht wurde«.[218]

Die Betroffenen haben das naturgemäß anders erlebt. Sie haben zunächst nur die eine Seite am Machtfaktor »Geld« wahrgenommen, nämlich den Befreiungsaspekt. Die Abhängigkeit von der Einzelgemeinde wurde reduziert, die Gleichheit zwischen den Amtsträgern sichergestellt. Die Altersversorgung war garantiert, und auch die Entlassungsverfahren wurden durch Disziplinarrecht und später durch Lehrzuchtgesetze auf einheitliche Fundamente gestellt.

Daß sich durch den Wegfall der ökonomischen Fragen das Verhält-

---

[217] A.a.O., 697.
[218] A.a.O., 699.

nis zwischen Gemeinde und Pfarrer/innen nicht nur in positiver Hinsicht verändert hat, ist ein Gesichtspunkt, der bis heute kaum wahrgenommen wird. Über das Gehalt des Pfarrers muß in den Gemeinden der Landeskirchen nicht mehr oder auch: noch nicht gesprochen werden. Das Thema spielt weder bei Berufungsverhandlungen eine Rolle noch bei einer anstehenden Wiederwahl. Auch der Kontakt zu Gemeindegliedern, die eine Kasualhandlung anmelden, bleibt bisher noch von der unangenehmen Frage nach den Kosten verschont. Damit fehlt aber ein entscheidendes Stück sozialer Realität. Gemeinde und Pfarrer/in können so tun, als ob ihre Beziehung ohne finanzielle Fundierung abläuft und vor allem im Austausch von Streicheleinheiten besteht. Der Gemeinde wird die regelmäßige Erfahrung vorenthalten, daß religiöse Praxis auch materiell etwas kostet. Und der Pfarrerschaft wird das im Kapitalismus notwendige Training, mit anderen über das eigene Einkommen verhandeln zu müssen, erspart.

Auch weil dieses Training fehlt, ist die Sorge, es würden bei einer Veränderung des gegenwärtigen Besoldungsmodells neue Abhängigkeiten entstehen, so verbreitet. Gewiß, auch Pfarrer/innen sind käuflich, und auch Christ/innen werden sehr gern in ihren bisherigen Einstellungen durch die Predigt bestätigt. Insofern ist die Angst vor einer Entwicklung, in der unangenehme Äußerungen der einen Seite mit prompten Entlassungen seitens der anderen beantwortet werden, durchaus verständlich. Aber der Rückblick in die Geschichte wie die Erfahrung in der weltweiten Ökumene lehren, daß auch Pfarrer/innen, die in direkter ökonomischer Anbindung leben, kritische Worte nicht scheuen und daß die Gemeinden nicht nur eine Verkündigung erwarten, in der ihnen nach dem Mund geredet wird. Pfarrer/innen haben sich auf einen Beruf eingelassen, in dem geistliche Güter gegen irdische Gaben eingetauscht werden. Das kann, wie viele Beispiele aus der Geschichte zeigen, manchmal konkrete Opfer verlangen. Aber vielleicht ist der Test, ob jemand trotz finanzieller Abhängigkeit geistliche Freiheit bewahrt, nur eine besonders offenkundige Problemanzeige. Auch dort, wo die eigene Beliebtheit auf dem Spiel steht oder ein Kirchenaustritt angedroht wird, der die eigene Gemeinde nicht direkt tangiert, ist die Versuchung zur pastoralen Käuflichkeit immer wieder gegeben.

IV.

Wenn sich die personelle Schrumpfung »unserer Volkskirche« fortsetzt, dann führt die damit verbundene finanzielle Ausdünnung nicht nur zur Streichung von Stellen und Institutionen, sondern auch zur Frage nach der Art und der Höhe der Einkommen, die man im landeskirchlichen Raum zu erwarten hat. Die Orientierung an den staatlichen Tarifen, wie sie auf allen Ebenen jetzt noch möglich ist, enthält eine Selbstdefinition der Anstellungsträger, die man sich bewußt machen sollte. Wer sich der Einkommensskala des öffentlichen Dienstes angleicht, sieht sich selber als eine dem öffentlichen Dienst vergleichbare Organisation, die dementsprechend Mitarbeiter/innen im beamtenähnlichen Status, als Angestellte und Arbeiter beschäftigt. »Unsere Volkskirche« handelt ganz konsequent, wenn sie sich auch ökonomisch im Tarifgefüge dem gesellschaftlichen Kontext anpaßt.

Dieser Sachverhalt wird für die breite Schar der übrigen Mitarbeiter/innen hoffentlich auch weiterhin bestehen bleiben. Schon um die Qualität der eigenen Arbeit zu sichern, muß den Landeskirchen daran gelegen sein, ihre Mitarbeiter/innen auf eine Weise zu entlohnen, die mit den staatlichen Leistungen einigermaßen vergleichbar bleibt. Anders dagegen ist die Lage der Pfarrerschaft einzuschätzen, weil sie mit ihrer Tätigkeit nicht nur den Aufgaben der Organisation und der Pflege des Milieus, sondern vor allem dem Wachstum des Leibes Christi verpflichtet ist. Wenn das zutrifft, was sie auf der Kanzel zu verkündigen haben, daß der Mensch nicht vom Brot allein lebt, daß alles Leben seine Kraft aus der Fülle Gottes gewinnt, dann steht ihre Besoldung in finanziellen Krisenzeiten an erster Stelle zur Disposition.

Es ist nachdrücklich anzuerkennen, daß die Pfarrerschaft gegenwärtig in vielerlei Formen versucht, ihren Beitrag zur Beschäftigung möglichst vieler Theolog/innen zu leisten. Durch Selbstverpflichtungen zur teilweisen Gehaltsabtretung, durch Verzicht auf Sonderleistungen, durch Stellenteilungen werden Möglichkeiten geschaffen, Kolleg/innen anzustellen, die sonst keine Chance mehr hätten. Man wird freilich in aller Nüchternheit auch fragen müssen, ob solche Lösungen die finanziellen Engpässe auf die Dauer zu beheben vermögen. Wahrscheinlich wird man kirchlicherseits in den nächsten Jahren entscheiden müssen, ob die Art und die Höhe der Pfarreinkommen im bisherigen Umfang beizubehalten ist.

Dabei ist zunächst der beamtenähnliche Status zu diskutieren. »Nach dem Staatskirchenrecht der Bundesrepublik Deutschland üben diese kirchlichen Amtsträger ein gemäß kirchlichem Eigenrecht gestaltetes Dienstverhältnis öffentlichen Rechts aus.« [219] Daß dieses Dienstverhältnis zu einer Landeskirche noch immer auf Lebenszeit begründet wird, auch wenn man jetzt mancherorts Zwischenstufen eingeführt hat, scheint »angesichts des Charakters des Pfarrberufes als eines auf Lebenszeit geordneten Dienstes«[220] selbstverständlich zu sein.

Dennoch wird man gerade an dieser Stelle erste Fragen anmelden müssen. Der beamtenähnliche Status der Pfarrerschaft entspricht dem

[219] A. Stein, Evangelisches Kirchenrecht. Ein Lernbuch, Neuwied 1980, 108.
[220] A.a.O., 114.

allgemeinen Modell einer christlichen Biographie, wie es immer noch die volkskirchlichen Vorstellungen beherrscht. Von der Kindertaufe bis zur kirchlichen Beerdigung reicht die Kontinuität christlicher Existenz. Vom Theologiestudium nach dem Abitur bis zur Pensionierung dauert die pastorale Berufung. In diesem Modell kommen Krisen und Konversionen höchstens dergestalt vor, daß dadurch innere Bewegungen ausgelöst werden. Aber Kirchenaustritte und Erwachsenentaufen werden immer mehr zunehmen. Und auf der anderen Seite ist nicht einzusehen, daß die Berufung ins Verkündigungsamt des Leibes Christi dem Muster einer mitteleuropäischen Akademikerkarriere folgen muß. Schließlich stehen auch etablierte Pfarrer/innen häufig genug vor der ernsthaften Frage nach einem Berufswechsel. Gerade im Blick auf die biblische Tradition besteht Anlaß, das Kontinuitätsmodell des Beamtenstatus, dessen Vorläufer man in Priesterkreisen ansiedeln könnte, durch die Lebensbewegungen prophetischer und apostolischer Existenz, die in der Regel sehr viel brüchiger verlaufen sind, zu relativieren.

Die Berufenen werden sich durch die Versorgungsgarantie einer Organisation gern gesichert wissen, und zwar vor allem gegenüber den Stimmungsschwankungen in einem Milieu. Das ist menschlich mehr als verständlich. Dennoch ist festzuhalten: Der hauptamtliche Dienst am Leib Christi ist an den Beamtenstatus einer Organisation nicht gebunden. Wenn einzelne Gemeinden in absehbarer Zukunft Pfarrer/innen im Rahmen eines Angestelltenvertrages beschäftigen werden, dann geschieht auch in den deutschen Landeskirchen nur etwas, was überall in der Welt, aber auch in den sogenannten Freikirchen bei uns seit langem der Fall ist. Und aus dieser Perspektive wirkt es dann nur erstaunlich, mit welchem theologischen Aufwand deutsche Pfarrer/innen ihre besondere juristische und ökonomische Stellung zu verteidigen wissen.

Selbstverständlich wird sich in diesem Zusammenhang auch die Höhe der pastoralen Einkünfte ändern. Sobald Einzelgemeinden wieder Anstellungsträger werden, können sie sich an den allgemeinen Tarifregelungen orientieren. Aber die konkrete Höhe dessen, was vertraglich ausgehandelt wird, wird natürlich sehr stark von der lokalen Finanzkraft abhängig sein und von den Fähigkeiten der jeweiligen Gemeindeleitung, Mitglieder zu Dauerspenden zu animieren. Aus den sogenannten Freikirchen hört man, daß man nicht mehr als 80 solcher Selbstverpflichtungen braucht, um einen Prediger akzeptabel bezahlen zu können.[221] Und in der Ökumene ist die Schar von zahlungsfähigen Gemeindegliedern manchmal noch sehr viel geringer.

---

[221] Zur aktuellen Situation freikirchlicher Gemeinden vgl. B. Marchlowitz, Freikirchlicher Gemeindeaufbau. Geschichtliche und empirische Untersuchung baptistischen Gemeindeverständnisses, Berlin 1995, sowie H.-M. Niethammer, Kirchenmitglied-

Es könnte also sein, daß nach rund 100 Jahren das Modell einer einheitlichen Pfarrerbesoldung sich allmählich auflöst, weil es in einer schrumpfenden Volkskirche nicht mehr bezahlbar ist. Das muß nicht heißen, daß es dann weniger Pfarrstellen geben wird. Menschen sind bereit, Geld zur Verfügung zu stellen, wenn es um Finanzmittel für die eigene Lebenswelt und für Personen geht, die man kennt und bei deren Auswahl man direkt oder indirekt teilnehmen kann. Auch der Qualität der Beziehung zwischen Pfarrerschaft und Gemeinde muß diese Entwicklung nicht unbedingt schaden. Vielleicht besteht die größte Peinlichkeit darin, daß Pfarrer/innen künftig im Rahmen ihrer religiösen Praxis auch über Geld reden müssen, nicht nur zugunsten ferner Einrichtungen bei der Kollektenabkündigung, sondern im Blick auf eigene Leistungen und zur Versorgung der eigenen Person.

Auch Pfarrer/innen müssen dann, wie alle »Nachahmer Gottes«, in jedem Augenblick ihres Lebens klären, nach welchem Tauschgesetz sie hier und jetzt arbeiten wollen. Auf der einen Seite steht die radikale Aufhebung des Tauschprinzips durch die Erfahrung göttlicher Gnade: »Umsonst habt ihr's empfangen, umsonst gebt es auch weiter« (Matthäus 10,8). Auf der anderen Seite gilt die religiöse Variante der ökonomischen Praxis: »Wenn wir unter euch Gaben des Geistes säen, ist es dann zuviel verlangt, wenn wir irdische Gaben von euch ernten?« (1. Korinther 9,11).

Ohne das Fundament eines beamtenähnlichen Status wird die tiefste Abhängigkeit der Pfarrer/innen freilich darin bestehen, daß sie »Gaben des Geistes« in der Gemeinde säen müssen, um »irdische Gaben« von der Gemeinde zu ernten. Sie müssen dann mehr zu leisten vermögen, als Organisation und Milieu heute von ihnen verlangen. Nicht nur hermeneutische Artistik, ordentliche Verwaltung, kommunikative Animation sind dann gefordert, sondern jener »Erweis des Geistes und der Kraft« (1. Korinther 2,4), der die Dynamik des Evangeliums auf dem wachsenden Markt der religiösen Möglichkeiten zur Geltung bringt. Mit den alten Mitteln der Neophilie, mit ein paar neuen Liedern und ein paar neuen Formeln, mit einem Schuß Sinnstiftung und einer Prise Deutungskultur wird man dann nicht auskommen. Es sind dann Menschen gefragt, die wirklich »Nachahmer Gottes« sind und in ihrer Schwachheit die Kraft der Gnade darzustellen vermögen. Das schlechthinnige Abhängigkeitsbewußtsein, von dem das neuprotestantische Bürgertum so gern redet, hat dann einen konkreten Ort und einen alltäglichen Test. Wer ist Garant meiner Freiheit, das Geld, die Gemeinde oder der lebendige Gott?

Für real praktizierte Religion sind die Finanzen noch nie ein zentra-

schaft in der Freikirche. Kirchensoziologische Studie aufgrund einer empirischen Befragung unter Methodisten, Göttingen 1995.

les Problem gewesen. In vielen klassischen Konversionsgeschichten beginnen ja nicht nur die Tränen, sondern alsbald auch die Geldströme zu fließen. Was wie erbauliche Übertreibung klingt, daß Gott die Gebete der Seinen auch in finanziellen Schwierigkeiten erhört, scheint schon deswegen glaubwürdig, weil es der gefährlichen Attraktion zwischen Gott und dem Mammon entspricht. Offensichtlich kehrt das Geld gern an den Ursprung seiner Entstehung, an den Ort der Residenz des Heiligen, zurück.[222] Auch die Gegenmacht Mammon kann sich der Übermacht des allmächtigen Gottes nicht entziehen. Und verfolgt dabei immer auch das hintersinnige Ziel, die »Nachahmer Gottes« zur Götzenverehrung zurückzubekehren.

Daß man von religiöser Praxis auch ohne die fürsorgliche Geborgenheit in einer Großorganisation mehr oder weniger gut leben kann, zeigen in der Gegenwart vor allem esoterische Zirkel. Natürlich lebt man dort häufig genug »von der Hand in den Mund«. Und die Berufsgruppe, die der Pfarrerschaft am ehesten vergleichbar ist, muß ja nicht unbedingt bei Juristen und Lehrern zu finden sein, sondern bei jenen Künstlern, die von den Potenzen ihrer Körperlichkeit, von der Gestaltungskraft ihrer Hände, von der Darstellungskraft ihrer Leiber zu leben versuchen. Wenn die Praxis des Glaubens ein körperbezogenes Handwerk darstellt, dann ist eine solche Situation der ökonomischen Unsicherheit auch jenen zuzumuten, die die Botschaft von der in Gott begründeten Lebensgewißheit mit der Hingabe ihres Lebens weitertragen. »Dem Arbeiter steht sein Brot zu« (Matthäus 10,10b).

In der Geschichte haben die »Nachahmer Gottes« oft genug beten müssen: »Unser täglich Brot gib uns heute.« Wenn Lebenspläne zerstört werden und Sicherungssysteme zerbrechen, wenn Zukunftsängste sich ausbreiten und die Lage aussichtslos scheint, dann beginnt der Ernst einer Glaubensprüfung, die härter ist als jedes Examen, die einen aber auch weiterbefördert als jeder Schritt auf einer sozialen Karriere. Wenn die Organisation zur finanziellen Fürsorge unfähig wird und das Milieu einen aus guten oder schlechten Gründen verstößt, dann kann man zusammenbrechen oder/und die Kraftquellen des Glaubens erst wirklich entdecken. Wenn in der real existierenden Kirchlichkeit für Menschen, die ihrer Berufung zum Dienst am Leibe Christi folgen wollen, kein Platz ist, dann werden sie Wege finden, um ihre geistlichen Aufgaben in einem neuen sozialen Rahmen zu realisieren.

---

[222] Vgl. B. Laum, Heiliges Geld. Eine historische Untersuchung über den sakralen Ursprung des Geldes, Tübingen 1924.

Der Kampf des Glaubens
und die Angst vor Konflikten

I.

Die Gemeinde der Heiligen ist die Gemeinschaft derer, die »in Sünden tot waren, mit Christus lebendig gemacht« worden sind (2,5). Durch die Taufe sind sie »in die himmlische Welt versetzt in Christus Jesus« (2,6). Aber weil es neben der Ewigkeit, in die sie gehören, immer auch noch Zeit, und zwar besonders qualifizierte Zeit gibt, müssen die Christ/innen an eine Parole erinnert werden, die wahrscheinlich beim Taufakt proklamiert worden ist: »Wach auf, der du schläfst, und steh auf von den Toten, so wird dich Christus erleuchten. So achtet nun genau darauf, wie ihr euer Leben führt, nicht als Unweise, sondern als Weise, und kauft die Zeit aus; denn es ist böse Zeit« (5,14-16).

Das christliche Leben, das Leben im Machtbereich Jesu Christi, wie es der Epheserbrief beschreibt, entzieht sich jenen Idealvorstellungen, wie sie in der Volkskirche als einander ergänzende Alternativen vertreten werden. Dort gilt auf der einen Seite im Anschluß an Römer 6 das harte Gesetz, daß wir durch die Taufe mit Christus zwar gekreuzigt, aber noch nicht auferstanden seien und also ein Dasein im Schatten des Kreuzes zu führen hätten. Und auf der anderen Seite wird christliche Existenz von der Illusion beherrscht, Menschen seien aus der Unruhe der Welt in die Geborgenheit und die Friedlichkeit des Glaubens geraten. Die geheime Zusammengehörigkeit beider Ideale könnte darin bestehen, daß die Glaubenden durch diese Vorstellungen dem Schema des alten Äons verhaftet bleiben. Wer leidet, will Ruhe finden. Die theologia crucis und die theologia harmoniae bedingen einander.

Der Epheserbrief beschreibt das christliche Leben anders. Weil die Christ/innen an der Auferstehungsmacht Christi partizipieren, weil sie der alten Welt entnommen sind, brauchen sie das Gesetz des vergehenden Äons nicht zu respektieren, aber können sie gegen dieses Gesetz auch nicht einfach rebellieren.

Die asymmetrischen Machtverhältnisse zwischen Männern und Frauen, Eltern und Kindern, Herren und Sklaven werden deshalb nicht einfach im Sinne einer sozialpolitischen Revolution, sondern durch die Zugehörigkeit zum Leib Christi verändert. Befreiung ist hier konkret bestimmt, als Ermöglichung von und Verpflichtung zu wechselseitiger Hingabe, zum Austausch von Gehorsam, Respekt und Wohltätigkeit. Für unser neuzeitliches Bewußtsein mag das nicht ausreichend sein, weil wir die Determinationskraft sozialer Verhältnisse unglaublich hoch bewerten. Für den Epheserbrief entscheidet sich das

Lebensproblem von Frauen, Kindern und Sklaven aber nicht im sozialen Bereich, auch nicht in der Dimension gläubiger Innerlichkeit, sondern auf der Ebene jener himmlischen Realitäten, in denen der Kampf zwischen dem »Machthaber, der in der Luft herrscht« (2,2) und der Christuswirklichkeit schon entschieden ist: »Alles hat er unter seine Füße getan und hat ihn, der das Haupt über alles ist, der Gemeinde zum Haupt gegeben; sie ist sein Leib, nämlich die Fülle dessen, der alles in allem erfüllt« (1,22f). Wer von dieser Fülle erfaßt ist, der hat eine Freiheit gefunden, die – für uns vielleicht unverständlich – irdische Abhängigkeitsverhältnisse erheblich relativiert.

Wer von der Macht des Christus erfaßt ist, der ist von den Mächten der Welt befreit, aber nicht den Konflikten der Welt entzogen. Gerade die Partizipation am Geist Gottes macht die permanente Wachsamkeit nötig. Die Heiligen, die an der Auferstehungsmacht Gottes Anteil gewonnen haben, müssen und können in den Machtkämpfen dieses Äons bestehen. Der Epheserbrief präsentiert deshalb ein wehrhaftes Christenleben: »Seid stark im Herrn und in der Macht seiner Stärke. Zieht die Waffenrüstung Gottes an, damit ihr gegen die listigen Anschläge des Teufels bestehen könnt. Denn wir haben nicht mit Fleisch und Blut zu kämpfen, sondern mit den Mächtigen und Gewaltigen, mit den Beherrschern dieser finsteren Welt, mit den bösen Geistern zwischen Himmel und Erde. Deshalb ergreift die Waffenrüstung Gottes, damit ihr an dem bösen Tag überstehen und alles überwinden und das Feld behalten könnt. So steht nun fest, umgürtet mit Wahrheit und gerüstet mit dem Panzer der Gerechtigkeit, und tragt als Schuhe die Bereitschaft, das Evangelium des Friedens zu verkündigen. Vor allem aber ergreift den Schild des Glaubens, mit dem ihr alle feurigen Pfeile des Bösen auslöschen könnt, und nehmt den Helm des Heils und das Schwert des Geistes, das ist das Wort Gottes«(6,10-17).

Ein Text, der so militant vom christlichen Leben redet, rechnet mit einer deutlichen Grenze zwischen Gott und dem Bösen, zwischen Kirche und Welt. Dabei geht es sicher nicht um die Mitgliedschaft in einer Organisation oder die Beteiligung an einem Milieu, sondern um die elementare Frage, von welcher Macht das eigene Leben geprägt ist. Die einen sind verdammt und verloren, aber führen ein durchaus ruhiges Leben, solange sie der Knechtschaft der widergöttlichen Mächte und Gewalten unterworfen sind. Die anderen sind stark und handlungsfähig im Machtfeld der Gnade. Aber diese Stärke ist kein habitueller Besitz, sondern will in der alltäglichen Bewährung des Glaubens erneuert und verteidigt werden.

Deshalb gehört für den Epheserbrief, aber auch für das Neue Testament insgesamt zum christlichen Leben die uneingeschränkte Heilsgewißheit, aber ebenso das unaufhörliche Bedrohungsgefühl. Die Gewißheit des Glaubens darf, wie Luther es dann formuliert hat, mit der Sicherheit des kirchlichen, frommen, friedlichen Selbstbewußtseins niemals verwechselt werden. Die Organisation hat Angst vor finanziellen Verlusten, die ihren Bestand und ihre Struktur umstürzen können. Das Milieu fürchtet die drastischen Folgen, die durch ungezügelte Triebhaftigkeit, aber auch durch stark normierte oder total geöffnete Zugänglichkeit im Gemeindebereich entstehen würden. Sexualität und Aggressivität, Penner, Schwule und Arbeitslose, Fromme und Bekehrte könnten das Harmoniefeld Gemeinde mit ihren Konflikten einfach überfluten. Die Gefahr, die den Heiligen im Machtfeld des Leibes Christi droht, ist nicht moralischer oder sozialer Natur, sie besteht in jenem Rückfall an die vom Bösen beherrschte Welt, durch den man den Einfluß der Lebensmacht des Heiligen zu verlieren droht.

Dennoch wäre es grundverkehrt, die neutestamentlichen Paränesen nur als Ausdruck spätantiker Daseinsangst zu interpretieren.[223] Das militante Vokabular, das der Epheserbrief an der zitierten Stelle so reichlich verwendet, demonstriert, daß die Befreiungserfahrung des Glaubens nicht nur die Entrückung aus der Welt, sondern auch die Handlungsfähigkeit in der Welt umfaßt. Die Handlungsfaktoren menschlicher Leiblichkeit und die Handlungsenergien göttlicher Wirksamkeit sind in den Christ/innen miteinander verbunden. Die Hüften sind mit der Wahrheit Gottes umgürtet. Das Herz ist durch die Gerechtigkeit Gottes gefestigt. Die Füße sind durch das Evangelium des Friedens beflügelt, der Leib insgesamt durch den Schild des Glaubens geschützt. Den Kopf bewahrt der Helm des göttlichen Heils. Die Hand gewinnt Handlungsfähigkeit durch das Schwert des Geistes, der dem Wort unwiderstehliche Wirkung verleiht. Wer an der Auferstehungsmacht Gottes Anteil gewonnen hat, ist den Konflikten der Welt nicht entzogen, aber er braucht auch vor den Mächten der Welt nicht zu kapitulieren.

Deshalb schließt die Beschreibung der christlichen Waffenrüstung mit der dringenden Aufforderung zum Gebet: »Und betet allezeit mit Bitten und Flehen im Geist und wacht dabei mit aller Ausdauer« (6,18). In dem Akt des Betens wird jener Kontakt erneuert, der das Leben im Leib Christi charakterisiert. Das Gebet vollzieht sich im Geist und aktiviert damit jenen Kanal, auf dem das Dasein der Men-

---

[223] Vgl. R. Schnackenburg, Der Brief an die Epheser, EKK X, Zürich/Neukirchen 1982, 281: »Das ganze Dasein der Menschen steht unter dem Druck unheilvoll wirkender Mächte oder einer geballten Macht des Bösen (im ›Teufel‹ verkörpert), gegen die der Mensch in seiner irdischen Verfassung ohnmächtig erscheint. Damit nimmt er das vorherrschende Daseinsgefühl der damaligen Zeit auf, jene Weltangst, die sich in lähmendem Schicksalsglauben und Dämonenfurcht niederschlagen und in der Zuflucht zu Zauberpraktiken, im Drang zur Einweihung in Mysterien oder zur gnostischen Selbstfindung Auswege suchen kann«; vgl. E. R. Dodds, Heiden und Christen in einem Zeitalter der Angst. Aspekte religiöser Erfahrung von Mark Aurel bis Konstantin, Frankfurt 1985.

schen durch den Einfluß der Fülle Gottes verwandelt wird. Entscheidend für das kirchliche Leben sind nicht die monetären Ströme, die das Netzwerk einer Organisation ausmachen. Entscheidend für das Gemeindeleben ist auch nicht der Austausch von Streicheleinheiten, die für ein positives Sozialklima sorgen. Konstitutiv für christliche Existenz ist jener Kontakt mit der Heilsmacht des Heiligen, der soziale und emotionale Kommunikationsstrukturen weit übersteigt und zum Handeln in sozialen und emotionalen Konflikten befähigt, weil sich in ihm die Kraft Gottes vermittelt. Dann kann es auch möglich und notwendig werden, für die Freiheit von Frauen, Kindern und Sklaven in der Gesellschaft tatkräftig einzutreten.

II.

»Unsere Volkskirche« will Konflikte vermeiden. Weil sich Kirchenmitglieder von Ungetauften und Ausgetretenen in Einstellung und Verhalten kaum unterscheiden, ist eine deutliche Grenzmarkierung zwischen Kirche und Welt nicht mehr möglich. Und weil die Welt des christlichen Abendlandes und des neuzeitlichen Christentums vom biblischen Erbe geprägt ist, ist die Aufgabe einer betonten Grenzziehung auch nicht mehr nötig. Gegen alle Versuche eines kirchlichen Fundamentalismus, in Fragen der theologischen Lehre und des christlichen Lebens Positionen zu fixieren, an denen sich die Christlichkeit einer Haltung bekenntnismäßig festmachen läßt, setzt die Volkskirche das von der Gesellschaft übernommene Modell eines breit ausgefächerten Pluralismus.

Ihren deutlichsten Ausdruck hat diese Tendenz in der Studie »Christsein gestalten« gefunden, die das Kirchenamt im Auftrag des Rates der EKD 1986 herausgegeben hat. Gestaltetes Christsein kann sich nach Meinung dieser Studie nur in der »Vielfalt der Formen und Ausdrucksweisen des Glaubens«[224] vollziehen. Für das Leben von Christen in der modernen Gesellschaft kommt kein Einheitsmodell mehr in Frage. Ausdrücklich wird eine Analogie zu anderen Gruppierungen in der Gesellschaft gezogen. »Wie eine Volkspartei muß auch eine Volkskirche ein breites Spektrum umspannen und diese Spannung aushalten«.[225] Gerade ein solcher ›Binnenpluralismus‹ wird zwar durch immer neue Konflikte in Frage gestellt werden. Aber für das kirchliche Leben ist entscheidend, daß die verschiedenen Gruppen auf einen Absolutheitsanspruch verzichten. »Wenn nun keiner über die Wahrheit verfügt, ist damit zu rechnen, daß jeder nur ein Stück von ihr

---

[224] Kirchenamt der EKD (Hg.), Christsein gestalten. Eine Studie zum Weg der Kirche, Gütersloh 1986, 56.
[225] A.a.O., 80.

vertritt«.[226] Dieser Binnenpluralismus schließt also ein additives Wahrheitsverständnis ein. Nur aus dem Zusammenklang der verschiedenen Stimmen, die sich in der Kirche erheben, kann sich die eine und letzte Wahrheit Gehör verschaffen.

Gruppierungen, die von dieser Haltung abweichen, wird sofort eine autoritäre Einstellung attestiert. Menschen sollen dann »auf einen genau fixierten Standpunkt gezogen oder gedrängt werden, die Freiheit zur Reserve wird ihnen tendenziell verwehrt und als Ausweichen vor der Entscheidung, Lauheit oder Indifferenz diffamiert. Dies trifft ebenso auf verschiedene Spielarten erwecklicher Aktivitäten wie auf gesellschaftsdiakonisch-politisch ausgerichtete Leitvorstellungen von der Kirche als Avantgarde, Vorhut oder Stoßtrupp für eine gerechtere oder friedlichere Welt zu«.[227] Eine Volkskirche, die sich als pluralistisch versteht, will keine Personen ausgrenzen und keine Positionen verurteilen. Sie will die unterschiedlichsten religiösen, politischen, moralischen Einstellungen unter ihren Mitgliedern tolerieren. Sie kann sich selbst nur als gemischte Gesellschaft interpretieren, als corpus permixtum, wie der alte Fachausdruck lautet. Die einzige Grenzmarkierung, zu der eine solche Institution in der Lage ist, ist die tendenzielle Ausgrenzung jener, die die allgemeine Orientierungsvielfalt als Orientierungslosigkeit in Frage stellen.

Wer eine lebendige Gottesbeziehung im Glauben für unbedingt notwendig hält, wer den Einsatz von Massenvernichtungsmitteln für gottwidrig erklärt, der stößt mit seiner eindeutigen Haltung an die Grenzen der Pluralität und muß ganz konsequent pathologisiert, für krank erklärt werden. Jedenfalls ist es erstaunlich, daß in einer Studie, die so weltoffen sein will, ausgerechnet jene Mitglieder diffamiert werden, die ihr Christsein ernsthaft gestalten wollen.

Damit deutet sich schon an, daß das Pluralismuskonzept, so sehr es im staatlichen Bereich hilfreich sein mag, in der Religion Schwierigkeiten bereitet. Das zeigt sich vor allem an Gestalt und Inhalt der religiösen Rede. Entweder wagt man, im Namen Gottes zu reden, weil man von der Wahrheit des Evangeliums und von der Kraft des Geistes erfüllt ist. Eine solche Artikulation religiöser Autorität schließt unvermeidlich Abgrenzungen ein. Falsche Lehre muß zurückgewiesen, verfehltes Leben muß kritisiert werden. Die Kirchengeschichte zeigt, wie rücksichtslos gegen andere, aber auch gegen sich selbst man dabei vorgehen konnte und wie versteckt unter dem Namen Gottes oft genug nur die eigene Meinung durchgesetzt werden sollte. Oder man verzichtet auf das Risiko des religiösen Fehlurteils und vermeidet jede Zuspitzung.

---

[226] A.a.O., 47.
[227] A.a.O., 74.

Kirchen, die das Pluralismuskonzept vertreten, können bestenfalls interessante, zum Nachdenken anregende, den Parteienstreit überwindende Diskussionsbeiträge liefern. Das ist nicht wenig, aber angesichts der kirchlichen Tradition doch als eine Reduktion zu bezeichnen. Was hat zu dieser merkwürdigen Zurückhaltung im Auftreten der Kirchen geführt? Aus der Studie »Christsein gestalten« lassen sich drei Hauptbegründungen für dieses Pluralismuskonzept erschließen.

Zunächst ist da der theologische Hinweis auf die Freiheit des Glaubens: »Jeder Versuch, den Glauben zu objektivieren, wird ihn verfehlen. Im Kern ist der Glaube eine unmittelbare Christusbeziehung, die sich menschlichen Maßstäben und menschlicher Beurteilung entzieht.«[228] Jeder Anspruch, Christ zu sein oder eine christliche Haltung zu vertreten, muß dann akzeptiert werden. »Die Indizien für das, was als ernsthaft oder entschieden zu gelten habe, bleiben standortgebunden – Gott allein sieht das Herz an«.[229] Zur Freiheit des Glaubens gehört deshalb der Respekt vor der Haltung des anderen.

Ein zweites Argument liefert der historische Hinweis auf den neuzeitlichen Individualismus, der sich letztlich der Reformation verdankt. »Die Freisetzung des Individuums als unmittelbares Subjekt der Gottesbeziehung ist eine Frucht der Reformation. Sie hat die Gewissensreligion hervorgebracht ... Das Subjekt wird sich seiner selbst bewußt und löst sich aus vorgegebenen Ordnungen. Die Glaubensentscheidung wird zu einer Bewußtseinsleistung des Subjekts und ist nicht bloße Einfügung in eine vorgegebene geistige Ordnung«.[230] Volkskirchlicher Pluralismus besteht im Kern darin, daß die einzelnen Subjekte ihre sehr unterschiedlich ausgeprägte Christlichkeit gegenseitig tolerieren.

Schließlich ist in diesem Zusammenhang der nur angedeutete Hinweis auf die Labilität der volkskirchlichen Strukturen anzuführen. Christliche Erziehung, Gottesdienstbesuch, Kenntnis der biblischen Überlieferung – all das ist, wie die Studie im ersten Teil zusammenträgt, im Schwinden begriffen. Kirchenaustritte signalisieren eine längst schon bestehende innere Entfremdung. In dieser prekären Situation dürfen die Normen von Kirchlichkeit nicht angehoben, muß auf jeden Absolutheitsanspruch verzichtet werden. »Ein wechselseitiger, partnerschaftlicher Lernprozeß zwischen den sogenannten ›Kirchennahen‹ und ›Kirchenfernen‹, in dem sie einander ihre unterschiedlichen Erfahrungen und Orientierungen vermitteln, wird einsetzen«.[231] Die Organisation muß Grenzkonflikte im Innern und nach draußen vermeiden, um ihre prekäre Lage in der Gesellschaft nicht zu gefähr-

---

[228] A.a.O., 45.
[229] A.a.O., 46.
[230] A.a.O., 41.
[231] A.a.O., 13.

den. Aber auch das Milieu, das sich in der Kerngemeinde versammelt, wird sehr stark von Tendenzen zur Konfliktvermeidung bestimmt. Das ist schon 1973 in der VELKD-Befragung »Gottesdienst in einer rationalen Welt« und den dort ermittelten positiven und negativen Erwartungen gegenüber Predigtthemen sichtbar geworden.[232]

Diejenigen Stichworte, die die meiste Zustimmung fanden, repräsentieren einen allgemeinen Wertekonsens, der in der Kirche wie in der Gesellschaft unumstritten feststehen dürfte. »Die Themen Wort Gottes, Frieden, Gerechtigkeit und Sinn des Lebens werden von einer starken Mehrheit der befragten Evangelischen an den Anfang einer Liste möglicher Predigtthemen gestellt. Während die hohe Wertung für das Thema Wort Gottes wohl vor allem auf den Einfluß langer Tradition und religiöser Erziehung zurückgeht und die zentrale Stellung der Predigt im Gottesdienst unterstreicht, sind mit den Stichworten Frieden und Gerechtigkeit elementare und aktuelle Grundprobleme des politischen und persönlichen Lebens angesprochen. ... Die Tendenz der Erwartungen zielt aber nicht auf eine politische Predigt, die informiert und zur Aktion aufruft, sondern stärker auf eine grundlegende Orientierung und Sinngebung für Menschen, die sich heute starken gesellschaftlichen und persönlichen Konflikten ausgesetzt sehen«.[233] Daß trotz des erkennbaren Gesellschaftsbezugs tagespolitische Streitfragen auf der Kanzel nicht traktiert werden sollen, zeigt die starke Ablehnung des entsprechenden Stichworts. Aber auch klassische religiöse Themenfelder wie Sünde und Tod, Alter, Leiden, Krankheit und Angst erhalten deutlich geringere Zustimmungswerte, wahrscheinlich deswegen, weil sie existentielle Konfliktpotentiale enthalten, denen man sich am liebsten entziehen möchte.

Diese Zahlen belegen in einem erschreckenden Ausmaß, wie wirkungslos die Zugehörigkeit zur Volkskirche für die Bearbeitung elementarer Lebensprobleme bleibt. Die Grenzüberschreitung vom Tod zum Leben, von der Schuld in die Vergebung, vom Schicksal in die Freiheit, die beim Eintritt in den Leib Christi erfolgt, kann in Organisation und Milieu nur ausnahmsweise gelingen. Der Verzicht auf die Grenzmarkierung verlängert das Elend, weil er den Menschen Klärungsprozesse erspart. Insofern gehört zur Volkskirche immer auch ein Stück Volksbetrug. Wenn der Ruf zur Buße unterbleibt, dann kann die kirchliche Lobby für die Erhaltung des Bußtags eintreten. Aber die evangelische Zumutung, die der Bußruf enthält, nämlich die Umkehr

---

[232] G. Schmidtchen, Gottesdienst in einer rationalen Welt. Religionssoziologische Untersuchungen im Bereich der VELKD, Stuttgart/Freiburg 1973, 91ff.

[233] L. Ulrich, Erwartungen an die Predigt. Überlegungen zu Ergebnissen der Gottesdienstumfrage, in: M. Seitz/L. Mohaupt (Hg.), Gottesdienst und öffentliche Meinung. Kommentare und Untersuchungen zur Gottesdienstumfrage der VELKD, Stuttgart/Freiburg 1977, 131.

aus einem Äon, der von Schuld und Tod, Angst und Verzweiflung beherrscht wird, wird den irrenden und suchenden Zeitgenossen erspart. Die »billige« Gnade, die das Elend verdrängt und die Schmerzen betäubt, muß zum »Opium des Volkes« werden.

Die Angst vor Konflikten, ob es nun um innerkirchliche Auseinandersetzungen oder innerpsychische Spannungen geht, hat Konsequenzen für die Arbeit der Pfarrerschaft in den Gemeinden. Schwierigkeiten, die bei der pastoralen Arbeit entstehen und mit Kontroversen verbunden sind, können im Rahmen von Organisation und Milieu nur zu Lasten des Amtsträgers bereinigt werden. Auch wenn »er bei der Ausübung seines Amtes durch die Kirchenleitung geschützt werden soll«, ist dieses ihm zustehende Recht »in ein angemessenes Verhältnis zum Auftrag seines Dienstes zu setzen«.[234] Das Ergebnis der Güterabwägung zwischen Schutzrecht und Dienstpflicht scheint nach Meinung des zitierten Autors in den meisten Fällen eindeutig und generell von vornherein festzustehen: »Ist es erst so weit gekommen, daß der Konflikt öffentlich geworden ist, dann ist es nahezu unmöglich, daß der Pfarrer in der Gemeinde bleiben kann – selbst dann nicht, wenn er eher im Recht zu sein scheint als die andere Partei«.[235] Der Auftrag, der dieses Pfarrerbild prägt, besteht nämlich darin, »Bote der Versöhnung zu sein, die er im Namen Jesu Christi zu bezeugen hat. Er handelt deshalb klug, wenn er um dieses Auftrags willen sich selbst auch dann zurückzunehmen bereit ist, wenn er tatsächlich einen Grund hätte, sich behaupten zu wollen«.[236]

Die Botschaft der Versöhnung wird hier einseitig aus der Perspektive der Organisation interpretiert. Dann müssen nur persönlicher Ehrgeiz und zwischenmenschliche Animositäten zurückgedrängt werden. Daß auch die Wahrheit des Evangeliums in einer Kirchengemeinde umstritten sein kann und daß ein Diener des Wortes Gottes diese Wahrheit gegen alle Verfälschung verteidigen muß, mit einer solchen Konfliktlage, wie sie im Neuen Testament und in der reformatorischen Theologie andauernd begegnet,[237] wird hier nicht mehr gerechnet. Als Leitlinie für die Beseitigung solcher Störungen, wie für die Ausübung des pastoralen Berufs schlechthin, muß einfach gelten, daß »damit unnötiges Ärgernis vermieden und schädliche Belastungen des kirchlichen Dienstes ausgeschlossen werden«.[238]

Damit taucht auch im protestantischen Kontext ein Stichwort auf,

---

[234] E. Lohse, Kleine evangelische Pastoralethik, Göttingen 1985, 161f.

[235] A.a.O., 162.

[236] Ebd.

[237] Wie heftig auf dieser Basis ein Streit zwischen Pfarrer und Kirchenleitung geführt werden kann, zeigt E. Bizer, Ein Kampf um die Kirche. Der »Fall Schempp« nach den Akten erzählt, Tübingen 1965.

[238] E. Lohse, a.a.O., 163.

das für die Rechtstheologie der römisch-katholischen Ekklesiologie konstitutiv ist. Wer die Ordnung der Kirche öffentlichkeitswirksam stört, weckt ein »Skandalon«, das mit Sanktionen zu ahnden ist. »Zwar spricht die Kirche vom Skandalon des Kreuzes, aber nur im Sinne der Memoria und des Symbols, wo sie aber gemeinhin von Ärgernis spricht, hat das Wort einen Sinn, der so weit entfernt ist vom Ärgernis des Kreuzes Christi wie das Evangelium vom Gesetz der Kirche. ... Ärgernis ist schlechthin die Bestreitung der Fortsetzung der Inkarnation in der geschichtlichen Kirche, zumal wenn sie von ihren eigenen Gliedern erfolgt; ebenso gelten aber auch eklatante Verstöße gegen die Ordnung der Kirche als Ärgernis. Doch hängt es mit der zutiefst juristischen Struktur der Kirche zusammen, daß von Skandalon nur dann gesprochen wird und gesprochen werden kann, wenn die Öffentlichkeit in Mitleidenschaft gezogen oder diese im Interesse der Kirche wegen eines statuierten Ärgernisses im genannten Sinn mobilisiert wird«.[239]

Für Paulus ist das Ärgernis des Kreuzes unvermeidlich (1. Kor. 1,18ff). Für eine Kirche, die sich als Organisation mit dem Leib Christi identifiziert und dadurch verabsolutiert, ist jede Streitigkeit, selbst wenn sie im Namen der Kreuzesbotschaft erfolgt, unverzeihlich. Pfarrer/innen müssen die Gemeinde verlassen, wenn die »gedeihliche Zusammenarbeit« nicht länger gewährleistet ist. Die Formulierung, die dabei gerne verwendet wird, verrät, daß es hier um die Einhaltung von Betriebsregeln geht. Entsetzt über diesen Sprachgebrauch und die damit verbundene Praxis kann nur sein, wer seinerseits Organisation und Milieu mit dem Leib Christi unbedacht gleichsetzt. Noch mit ihren Reaktionen und Maßnahmen in Konflikten müssen beide Größen bezeugen, daß diese Gleichsetzung eine Illusion darstellt. Und alle Christ/innen und Pfarrer/innen müssen mit dem Risiko rechnen, daß Anfragen und Mahnungen, die ernsthaft zur Buße rufen, in Organisation und Milieu als ärgerlich eingestuft werden.

III.

»Wach auf, der du schläfst ...!« Die Tauf-Parole der Christus-Herrschaft provoziert ein Geschehen, in dem Menschen aus ihrem Harmonietraum erwachen und zur Klärung ihrer Lebenskonflikte befähigt werden. Das gilt für den Eintritt in den Leib Christi, das gilt für die Gestaltung des eigenen Lebens, aber im Blick auf beide Bereiche auch für den Vollzug des pastoralen Berufs. Der Weckruf ist ein Bußruf, der im täglichen Leben beherzigt sein will. Dabei dürfte die praktische Realisierung vor allem vor der schwierigen Aufgabe stehen, den

---

[239] J. Klein, Skandalon. Um das Wesen des Katholizismus, Tübingen 1958, 6f.

Kampf des Glaubens von den aggressiven Regungen, die aus psychischen Quellen stammen bzw. gesellschaftlichen Interessen dienen, zu unterscheiden.

Im »Zeitalter des Narzißmus«[240] sind die Regressionstendenzen gewachsen. Wenn die Menschen durch den Konsum von Massenmedien und PCs permanent in virtuelle Realitäten entführt werden, gerät die biorhythmische Pluralität von Schlafen und Wachen aus der Balance. Wenn die Freizeit zunimmt und die Arbeitslosigkeit wächst, verliert auch der Soziorhythmus von Arbeit und Erholung seine prägende Kraft. Wenn der Gruppendruck postuliert, alle müßten als Einzelne existieren, dann wird die von Kirchensoziologen und neuprotestantischen Theologen konstatierte Individualisierung zu einem Massenphänomen und profilierte Eigenständigkeit unerträglich. In der Erlebnisgesellschaft kann man nicht kämpfen. Alles muß traumhaft sein. Alles ist schön. Alles macht Spaß.

Der Weckruf des Glaubens befreit vom Betäubungsgesetz der falschen Versöhnung. Aber nicht jeder Konflikt, der in der Kirche aufbricht und von Christ/innen geführt wird, entsteht auf der Basis des Glaubens. Gerade weil in Organisation und Milieu Harmonieparolen das Feld beherrschen, schwelen unter der Oberfläche sachlicher bzw. freundlicher Interaktion aggressive Regungen der unterschiedlichsten Art. Konkurrenz wird nicht ausgetragen. Kränkungen bleiben ungeklärt. Frustrationen werden nicht artikuliert und brechen irgendwann um so heftiger aus. Der Ärger, den man bei sich selbst unterdrückt, fließt gleichwohl in die Kommunikation mit anderen ein. Und irgendwann kommt es gerade im Beziehungsnetz freundlicher Menschen zu Explosionen, die schlagartig zeigen, wie brüchig das harmonieerfüllte Klima eigentlich war.

In solchen Augenblicken beginnt nicht der Kampf des Glaubens in der Gemeinde, sondern das Ende einer Illusion. Je mehr Enttäuschung die Beteiligten dann überfällt, um so geringer wird die Chance, zu einem fundierten Vertrauensverhältnis zu finden. Hier wäre zu bewähren, daß der Friede Gottes höher ist als alle tolerante Vernunft und höher auch als alle friedfertigen Gefühle. In solchen Turbulenzen wäre allen Beteiligten, aber natürlich besonders den Pfarrer/innen zu wünschen, daß sie »zu persönlichem Verzicht bereit«[241] sind und alle Regungen zur Selbstdurchsetzung zurückstellen mögen. Der Kampf des Glaubens beginnt in den Glaubenden selber und verändert ihre Selbstgerechtigkeit, ihre Machtstrebungen und ihr Überlegenheitsbewußt-

---

[240] Vgl. Chr. Lasch, Das Zeitalter des Narzißmus, München 1980. Wie sehr sich dadurch auch die Predigtinhalte zu Karfreitag und Ostern geändert haben, zeigt eindrucksvoll T. Walther-Sollich, Festpraxis und Alltagserfahrung. Sozialpsychologische Predigtanalysen zum Bedeutungswandel des Osterfestes im 20. Jahrhundert, Stuttgart 1997.

[241] E. Lohse, a.a.O., 161.

sein. Die Waffenrüstung des Geistes schützt nicht nur vor den Angriffen, die von draußen erfolgen, sondern bewahrt auch davor, den »listigen Anschlägen des Bösen« in der eigenen Innerlichkeit zu erliegen. Die Stärke, die der Geist Gottes verleiht, besteht nicht zuletzt darin, daß man sich in aggressionsgeladenen Situationen nicht anstecken läßt.

Der Kampf des Glaubens verlangt also affektive Askese, obwohl und weil er von aller Harmoniesucht gereinigt ist. Das gilt nicht nur für die Ebene der Interaktion, sondern auch für die Einschätzung von umstrittenen Sachfragen. Während der kirchliche Pluralismus zur Grenzmarkierung unfähig ist und alle Positionen mit dem Mantel der Toleranz umfassen möchte, tendiert der religiöse Fundamentalismus zu einer konfessorischen Aufgeregtheit, die in allen theologischen Kontroversen Bekenntnisprobleme wittert. Solche Tendenzen gibt es nicht nur im Lager der sog. Evangelikalen. Die Lust an der Dramatisierung von Situationen und der Wunsch zur Verabsolutierung der eigenen Positionen führen immer wieder dazu, daß Sachfragen in den Rang von Glaubensfragen erhoben werden. In der Gegenwart sind es vorrangig Themen aus dem sozialethischen Bereich, die im kirchlichen Raum eine solche religiöse Aufladung attrahieren. Ob es sich um Fragen der Militärpolitik, der technischen Entwicklung oder der sexuellen Lebensgestaltung handelt – häufig genug droht die ethische Kalkulation durch die dogmatisch gemeinte, aber emotional bedingte Konfession von Grund auf blockiert zu werden. Und auch dort, wo man alte Lehraussagen durch neue Formulierungen in der Theologie fundamental verändert oder verraten sieht, muß man sich fragen lassen, ob man die Wahrheit des Evangeliums durch die Fixierung auf überlieferte Formeln wirklich konservieren kann.

Der Kampf des Glaubens ist weder mit der Harmoniesucht noch mit der Bekenntnislust der Glaubenden einfach identisch. Er findet dort statt, wo Menschen durch die göttlichen Energien bestimmt sind. Gegen die verführerischen Lügen, die die Verheißungswelt von Massenmedien und Werbung erfüllen, streitet die Wahrheit Gottes. Gegen Armut, Ausbeutung und Unrecht rückt die Gerechtigkeit Gottes ins Feld. Wo Raub, Kriege und Flüchtlingsströme die Erde überfluten, aber auch persönliche Starrheit den Lebensstrom kanalisieren möchte, will das dynamisierende Evangelium des Friedens verkündigt werden. Der Schild des Glaubens hilft gegen Ausstoßung und Vereinnahmung gleichermaßen. Der Helm des Heils verleiht jene Geistesgegenwart, die zu einem wortmächtigen und tatkräftigen Handeln mit dem Schwert des Geistes befähigt. Dessen Schärfe schafft Klärung, bei den Christ/innen, in ihrer Gemeinde und in ihrer Umgebung. Wo Ich war, muß Gott werden, damit Menschen nicht ihre Wünsche und Ängste, nicht ihre Neurosen und Interessen agieren.

160

Nach reformatorischer Ansicht kann man den Kampf des Glaubens nur dann bestehen, wenn man die Kunst der Unterscheidung von Gesetz und Evangelium beherrscht. Die Gefahr des kirchlichen Pluralismus resultiert aus dem Bemühen, allen das Evangelium sagen und den Bußruf ersparen zu wollen. Das Elend des christlichen Fundamentalismus ergibt sich aus der Absicht, die evangelische Wahrheit durch ein gesetzliches Schriftverständnis erhalten zu wollen. Die Versöhnung, die Pfarrer und Pfarrerinnen in der Gemeinde zu realisieren haben, gilt in der Tat allen Menschen. Aber wie das Wort Gottes entweder als Gesetz oder als Evangelium laut wird, so befinden sich auch seine Hörer in einer jeweils spezifischen Situation. Den Hochmütigen und Starken ist im Namen Gottes das Gesetz anzusagen, die Trauernden und Verzweifelten dagegen sind mit dem Evangelium zu trösten. Wenn man das Evangelium nicht als einen Vergebungsbrei weitergibt, der gleichmäßig in der Volkskirche auszuschütten ist, wenn man zwischen Gesetz und Evangelium, Starken und Schwachen, Tätern und Opfern, Bußruf und Heilsverheißung zu unterscheiden beginnt, dann setzen Klärungsprozesse ein, und die Konflikte des Glaubens beginnen. Wer Todesangst und Lebenshunger beim Namen nennt, muß mit Widerstand rechnen. Über einzelne Fehlentwicklungen darf man durchaus klagen. Daß darunter die tödliche Macht des Mammonismus am Werk ist, wird nicht gern gehört, weil Götzendienst sich nicht freiwillig attackieren läßt. Herrschsucht und Machtgier, Selbstgerechtigkeit und Moralismus darf man nur bei den anderen, den allgemein als solchen geltenden Gegnern, konstatieren. Und wer im allgemeinen Lamento über die Zerstörung der Schöpfung konkrete Schritte der Umkehr vorschlägt, wird schnell als Schwärmer verteufelt.

IV.

Der Kampf des Glaubens zielt auf die Abwehr des Bösen. Damit ist all das gemeint, was in den Leib Christi und in den Lebensraum der Christ/innen nicht eindringen darf. Das real Böse, im Epheserbrief als personale, weltbeherrschende Gegenmacht aufgefaßt (2,2; 6,11f), wird durch die Fülle der Gottheit ausgeschlossen, weil es durch die Macht Gottes nicht gereinigt und befreit und erlöst werden kann. »Prüft alles, und das Gute behaltet«, heißt es bei Paulus (1. Thessalonicher 5,21). Im Kampf des Glaubens geht es nicht einfach um die Legitimation von psychischen und soziologischen Größen, sondern um die Integration von Machtfeldern, die das Leben bestimmen. Die entscheidende Frage lautet: Welche Lebensbereiche können zum Bewährungsfeld von Heiligung werden? Welche Sphären sind von der Bosheit des Gegen-Gottes so besetzt, daß Christ/innen mit ihrer Glaubenspraxis sie nur meiden, eindämmen und abwehren können?

Die großen Entdeckungen der Rechtfertigungslehre sind im Streit um elementare Lebensmittel gelungen. Paulus hat die Freiheit vom Gesetz an der Beschneidungsfrage erstritten. Luther hat die Kraft des Evangeliums im Kampf gegen den Ablaßhandel wahrnehmen gelernt. Die Sexualität und das Geld sind auch heute Lebensbereiche, in denen die klärende Kraft des Glaubens sich zu bewähren hat.

Homosexualität und Mammonismus lauten die Stichworte, auf die sich die kirchliche Konfliktlage eher unwillig zubewegt.[242] Der Vergleich der Problemkonstellation zeigt erstaunliche Varianten. Beide Lebensvollzüge werden durch die biblische Tradition deutlich abgelehnt. Daß homosexuelle Praxis für Christ/innen verboten oder doch zutiefst problematisch ist, in dieser Einschätzung sind Fundamentalismus und Pluralismus sich weitgehend einig. Einig scheinen sich beide aber auch darin zu sein, daß eine sehr distanzierte Haltung gegenüber dem gegenwärtigen Wirtschaftssystem für Christ/innen nicht unbedingt notwendig ist. Beide Problembereiche können angesichts der laufenden Diskussion aber nicht länger unter dem Deckmantel der Harmoniesucht verborgen bleiben. Warum tut sich die Kirche mit den Schwulen so schwer? Und warum gelten wir Kapitalisten – damit sind ja nicht nur ein paar Unternehmer gemeint – als respektabel? Was heißt Heiligung im Verhältnis zum Geschlecht und zum Geld?

Daß homosexuelle Praxis zwischen Männern in zwei biblischen Traditionskomplexen, nämlich im Heiligkeitsgesetz und durch Paulus, verurteilt wird, kann man nicht gut bestreiten. »Wenn jemand bei einem Manne liegt wie bei einer Frau, so haben sie getan, was ein Greuel ist, und sollen beide des Todes sterben« (3. Mose 20,13).[243] Das zentrale Stichwort »Greuel« signalisiert, daß hier kein moralisches Vergehen, sondern ein Religionsverbrechen vorliegt. Und auch Paulus sieht in der Homosexualität keine sittliche Norm verletzt, sondern findet darin das sexuelle Indiz für eine religiöse Verkehrung.

Für den kirchlichen Fundamentalismus ist auf dieser Basis ganz klar: Homosexualität ist durch das Wort Gottes verboten. Nicht mehr die Homosexuellen selbst, aber auf jeden Fall ihre homosexuelle Neigung muß durch seelsorgerliche Behandlung beseitigt werden.

---

[242] Beide Phänomene sind auch in Dantes »Inferno« eng miteinander verknüpft (XI, 91ff, und XV, 100ff); G. Minois, Die Hölle. Zur Geschichte einer Fiktion, München 1994, 224, kommentiert diese Kombination folgendermaßen: »Die Homosexuellen machen einen natürlichen Fruchtbarkeitsinstinkt steril, während die Wucherer ein von Natur aus steriles Gut fruchtbar machen«.

[243] Vgl. F. Crüsemann, Die Tora. Theologie und Sozialgeschichte des alttestamentlichen Gesetzes, München 1992, 304: »Wird durch diese Texte der gesamte Bereich sexuellen Verhaltens mit massiven todesrechtlichen Bestimmungen gesichert, so ist offenbar genau damit zugleich ein Weg beschritten worden, der im Judentum faktisch zur Nichtpraktizierung solch rigider Gesetze geführt hat. Bereits in biblischer Zeit ist von einer Praktizierung nirgends überliefert«.

»Es gibt Hoffnung für Homosexuelle, und sie besteht in dem Folgenden:
1. Bekehrung zu Jesus Christus.
2. Anerkennung, daß Homosexualität Sünde ist, bekennen und um Vergebung bitten.
3. Früchte bringen, die der Umkehr gemäß sind, d. h.
   a) alle homosexuellen Praktiken und Beziehungen sofort abbrechen (1. Kor 15,33);
   b) Den Tages- und Wochenlauf neu planen;
   c) Das ganze Leben aufgrund biblischer Maßstäbe und durch die Kraft des Heiligen Geistes neu ordnen.
4. Die Liebe lernen in der Hingabe an einen Ehepartner im Rahmen der Ehe, es sei denn, Gott habe die Gabe der Ehelosigkeit verliehen«.[244]

Die Heilige Schrift wird hier als Gesetzbuch und Verhaltenskodex verstanden. »Von der Bibel her gesehen haben wir keinen Grund, Homosexualität als durch Erbfaktoren bedingt zu betrachten. Die Bibel nennt homosexuelle Betätigung Sünde«.[245] Diese Praxis kann deshalb bekämpft, auf keinen Fall aber geheiligt werden. Die Wahrheit des Wortes Gottes verlangt die Beseitigung einer Fehlorientierung im Lendenbereich.

In der pluralistischen Organisation drücken sich die Abwehrtendenzen nicht mehr so eindeutig aus. Die aufgeklärten Diskutanten, die sich hier zu Wort melden, können in Kenntnis der exegetischen, medizinischen bzw. tiefenpsychologischen Forschung Homosexualität weder als Sünde noch als Perversion denunzieren. Und die Bereitschaft zur Akzeptanz von Schwulen ist auch im Milieu angesichts ihrer Verfemung und Vernichtung in der Vergangenheit durchaus gewachsen. Aber der entscheidende Schritt zur Integration wird auch hier nicht vollzogen. Für das Kompromiß-Papier der EKD besteht der Mangel homosexueller Praxis vor allem darin, daß hier die Weitergabe des Lebens nicht möglich ist,[246] mit welchem Argument man freilich auch alle Formen von Sexualaskese in der Vergangenheit zu kritisieren hätte. In einer pluralistischen Kirche hat man sich mit dieser defizitären Lebensform zwar mehr oder weniger arrangiert, auch im Blick auf die Gemeindestatistik. Aber solange die gottesdienstliche Segnung von homosexuellen Paaren und die Lebensgemeinschaft von Schwulen

---

[244] J.E. Adams, Handbuch für Seelsorge. Praxis der biblischen Lebensberatung, 3. Auflage, Gießen 1988, 298.

[245] J.E. Adams, Befreiende Seelsorge. Theorie und Praxis einer biblischen Lebensberatung, 8. Auflage, Gießen 1988, 32.

[246] Mit Spannungen leben. Eine Orientierungshilfe des Rates der EKD zum Thema »Homosexualität und Kirche« (EKD-Texte 57), Hannover 1996, 32.

im Pfarrhaus nicht akzeptiert wird, scheint klar, daß Homosexualität kein Feld von Heiligung darstellen kann.

Die religiöse Verurteilung des Geldes hat in der Bibel eine sehr viel breitere Basis. Sie reicht von der Kritik der alttestamentlichen Propheten, die die sozialen Mißstände in Israel drastisch anprangern, bis zum Weheruf Jesu in der lukanischen Fassung der Bergrede: »Weh euch Reichen! Denn ihr habt euren Trost schon empfangen« (Lukas 6,24). Daß sich hier nicht nur die Armutstheologie des Evangelisten zu Wort meldet, zeigt die Perikope vom Reichen, der das ewige Leben gewinnen will: »Wie schwer werden die Reichen in das Reich Gottes kommen!« (Markus 10,23). Daß das Verhältnis zum Geld nicht einfach ein ethisches Problem, sondern eine religiöse Alternative impliziert, zeigt das Logion aus der Bergpredigt. »Niemand kann zwei Herren dienen, entweder er wird den einen hassen und den anderen lieben, oder er wird an dem einen hängen und den anderen verachten. Ihr könnt nicht Gott dienen und dem Mammon« (Matthäus 6,24). Auch wenn die historischen Hintergründe der urchristlichen Gütergemeinschaft exegetisch umstritten bleiben, exemplifiziert die Überlieferung von Hananias und Saphira, wie lebensgefährlich Habsucht und Geld hier wirken können (Acta 5,1ff). Mammon ist eine bedrohliche Macht, in deren Bannkreis Entscheidungen über Leben und Tod, Diesseitsorientierung und Jenseitshoffnung, Götzendienst und Gottvertrauen fallen.

In der Kirchengeschichte hat es deswegen immer wieder kritische Stimmen gegeben, die die reiche Kirche zur Umkehr gerufen haben. Und in der Gegenwart hat vor allem U. Duchrow die Frage gestellt, ob nicht das Weltwirtschaftssystem mit seinen tödlichen Folgen die christlichen Kirchen zum Bekenntnis herausfordern müßte. »Noch am wenigsten erkannt, festgestellt und beantwortet ist der Bekenntnisfall des Weltwirtschaftssystems als Hort unermeßlicher Machtballungen. Es kann von keiner politischen Institution mehr auf das Gemeinwohl hin kontrolliert werden und fordert z.Z. über 30 Mill. Hungertote pro Jahr – von den Unterdrückungen und Verletzungen der Menschenrechte um wirtschaftlichen Profits wegen zu schweigen. Haben Räuber, Nutznießer und Beraubte in diesem System noch Abendmahlsgemeinschaft? Nimmt die Kirche hier ihr Wächteramt wahr? Spiegelt sie nicht in ihrem Finanzsystem die Zerrissenheit in Klassen hier und weltweit wider?«[247]

Die Antwort auf diese Fragen ist leider durchweg akademisch geblieben. Einzelne Gruppen haben zum Boykott bestimmter Firmen und Banken aufgerufen. Kirchliche Kommissionen haben den Prozeß zunehmender Armut in der BRD aufgedeckt. Und zweifellos versucht

---

[247] U. Duchrow, Weltwirtschaft heute – Ein Feld für Bekennende Kirche? München 1986, 139.

die Organisation Kirche, ihren lobbyistischen Einfluß auch zugunsten der Benachteiligten jeder Art einzusetzen.

Auffällig ist freilich auch, daß im Verhältnis zum Geld jenes Urteil vermieden wird, das in der Diskussion um die Homosexualität direkt oder indirekt immer noch auftaucht: »Kapitalismus ist Sünde«. Der kirchliche Fundamentalismus, der sonst so bibeltreu auftritt, ist durch seine schroffe Ablehnung des Marxismus an jeder radikalen gesellschaftskritischen Haltung gehindert. Und die pluralistische Organisation kann nur Statements mit Kompromiß-Charakter produzieren und müßte sich hier zudem ihre eigene babylonische Gefangenschaft eingestehen.

Die biblische Tradition, die Homosexualität teilweise, aber Mammonismus[248] prinzipiell kritisiert, wird in der Gegenwart also ganz unterschiedlich zur Geltung gebracht. Das zeigt sich bis in die poimenische Praxis. Hilfe für Homosexuelle wird so oder so, mit dem Ziel der Befreiung oder der Integration, angeboten. Auch die Aufgabe der Schuldnerberatung wird erfreulicherweise wahrgenommen. Aber daß im Verhältnis zum Geld Gottvertrauen und Glaubensfreiheit bewahrt werden wollen, das wird weder in der evangelikalen noch in der therapeutischen Seelsorge thematisiert. Wer sich am gesellschaftlich akzeptierten Krankheitsverständnis orientiert, hat in der Tat keinen Anlaß, nach dem Vorbild der Kirchenväter und der Reformation Habgier und Geldsucht aus der Seele von Menschen austreiben zu wollen.

Homosexualität als biopsychische Gegebenheit bleibt verfemt. Mammonismus als soziale Realität wird akzeptiert. In beiden Problembereichen stellt sich die Frage, ob sie durch Heiligung in das christliche Leben zu integrieren sind. Ist »die Macht seiner Stärke« (6,10) so groß, daß eine sexuelle Praxis, die im leiblichen Vollzug die Verkehrung des Gottesverhältnisses darstellen sollte, zur Lebensgestalt christlicher Liebe transformiert werden kann? Ist die Erneuerung der Christ/innen durch die Fülle Gottes so umfassend (4,17ff), daß sie, aus der Habgier befreit, ein neues, durch die Opferhaltung Christi bestimmtes Verhältnis (5,2) zum Geld finden können?

Der Kampf des Glaubens findet nicht im Bereich von Werten und Normen statt. Dabei geht es um die Legitimation von Institutionen, um die Anerkennung von Realitäten, um die Rechtfertigung von Verhaltensweisen. Im Kampf des Glaubens sind Christ/innen vor die Frage gestellt, welche Phänomene des Lebens von der Heiligung erfaßt und geprägt werden können. In diesem Vorgang wird alles verändert, was im Wirkungsfeld von Geschlecht und Herzen, von Füßen, Kopf und Händen liegt. Heiligung heißt: Ein Mensch wird als ganzer von

---

[248] Zur ökumenischen Diskussion vgl. M. Käßmann, Die eucharistische Vision. Armut und Reichtum als Anfrage an die Einheit der Kirche in der Diskussion des ökumenischen Rates, München/Mainz 1992, bes. 173ff.

der Kraft der Heiligkeit Gottes erfaßt und kann deshalb in einer harmoniesüchtigen Welt, in einer verwalteten Organisation, in einer konfliktscheuen Kerngemeinde tatkräftig handeln, leben und kämpfen.

Die Zeit der Gemeinde

I.

»Deshalb beuge ich meine Knie vor dem Vater, der der rechte Vater ist über alles, was Kinder heißt im Himmel und auf Erden, und bitte ihn, daß er euch Kraft gebe nach dem Reichtum seiner Herrlichkeit, stark zu werden durch seinen Geist am inneren Menschen, so daß Christus durch den Glauben in euren Herzen wohnt und ihr in der Liebe eingewurzelt und gegründet seid. Dann könnt ihr mit allen Heiligen begreifen, welches die Breite und die Länge und die Höhe und die Tiefe ist, und die Liebe Christi erkennen, die doch alle Erkenntnis übertrifft, damit ihr erfüllt werdet mit der ganzen Gottesfülle. Dem aber, der überschwenglich mehr tun kann als alles, was wir bitten oder verstehen, nach der Kraft, die in uns wirkt, dem sei Ehre in der Gemeinde und in Christus Jesus zu aller Zeit, von Ewigkeit zu Ewigkeit! Amen« (3,14-21).

Dieses Gebet ist erfolgreich gewesen. Die Kraft Gottes, die nach Paulus im Evangelium präsent sein soll (Römer 1,16f), hat sich nunmehr fast 2000 Jahre lang durchgesetzt. Trotz der Unbeständigkeit der Christ/innen, wie sie schon in der Anfangszeit zu erkennen ist, trotz aller Verweltlichungstendenzen der Kirche als Institution hat der Leib Christi in der Geschichte Bestand gehabt. Und auch wenn und gerade weil das so triumphal proklamierte »Jahrhundert der Kirche« faktisch von Jahrzehnten der Entkirchlichung geprägt worden ist, wird die Zukunft eine Zeit der Gemeinde sein.

Wie ist die Unzerstörbarkeit dieser Größe, die W. Faulkner aus der Ahnungsperspektive eines unmündigen Jungen erfaßt hat, in wissenschaftlichen Kategorien zu interpretieren? Der Leib Christi ist jener Raum, der vom Geist Gottes erfüllt wird; und der Geist Gottes ist jene Macht, die den Leib Christi am Leben erhält. Diese Vorstellungen, die uns im Epheserbrief in den verschiedensten Varianten begegnet sind, bilden auch die Grundstruktur der zitierten Verse. Durch den Geist wird die Christuskraft in menschliche Herzen versenkt; und diese können deshalb erkennen, »welches die Breite und die Länge und die Höhe und die Tiefe« sei. Die Einwohnung des Geistes ermöglicht die Einführung in einen Raum, der menschlicher Erkenntnis verborgen bleibt, weil dort die göttliche Energie der Liebe Christi herrscht und die Glaubenden mit der Gottesfülle erfüllt.

Für die Exegese bleiben diese Aussagen weitgehend rätselhaft, gerade weil es in der Antike dazu zahlreiche Parallelen gibt.[249] Mit der

---

[249] Vgl. H. Hübner, An Philemon – An die Kolosser – An die Epheser, HNT 12, Tübingen 1997, 195f.

damaligen Verbreitung dieses Vorstellungsmaterials könnte man einerseits die weltanschauliche Abständigkeit solcher Aussagen für die Gegenwart begründen. Man könnte andererseits aber auch fragen, ob es in der Gegenwart nicht entsprechende, keineswegs spezifisch christliche bzw. theologische Anschauungen gibt, um die Wirkungsmacht dessen, was im Epheserbrief »Leib Christi« heißt, kategorial zu begreifen.

Mit seiner Hypothese von den morphogenetischen Feldern hat der englische Biochemiker R. Sheldrake ein Modell entworfen, das nicht nur den rätselhaften Prozeß der Formentstehung in der Natur aufhellen, sondern darüber hinaus auch Traditionsbildung und Traditionsweitergabe in Gesellschaften, in Kultur und Religion interpretieren soll. Was in der systematischen Theologie als »Kraftfeld« des Geistes bezeichnet wird, kann von diesen Annahmen aus schärfere Konturen gewinnen. »Morphogenetische Felder sind, wie die bekannten Felder der Physik, nichtmaterielle Kraftzonen, die sich im Raum ausbreiten und in der Zeit andauern«.[250] Derartige Phänomene tauchen nicht nur im Bereich der Naturwissenschaften auf; »die morphischen Felder von Kulturen und Gesellschaften sind von derselben Natur wie die Felder biologischer und chemischer Systeme«.[251] Ihre Vergegenwärtigung erfolgt durch »morphische Resonanz«. Damit bezeichnet Sheldrake »die Übertragung formativer Kausaleinflüsse durch Raum und Zeit. Der Erinnerungsgehalt eines morphischen Feldes ist kumulativ, und das ist der Grund dafür, daß alle Dinge durch Wiederholung immer mehr den Charakter des Gewohnheitsmäßigen annehmen. Wenn dieser Wiederholungsprozeß sich über Milliarden von Jahren hingezogen hat, wie es bei Atomen und den meisten Arten von Molekülen und Kristallen der Fall ist, so hat sich die Eigenart dieser Dinge so tief habitualisiert, daß sie praktisch zu ihrer unmittelbaren, ja scheinbar sogar ewigen Natur geworden ist«.[252]

Andere Feldphänomene, die etwa menschliches Verhalten oder religiöse Anschauungen betreffen, weisen eine kürzere Traditionsdauer und eine dementsprechend geringere Resonanzdichte auf. Auch das, was im Epheserbrief »Leib Christi« heißt und was im Theologenjargon »die Botschaft des Evangeliums« oder »die Sache Jesu« genannt wird, läßt sich als ein morphogenetisches Feld interpretieren, das, wie die historische Forschung belegt, faktisch eine Mischung aus alten und neuen Elementen darstellt. »Alle neuen Felder umfassen untergeordnete, morphische Einheiten, die bereits früher existierten und nun durch die übergeordnete Organisationskraft des neuen Feldes zueinander in Beziehung treten. Neue Arten von Molekülen enthalten Atome, die sich

---

[250] R.Sheldrake, Das Gedächtnis der Natur. Das Geheimnis der Entstehung der Formen in der Natur, Bern 1994, 11.
[251] A.a.O., 311.
[252] A.a.O., 11.

vor Milliarden von Jahren entwickelt haben; die ersten Zellen, die Zellkerne besaßen, haben vermutlich bereits existierende Mikrobenzellen in sich aufgenommen; reptilienhafte Elemente finden sich in den Körperbauplänen der ersten Vögel wieder; neue Instinkte enthalten Verhaltenselemente, die schon für zahllose Generationen in Gebrauch sind; neue Theorien enthalten bereits existierende Ideen, wie wir es etwa an Darwins Theorie der Evolution durch natürliche Auslese sehen: die Ideen des evolutionären Wandels und des Kampfs ums Dasein gab es bereits. Kurzum, neue Strukturen enthalten alte, sind aber trotzdem neu und entstehen urplötzlich; ihre Ganzheit und Unteilbarkeit läßt kein allmähliches Auftreten zu«.[253]

Felder werden realisiert durch Resonanzen. Im Bereich von Kultur und Religion vollzieht sich das durch die Praxis von Ritualen. Sie »können – aufgrund von morphischer Resonanz – tatsächlich die Vergangenheit gegenwärtig machen. Je größer die Ähnlichkeit zwischen der heutigen und der früheren Form des Rituals, desto stärker die Resonanzbeziehung zwischen den früheren und den heutigen Ausführungen«.[254] »Der Leib Christi« als morphogenetisches Feld hat Resonanzen ausgelöst in den gottesdienstlichen Handlungen, die Menschen als Einzelne oder in Gemeinschaft durch die Jahrhunderte hin vollzogen haben. Trotz aller Variationen, die die Liturgiegeschichte entwickelt hat, kann man im Blick auf die Effekte annehmen: In diesen Handlungen ist die doxologische Evokation des machterfüllten Namens Christi erfolgt. Hier sind Menschen aus dem Wirkungsbereich destruktiver Felder herausgerissen worden und unter den Einfluß heilvoller göttlicher Energien geraten. Der Friede Gottes, der höher ist als alle Vernunft, als alles Verstehen und alle Gefühle, hat Menschen in ein unermeßliches Feld geführt und sie mit einer unerschöpflichen Kraft erfüllt. Die Zukunft von Kirche hängt davon ab, daß der Zugang zu diesem Kraftfeld erhalten bleibt und immer neu realisiert wird.

II.

Die Zukunft der Kirche ist die Zeit der Gemeinde. Beide Zentralbegriffe der Ekklesiologie sind in ihrem Realitätsgehalt durch die gegenwärtige Kirchlichkeit überlagert. Das Stichwort »Kirche« verweist auf eine Organisation, auf einen bürokratischen Verwaltungsapparat, neuerdings auch auf eine Dienstleistungszentrale, in der indirekt kommuniziert und Geld transferiert wird. Und beim Stichwort »Gemeinde« denkt man häufig an die Gemeinschaft eines kommunalen Milieus, in

[253] A.a.O., 346.
[254] A.a.O., 317.

dem ein bestimmter Lebensstil gepflegt und wechselseitige Bestätigungswerte ausgetauscht werden.

Auch in der Zukunft wird das, was »Kirche« heißt, organisatorische Strukturen aufweisen, wenn auch wahrscheinlich in erheblich geringerem Umfang, als es derzeit der Fall ist. Und auch in der Zukunft wird sich Gemeinde immer in spezifischen Milieus von frommen, friedenswilligen, harmoniebedürftigen oder sozial benachteiligten Gruppen präsentieren. Die entscheidende Überlebensfrage wird aber darin bestehen, ob es gelingt, das morphogenetische Feld des Leibes Christi von den Strukturen und Mechanismen der Organisation und des Milieus nicht überwuchern zu lassen. Verwaltungsakte sind bürokratische Akte, auch wenn sie von einer Behörde vollzogen werden, die sich »Landeskirchenamt« nennt. Und Streicheleinheiten sind zwischenmenschliche Beziehungsmuster, auch wenn sie in einer Kirchengemeinde, zwischen kirchlichen Amtsträgern und Gemeindemitgliedern, ausgetauscht werden. Morphogenetische Felder von Bürokratie und Empathie breiten sich aus. Und gegen beides ist gar nichts zu sagen, weil menschliches Leben in der Gesellschaft sowohl der Verwaltung als auch der wechselseitigen Zuwendung bedarf. Bedrohlich wird die Wirkungsmacht beider Größen, wenn man sie mit dem Leib Christi gleichsetzt. Konfessionsgeschichtlich ist die Sanktionierung der Institution die Gefahr des römischen Katholizismus, die Verabsolutierung der zwischenmenschlichen Humanität die Gefahr des neuen Protestantismus.

Daß die Zukunft der Kirche in der Gemeinde liegt, wird hier freilich weder mit einem protestantischen Prinzip noch aus einem institutionskritischen Affekt heraus behauptet. Der entscheidende Vorsprung von Gemeinde, auch wenn sie sich weitgehend als Milieu versteht, gegenüber der Organisation ist für die phänomenologische Wahrnehmung offenkundig. In der Gemeinde wird das realisiert, was die Kirche zum Leib Christi macht. Hier findet das morphogenetische Feld, das von der Fülle Gottes erfüllt ist, in der täglichen spirituellen Praxis, in den sonntäglichen Gottesdiensten seine permanente Resonanz.

Auch in Landeskirchenämtern und anderen kirchlichen Einrichtungen wird es regelmäßige Andachten geben. Sie sollen für die religiöse Fundierung der dort zu leistenden Arbeit sorgen. Aber diese Arbeit selbst muß sich an anderen Normen orientieren: an verwaltungsmäßiger Korrektheit, an juristischer Gerechtigkeit, an ökonomischer Sparsamkeit, an struktureller Effizienz. Was hier geschieht und bewirkt werden soll, muß sich an Kriterien messen lassen, die für jede Behörde gelten.

In der Gemeinde vor Ort sieht das anders aus. Auch hier gibt es Formen sogenannter »Gemeindearbeit«, wie man sie auch in anderen kommunalen Bereichen antreffen kann: Fürsorge für Alte und Pflegebedürftige, Einrichtungen der Kinderbetreuung, Freizeitangebote für Jugendliche, Frauen und Männer. Die entscheidende Arbeit freilich, die nicht nur die Gemeinde macht, sondern durch die Gemeinde allererst entsteht, ist mit diesen Tätigkeitsfeldern nicht einfach identisch. Sie findet dort statt, wo sich der Resonanzraum für das morphogenetische Feld des Leibes Christi einstellt. Dann geschieht das, was der Absender des Epheserbriefs seinen Adressaten wünscht: Der Geist Gottes zieht in den Herzen ein. Mit allen Heiligen können sie die unermeßliche Ausdehnung des Leibes Christi erfassen. Sie werden mit einer Erkenntnis erfüllt, die alles Wissen und Verstehen weit übersteigt. Und durch die Kraft Gottes werden sie einbezogen in den ewigen Lobgesang.

Die Morphogenese des Leibes Christi enthält beide Momente: die Wirkung einer Kraft und die Formung einer Gestalt. Was sich auf der sprachlichen Ebene als Folge von Indikativ und Imperativ, von Zuspruch und Anspruch darstellt, das wird im Gemeindeleben als Doppelschritt von Glaube und Liebe, von kultischem und alltäglichem Gottesdienst entfaltet. Insofern sind alle diakonischen und poimenischen Tätigkeiten in der Gemeinde weder belanglos noch beliebig für das Gemeindeleben. Sie dürfen nur nicht vergessen machen, woher die Gemeinde als Resonanzraum des Leibes Christi ihre Kraft zur Gestaltwerdung gewinnt.

Auch das in den letzten Jahren so viel diskutierte Problem des Gemeindeaufbaus[255] findet mit der Erinnerung an den Epheserbrief eine eindeutige Orientierung. In seinem historischen Rückblick hat Chr. Möller nachgezeichnet, wie die Erfahrung wachsender Entkirchlichung in diesem Jahrhundert zur Entwicklung immer neuer Konzepte und Programme geführt hat. Ob volkskirchlich oder missionarisch, ob pädagogisch oder kybernetisch, ob reformerisch oder restaurativ, immer geht es darum, einer schwindenden Kirchlichkeit zu begegnen und Menschen für die Teilnahme am Gemeindeleben zu gewinnen.

Nach dem bisher Gesagten dürfte es deutlich sein, wo die Grenze zwischen der Mitgliederwerbung für »unsere Volkskirche« und der Ausbreitung des Leibes Christi zu ziehen ist. Gemeindeaufbau im theologischen Sinn kann weder durch organisatorische Impulse noch durch zwischenmenschliche Aktivitäten zum Ziel führen. Gemeindeaufbau darf vor allem nicht mit dem Ziel verwechselt werden, Menschen in ein bestimmtes Milieu einladen zu wollen. Gemeindeaufbau kann nur dadurch gelingen, daß die Kraft Gottes im Geist Menschen in das Kraftfeld des Leibes Christi hineinzieht. Das kann in »unserer

---

[255] Sehr viel stärker gesellschaftspolitisch orientiert waren die Veröffentlichungen von N. Greinacher/N. Mette/W. Möhler (Hg.), Gemeindepraxis. Analysen und Aufgaben, München/Mainz 1979, und N. Mette (Hg.), Wie wir Gemeinde wurden. Lernerfahrungen und Erneuerungsprozesse in der Volkskirche, München/Mainz 1982.

Volkskirche« geschehen, in freikirchlichen Gemeinden, in evangelikalen Gruppen, in esoterischen Zirkeln.[256] Die Mauer, die zwischen Juden und Heiden errichtet war, ist durch das Opfer Christi aufgebrochen (2,14ff). Nähe und Ferne zu Gott müssen jetzt neu definiert werden. Gemeinde Jesu Christi zu sein, ist kein landeskirchliches Privileg. Gerade in der Frage des Gemeindeaufbaus kommt es zu einer Unterscheidung der Geister.

Das Wesentliche hat schon Chr. Möller gesagt:»Die Frage nach Gemeindeaufbau wird zu einem Fluch, wenn sie den fehlenden Glauben an die Selbstwirksamkeit des Wortes durch aktivierende Programme zur Leistungssteigerung dynamischer Gemeinden ersetzen soll. Sie wird zum Segen, wenn sie aus dem Zutrauen zur Wirkkraft des Wortes kommt und dazu führt, aufmerksam für ›selbstwachsende Saat‹, für unscheinbare Gaben des Geistes, für überraschende Zusammenhänge, für einzelne Menschen zu werden, mögen sie nah oder fern, gläubig oder zweifelnd sein«.[257]

III.

Wie realisiert man im Zeitalter der Entkirchlichung die Zeit der Gemeinde? Wie treibt man in einer Gesellschaft, die sich zunehmend mehr als säkularisiert versteht, Mission?

Das Stichwort, das zwei Jahrzehnte lang die kirchliche Strategie bestimmt hat, lautet: Kommunikation. Mit einer gewissen Gebrochenheit hat E. Lange diesen Leitbegriff in die Debatte eingebracht:»Kommunikation des Evangeliums« war seiner Anregung nach das Motiv aller kirchlichen Praxis. Durch diese Formulierung waren soziologische und theologische Aspekte noch schiedlich-friedlich miteinander vereint.[258] Im weiteren Verlauf hat sich freilich die sozialkommunikative Dimension immer stärker in den Vordergrund gedrängt. »Vielfältige Kommunikationsformen entwickeln«, lautet eine zentrale Aufgabe im Arbeitsbuch zum »Thema: Volkskirche«.[259] Die Liste, die entsprechende Ansätze sammelt und konkretisiert, ist beeindruckend und beängstigend zugleich, weil sie viel Zeit, Kraft und Geldreserven beansprucht. Sie reicht vom Hausbesuch über Gemeindebriefe und kirchliche Presse bis

[256] Mit Recht beklagt D. Jordahl, Die zehn Ängste der Kirche, Stuttgart 1993, 107ff. »Die Angst vor der Esoterik«; eine breite und relativ unverkrampfte Darstellung bietet Chr. Bochinger, »New Age« und moderne Religion. Religionswissenschaftliche Analysen, Gütersloh 1994.

[257] Chr. Möller, Lehre vom Gemeindeaufbau 1: Konzepte – Programme – Wege, Göttingen 1987, 132.

[258] Zu dieser Verknüpfung vgl. K. Liedtke, Wirklichkeit im Licht der Verheißung. Der Beitrag Ernst Langes zu einer Theorie kirchlichen Handelns, Würzburg 1987, 334ff.

[259] Kirchenkanzlei der EKD (Hg.), Thema: Volkskirche. Ein Arbeitsbuch für die Gemeinde, Gelnhausen/Berlin 1978, 204.

zu übergemeindlichen Diensten, die den »besonderen Bedürfnissen der Volkskirche entgegenkommen« sollen,[260] wie etwa Zentren der Familienberatung, der Telefon- und Krankenhausseelsorge und vieles andere mehr.

Selbstverständlich haben in der Folgezeit vor allem soziologisch orientierte Konzepte dieses Postulat unterstützt. Als ein Fazit seiner Auswertung der kirchensoziologischen Mitgliedschaftsforschung hat A. Feige an die organisierte Kirche die Frage gerichtet: »Inwieweit ist die Institution bereit, auf die Motivationen ihrer Mitglieder einzugehen und inwieweit besitzt sie bzw. besitzen die in ihr ›verkündigend‹ Tätigen eine bedürfnisangepaßte Auslegungsfähigkeit?«[261] In seiner Einführung in die »Pastoralsoziologie« hat K.-F. Daiber »religiöse Kommunikation« und »Handeln in der Kirche« wechselseitig aufeinander bezogen, wobei das Kommunikationsverständnis eindeutig von sozialwissenschaftlichen Vorgaben bestimmt ist.[262] Für eine soziologische Betrachtung der Kirche ist das schlicht selbstverständlich, weil man hier per definitionem nur mit sozialen Faktoren, Prozessen und Wirkungen rechnen kann. Bei der Erörterung »religiöser Kommunikation« muß sie dementsprechend die Schwierigkeiten reflektieren, die sich in der säkularisierten Gesellschaft ergeben; die spezifischen Möglichkeiten, die im morphogenetischen Feld religiöser Praxis entstehen, bleiben dagegen hier grundsätzlich außer Betracht.

Welche Handlungsperspektiven sich auf dieser soziologischen Basis für die Zukunft der Kirche ergeben, hat die Kooperation des Dekanats München mit einer namhaften Firma aus dem Bereich der Unternehmensberatung exemplarisch gezeigt. Das sog. »München-Programm« soll »die Fähigkeit der Evangelisch-Lutherischen Kirche in München verbessern, die Glaubensentwicklung ihrer Mitglieder zu fördern. Bleibender Ausgangspunkt ist ihr Auftrag.«[263] Vorentscheidend ist schon die theologische Ausgangsformel. Wenn die Arbeit der Kirche nur auf einem imperativen Fundament beruht, dann ist es unumgänglich, daß sie von sich aus nach Möglichkeiten sucht, um diesen »Auftrag« zu realisieren. In der Marktwirtschaft bietet das entscheidende Instrument dafür die Marktanalyse. Also hat man die Erwartungen und Bedürfnisse der Mitglieder untersucht. Die breite und unpräzise Palette der bisherigen Praxis wird auf diese Erwartungen und Bedürfnisse hin

---

[260] Ebd.
[261] A. Feige, Kirchenmitgliedschaft in der Bundesrepublik Deutschland. Zentrale Perspektiven empirischer Forschungsarbeit im problemgeschichtlichen Kontext der deutschen Religions- und Kirchensoziologie seit 1945, Gütersloh 1990, 376.
[262] K.-F. Daiber, Pastoralsoziologie, in: H. Kreß/K.-F. Daiber, Theologische Ethik – Pastoralsoziologie, Grundkurs Theologie 7, Stuttgart 1996, 199ff.
[263] Evangelisch-lutherisches Dekanat München, Das Evangelische München-Programm, München 1996, 2.

profiliert. »Die Strukturen werden den Bedürfnissen der Neuausrichtung angepaßt und unterstützen die Ausgestaltung und Durchführung eines mitgliedergerechten Angebots«.[264] Und bei der Wahrnehmung der akuten Bedürfnislage wird sich unvermeidlich die Kirche selbst ändern. »Spiritueller kann die Evangelisch-Lutherische Kirche in München allerdings nur werden, wenn sie gleichzeitig als Institution moderner wird«.[265]

Hier rechnet sich eine Kirche, die sich mit ihrer Selbstbezeichnung auf das neutestamentliche Evangelium und die lutherische Reformation beruft, dadurch Zukunftschancen aus, daß sie sich zur religiösen Firma entwickelt. Die schwerfällige Organisation muß zum schlanken Dienstleistungsunternehmen umgestellt werden. »Glaubensentwicklung« wird als Ergebnis einer fundierten Unternehmensberatung betrachtet. Auch in den Gemeinden hat man jetzt weltanschauliche Waren im »Angebot«, und ihre Absatzchancen steigen, wenn man sie möglichst optimal, der Bedürfnislage gemäß, präsentiert. Das, was im Neuen Testament »Geist Gottes« genannt wird, ist plötzlich überflüssig geworden. Die »Gottesfülle«, die in menschliche Herzen einziehen muß, damit »Glaubensentwicklung« gelingt, ist ein unkalkulierbarer Risikofaktor, den man durch marktwirtschaftliche Operationen tunlichst ausschalten sollte. »Unsere Volkskirche«, die sich so verkauft, lädt zum Kirchenaustritt geradezu ein, weil sie selbst ihn nach Kräften vollzieht.

Anders sind die Zukunftsprobleme in den ostdeutschen Landeskirchen gelagert. Dort ist, wie E. Neuberth betont, das christliche Erbe »gründlich ausgetrieben«. Der Prozeß der Entkirchlichung weist zwischen Westen und Osten zwar auch gemeinsame Züge auf. Auf der einen Seite ist er als Reaktion auf politischen Druck, auf der anderen Seite als Niederschlag öffentlicher Trends erfolgt. Dort bot er Vorteile im gesellschaftlichen Leben, hier hat er vor allem finanzielle Einsparungen erbracht. Man wird also, gegen Neuberth, auch die westliche Entwicklung nicht einfach als »Ausdruck von Mündigkeit, von gesellschaftlicher Emanzipation«[266] ansehen dürfen. Aber am entscheidenden Punkt hat er natürlich recht. Der Prozeß der Entkirchlichung ist für weite Bevölkerungskreise in den neuen Bundesländern abgeschlossen. Nach dem Zusammenbruch der staatlich verordneten Ideologie des Marxismus-Leninismus hat es keine Rückkehr zur christlich-abendländischen Tradition gegeben. Im Gegenteil. Man wird die Lage auch so einschätzen dürfen, daß Kirche und Religion häufig als Im-

---

[264] A.a.O., 14.
[265] A.a.O., 3.
[266] E. Neuberth, »gründlich ausgetrieben«. Eine Studie zum Profil und zur psychosozialen, kulturellen und religiösen Situation von Konfessionslosigkeit in Ostdeutschland und den Voraussetzungen kirchlicher Arbeit (Mission), Berlin 1996, 44.

portgüter westlicher Kolonisation angesehen werden und daß man, bei aller Anpassung in der Ökonomie, auf dem ideologischen Feld alte Mentalitäten der Kirchendistanz weiterhin konservieren kann.

»Konfessionslosigkeit, als Folge einer administrativ durch die SED-Religionspolitik forcierten Enttraditionalisierung, ist zu einer verfestigten Haltung geworden, die durch mentale Eigenheiten, weltanschauliche Orientierungen und verinnerlichte frühere biographische Entscheidungen gestützt werden. Diese Stützen der Konfessionslosigkeit sind in den nur allmählich und schwer zu verkraftenden Transformationsprozessen der Nachwendejahre und des Vereinigungsprozesses besonders hohe Hürden in der Kommunikation von Konfessionslosen mit den Kirchen und ihren Angeboten bzw. stehen der offenen Begegnung oder gar Aneignung der christlichen Tradition im Wege«.[267] Was ist in dieser Lage zu tun? Was wird auch im Westen zu tun sein, wenn sich der Prozeß der Entkirchlichung in der zweiten und dritten Generation selbstverständlich fortgesetzt hat?

Neuberths Vorschläge sind kommunikationssoziologisch korrekt. »Missionarisches Management« muß beachten, daß »in Ostdeutschland erst einmal in Gesellschaft und Öffentlichkeit überhaupt die geistigen und kulturellen Voraussetzungen für die Vermittlung des christlichen Glaubens geschaffen werden müssen«.[268] Die Mission braucht Einstellungen, an die sie anknüpfen kann, und die sind fundiert in den Werten der christlich-abendländischen Tradition. Die Bedeutung der christlichen Orientierung für das politische Leben, die Bedeutung der kirchlichen Symbole für die Kultur, die Bedeutung einer religiösen Lebenshaltung für die Entwicklung von Ich-Stärke müssen ins öffentliche Bewußtsein gerückt werden. »Religiosität kann heute nur dort wachsen, wo Menschen befähigt worden sind, sich für christliche Angebote zu entscheiden, wo sie in freier Wahl ihr Leben und ihren Lebensstil in Rückbindung an die christliche Tradition gestalten und bereichern können«.[269] Auch im Osten muß also ein soziokulturelles Klima nach westlichem Vorbild entstehen, damit dort Mission fruchtbar und funktionsfördernd wirken kann.

Auf die politischen Einstellungen, die dieses Konzept enthält, ist in unserem Zusammenhang nicht einzugehen. Daß zu DDR-Zeiten Solidarität nicht nur ideologisch postuliert, sondern mancherorts auch in ganz unterschiedlichen Stimmungslagen praktiziert worden ist, dürfte gegenüber der kapitalistischen Ellenbogen-Mentalität durchaus ein positiver Anknüpfungspunkt sein. Viel entscheidender ist aber die Frage, ob »Kommunikation des Evangeliums« wirklich spezifische Vorgaben benötigt, um wirksam zu werden. Sind Menschen, die in distanzier-

---

[267] A.a.O., 14.
[268] A.a.O., 103.
[269] A.a.O., 106.

ter Kirchlichkeit leben, dem Leib Christi wirklich näher als religionslose Zeitgenossen, die das Christentum noch nicht einmal als Kulturgut und die Kirche noch nicht einmal als Diskussionsforum schätzen? Historisch ist der Sachverhalt klar: Christliches Abendland, neuzeitliches Christentum haben nicht am Anfang der missionarischen Arbeit gestanden, sondern sind in ihrem Wirkungsfeld gewachsen. Die Frage für die Zukunft der Kirche, im Osten wie im Westen, wird sein, ob es eine Praxis von »Kommunikation des Evangeliums« gibt, die unabhängig ist von soziologischen und psychologischen Wirkmechanismen.

Paulus hat das Evangelium eine »Kraft Gottes« genannt, deren Dynamik sich darin bewährt, daß dieses Wort trotz aller öffentlichen Abwertung Menschen für den Glauben gewinnt. »Denn die Juden fordern Zeichen, und die Griechen fragen nach Weisheit, wir aber predigen den gekreuzigten Christus, den Juden ein Ärgernis und den Griechen eine Torheit; denen aber, die berufen sind, Juden wie Griechen, predigen wir Christus als Gottes Kraft und Gottes Weisheit. Denn die göttliche Torheit ist weiser, als die Menschen sind, und die göttliche Schwachheit ist stärker, als die Menschen sind« (1. Korinther 1,22-25). Wenn das Evangelium angemessen kommuniziert wird, dann werden darin Faktoren wirksam, die das Feld menschlichen Verstehens und zwischenmenschlicher Verständigung übersteigen. Das Evangelium Gottes bietet der Organisation Kirche keine Garantie dafür, daß die alten Strukturen unter veränderten Bedingungen erhalten bleiben. Es wehrt auch jedem Versuch des Milieus, Menschen nach dem eigenen Idealbild frommer, moralischer, abendländischer, neuzeitlicher oder schlicht bürgerlicher Lebensführung formen zu wollen. Sicher ist nur, daß diese Gotteskraft Menschen an ihrem Ort, zu ihrer Zeit, trotz ihrer Gottlosigkeit und sogar trotz ihrer Gläubigkeit ergreift und verändert, »ubi et quando visum est Deo« (CA V). Wem das widerfährt, ob im Westen oder im Osten, der wird auch in Zukunft »mit allen Heiligen begreifen, welches die Breite und die Länge und die Höhe und die Tiefe ist, und die Liebe Christi erkennen, die doch alle Erkenntnis übertrifft« (3,18f).

IV.

Die Zeit der Gemeinde wächst aus der Erinnerung an die Zukunft der Kirche. Eine Prognose, die mit der vermutlichen Fortsetzung aktueller Tendenzen rechnet, kann konstatieren: Kirche als Organisation wird personell, finanziell und strukturell schrumpfen. Kirche als Milieu dürfte, da die Zahl der Opfer in der Mammonsgesellschaft wächst und sofern sie sich dem Zustrom dieser Opfer öffnet, eher positive Entwicklungschancen besitzen. Ob die gegenwärtige Kirche die Kraft zur Veränderung ihrer organisatorischen Strukturen und zur Öffnung ihrer sozialen Schranken findet, das wird sich an der Frage entscheiden, ob sie sich der Dynamik des Evangeliums, der Wirklichkeit des Reiches Gottes, dem Kraftfeld des Leibes Christi auszusetzen wagt.

Die phänomenologische Differenzierung, wie sie hier vorgeschlagen wird, dürfte theoretisch durchsichtiger und für die Praxis hilfreicher werden, wenn man sie abschließend mit einigen ekklesiologischen Konzepten vergleicht, die in diesem Jahrhundert entwickelt worden sind.

Drei Sozialgestalten des christlichen Erbes umfaßt auch die Typologie, die E. Troeltsch in seinem epochemachenden Werk über »Die Soziallehren der christlichen Kirchen und Gruppen« herauspräpariert hat, nämlich die Kirche, die Sekte und die Mystik. »Die Kirche ist die mit dem Ergebnis des Erlösungswerkes ausgestattete Heils- und Gnadenanstalt, die Massen aufnehmen und der Welt sich anpassen kann, weil sie von der subjektiven Heiligkeit um des objektiven Gnaden- und Erlösungsschatzes willen bis zu einem gewissen Grade absehen kann. Die Sekte ist die freie Vereinigung strenger und bewußter Christen, die als wahrhaft Wiedergeborene zusammentreten, von der Welt sich scheiden, auf kleine Kreise beschränkt bleiben, statt der Gnade das Gesetz betonen und in ihrem Kreise mit größerem oder geringerem Radikalismus die christliche Lebensordnung der Liebe aufrichten, alles zur Anbahnung und in der Erwartung des kommenden Gottesreiches. Die Mystik ist die Verinnerlichung und Unmittelbarmachung der in Kult und Lehre verfestigten Ideenwelt zu einem rein persönlich-innerlichen Gemütsbesitz, wobei nur fließende und ganz persönlich bedingte Gruppenbildungen sich sammeln können, im übrigen Kultus, Dogma und Geschichtsbeziehung zur Verflüssigung neigen«.[270]

Die Typologie von Troeltsch ist eindeutig von sozialen Konstellationen geprägt. Entscheidend ist das jeweilige Verhältnis zwischen dem Individuum und der Gemeinschaft. Die Kirche als Gnadenanstalt vereint die Einzelnen zur volkskirchlichen Masse. In der Sekte haben sich bewußte Christen zur frommen Vereinigung zusammengeschlossen. Und in der Mystik werden Dogma und Kultus der Konfession durch die spirituelle Praxis der Individuen von Grund auf relativiert. Aus der jeweiligen Verhältnisbestimmung zwischen Individuum und Institution erwachsen nach Troeltsch unterschiedliche Sozialtheorien, Glaubensanschauungen, ekklesiologische Definitionen. Aber es sind soziale Konstellationen und sozialpsychologisch bedingte Mentalitäten, die diese Typologie bestimmen. Daß in, mit und unter dem ökonomischen und bürokratischen Netz, das Kirche als Organisation zweifellos darstellt, und daß in, mit und unter der zwischenmenschlichen Imagepfle-

---

[270] E.Troeltsch, Die Soziallehren der christlichen Kirchen und Gruppen, Gesammelte Schriften 1, Tübingen 1922 (Neudruck 1977), 967.

ge, die im Austausch von Streicheleinheiten abläuft, sich ein morphogenetisches Kraftfeld, Leib Christi genannt, spürbar einstellen kann, damit wird hier nicht gerechnet und kann unter den Prämissen, die Troeltsch annimmt, auch nicht gerechnet werden.

In einer Zeit, die sehr stark von soziologischen Theorien und Entwürfen geprägt war, hat auch der junge D. Bonhoeffer versucht, die Eigenart der »Sanctorum Communio« in soziologischen Kategorien einzufangen. Die sorgfältige Rekonstruktion der Intentionen Bonhoeffers durch J. von Soosten hat wiederum eine dreifache Typologie erbracht: »Die Kirche ist Herrschaftsverband, insofern sie durch die allen menschlichen Bemühungen zuvorkommende Herrschaft Gottes gestiftet wird. Diese Herrschaft Gottes wird von Bonhoeffer als Liebeshandeln Gottes verstanden, in dem die Liebe sowohl den Zweck als auch das Mittel seiner Herrschaft bildet. Die Kirche ist Geistgemeinschaft, insofern sie durch die Selbstvergegenwärtigung der in und durch Christus zum Ausdruck kommenden Liebe Gottes in seinem Geist aktualisiert wird. Als Geistgemeinschaft ist die Kirche schließlich Liebesgemeinschaft, insofern die Liebe in der Kraft des Heiligen Geistes zu ihrem Lebensprinzip wird.[271]

Bonhoeffer hat, wie es der Untertitel seiner Dissertation signalisiert, »Eine dogmatische Untersuchung zur Soziologie der Kirche« vorlegen wollen; die Arbeit ist nach seiner eigenen Formulierung »nicht eigentlich religionssoziologisch. Sie wird sich auf dem Boden christlicher Dogmatik vollziehen, und hierfür sollen die rein sozialphilosophischen und soziologischen bzw. religionssoziologischen Grundeinsichten fruchtbar gemacht werden«.[272] Bei diesem Vorgehen gerät Bonhoeffer aber, und dieses Bedenken formuliert von Soosten zu Recht, »entgegen explizit aufgestellter Warntafeln in die Gefahr, den Aspekt der wahren Kirche zu separieren von den faktisch existierenden Strukturen der empirischen Kirche«.[273] Die soziologischen Begriffe werden theologisch verbraucht und verlieren dabei ihre kritische Fähigkeit, die Diskrepanz zwischen empirischer und transempirischer Kirche aufzudecken. Durch die Trias von Organisation, Milieu und Leib Christi, in der gewiß auch ältere soziologische Modelle nachwirken,[274] soll in unserem Entwurf die Einseitigkeit einer soziologisch formulierten, aber dogmatisch gefüllten Ekklesiologie vermieden werden.

---

[271] J. von Soosten, Die Sozialität der Kirche. Theologie und Theorie der Kirche in Dietrich Bonhoeffers »Sanctorum Communio«, München 1992, 262.

[272] D. Bonhoeffer, Sanctorum Communio. Eine dogmatische Untersuchung zur Soziologie der Kirche, Werke 1, München 1986, 18.

[273] J. von Soosten, a.a.O., 266.

[274] Das gilt insbesondere für F. Tönnies, Gemeinschaft und Gesellschaft. Grundbegriffe der reinen Soziologie, Darmstadt 1979 (Neudruck der 8. Auflage 1935).

Mit der Unterscheidung von »Akt und Sein« hat Bonhoeffer[275] aber schon früh eine Polarität aufgegriffen, die die ekklesiologische Diskussion dieses Jahrhunderts in vielen Bereichen beherrscht hat. Kirche lebt in der Spannung von »Institution und Ereignis«. Quer durch die Konfessionen und theologischen Schulen wird diese Formel in verschiedenen Varianten verwendet. Für das ökumenische Gespräch hat J.-L. Leuba einen entsprechenden »ekklesiologischen Dualismus« im Neuen Testament[276] festgestellt und christologisch fundiert. M. Honecker hat die protestantische Debatte nachgezeichnet und für die empirische Gestaltwerdung von Kirche den Gesichtspunkt der Anpassung eingeführt. »Die Kirche hat ihre weltliche Gestalt den Erfordernissen der konkreten Zeit so anzupassen, daß sie dabei ihre theologische Funktion und ihr pneumatisches Wesen nicht preisgibt. Die konkrete Zeit ist für diese Anpassung nicht der Grund, sondern nur der Beziehungspunkt. Sie ist der ›Ort‹ kirchlicher Gestaltung. Die Anpassung geschieht um der Verkündigung willen«.[277] In der römisch-katholischen Theologie hat vor allem F. Klostermann die Formel aufgegriffen. »Das stärkste Korrektiv der Institution und des Institutionellen in der Kirche ist darum der charismatische Grundcharakter der Kirche, ihr pneumatisch-charismatisches Element. Dieses muß das Institutionelle ständig auf seinen Mittelcharakter hin relativieren und auf das vorgegebene Heil hin korrigieren«.[278] Am prägnantesten hat K. Barth diese Spannung von »Akt und Sein« gefaßt, indem er sie im Verhältnis von Gottes Gnade und Gottes Freiheit theologisch verankert hat: »Kirche ist, indem es geschieht, daß Gott bestimmte Menschen leben läßt als seine Knechte, Freunde, Kinder, als Zeugen der in Jesus Christus schon geschehenen Versöhnung der ganzen Welt mit ihm, als Verkündiger des in ihm schon gewonnenen Sieges über Sünde, Leid und Tod, als Vorboten seiner künftigen Offenbarung, in welcher die Herrlichkeit des Schöpfers als die seiner Liebe, Treue und Barmherzigkeit der ganzen Schöpfung kund werden wird«.[279]

In der Gegenwart ist die Spannung von Akt und Sein, von Institution und Ereignis deswegen ekklesiologisch kaum zu verwenden, weil sie im Kirchenjargon mit einer simplen Arbeitsteilung besetzt ist. Wir

---

[275] Vgl. D. Bonhoeffer, Akt und Sein. Transzendentalphilosophie und Ontologie in der Systematischen Theologie, Werke 2, München 1988.

[276] J.-L. Leuba, Institution und Ereignis. Gemeinsamkeiten und Unterschiede der beiden Arten von Gottes Wirken nach dem Neuen Testament, Göttingen 1957, 127.

[277] M. Honecker, Kirche als Gestalt und Ereignis. Die sichtbare Gestalt der Kirche als dogmatisches Problem, FGLP 10/XXV, München 1963, 218.

[278] F. Klostermann, Kirche – Ereignis und Institution. Überlegungen zur Herrschafts- und Institutionsproblematik in der Kirche, Wien 1976, 92.

[279] K. Barth, Die Kirchliche Dogmatik IV/1, Zürich 1953, 727. P. Tillich, Systematische Theologie III, Stuttgart 1966, 194ff, redet in diesem Zusammenhang von der paradoxen Zweideutigkeit der Kirchen.

sorgen für die institutionellen Vollzüge; daß sich in diesem Rahmen die Gegenwart Gottes ereignet, liegt jenseits aller menschlichen Kompetenz. Auf diese Weise wird die Formel zum Bestandteil einer Immunisierungsstrategie, durch die Organisation und Milieu ihre Eigengesetzlichkeit gegenüber der Dynamik des Leibes Christi zu konservieren versuchen. Sie ist aber auch deswegen ungeeignet, weil sie die Vergegenwärtigung Gottes im Kraftfeld des Geistes zu einem Glücksspiel depotenziert. Sie mag geeignet sein, um die unterschiedlichen Zeitaspekte von Amt und Charisma, Struktur und Situation einzufangen. Die Institution einer Ehe bleibt erhalten, auch wenn die Gefühlsbeziehungen der Ehepartner sich ändern. Die Treue Gottes, die sich in der Präsenz spezifischer Atmosphären bzw. in der Einwirkung morphogenetischer Felder manifestiert, ist aber verläßlicher und dauerhafter als jede Form von Institutionalisierung. Hybrider Aberglaube in höchster Form wäre der Wahn, die Dauer von Kirche in Zeit und Gesellschaft durch organisatorische Gestaltung sichern zu wollen. Demgegenüber besteht die Aufgabe in der Gegenwart gerade darin, im Vertrauen auf das Ereignis der Präsenz des Göttlichen die Veränderung von Organisation und Milieu geschehen zu lassen.

Einen wichtigen Impuls hatte H. Gollwitzer mit dem Stichwort geliefert: Kirche ist »Vortrupp des Lebens«. Ihre Existenz und ihre Kraft sind auch für Gollwitzer im Handeln Gottes begründet: »Diese neue Gemeinschaft wird zusammengebracht durch die Botschaft von der Auferstehung des gekreuzigten Jesus von Nazareth, durch die Botschaft von dem Siege des Reiches Gottes über den Widerstand der alten Welt, überbracht durch die apostolischen Zeugen des Auferstandenen, existenzverändernd wirksam werdend durch den Heiligen Geist«.[280] Weil der Sieg Gottes aber eine Kampfhandlung darstellt, sind die Christ/innen innerhalb und außerhalb der Kirche permanent in Konflikte verwickelt: »Die Revolution des Reiches Gottes vollzieht sich in der Gegenwart als Kampf des neuen Lebens gegen die Todesherrschaft, der die Menschheit verfallen ist. Die Kirche Jesu Christi und alle Einzelnen, die zu ihr gehören, sind selbst Kampfplatz dieses Kampfes, sofern sie schon von dem neuen Leben berufen und erfaßt sind, aber noch in das alte Todeswesen verflochten und von den Strukturen der alten Welt umgeben sind«.[281]

Konkret formiert sich der »Vortrupp des Lebens« immer »als konkrete Gruppe lokal und regional existierend, zugleich über alle räumliche und zeitliche Trennung hinweg verbunden in der Einheit dessen, den sie als Herrn und Heil der Welt mit Wort und Tat proklamiert (Ökumene)«.[282] Demgegenüber kann die Kirchenorganisation nur ab-

---

[280] H. Gollwitzer, Vortrupp des Lebens, München 1975, 111.
[281] A.a.O., 112.
[282] Ebd.

gewertet werden, weil sie mit einem bürokratischen Apparat existiert, das kirchliche Amt in den Mittelpunkt rückt und die Parochie zur entscheidenden Gestalt von Gemeinde erklärt. Freilich soll sich die Gruppe, in der die Kirche Ereignis wird, von der Organisation auch nicht einfach trennen. Das würde nämlich eine exklusive Selbstdefinition einschließen (nur wir sind die Kirche!), aber auch die positiven Leistungen der Organisation übersehen:»Die Kirchenorganisation ist für die Kirche als Ereignis von Bedeutung, weil a) durch die Kirchenorganisation die kontinuierliche Überlieferung des Evangeliums geschieht; durch sie ist das Evangelium zu uns gedrungen und kann unter uns Kirche schaffen; b) weil die Kirchenorganisationen die Gruppen, in denen Kirche Ereignis wird, miteinander verbindet über die Trennung von Räumen und Zeiten hinweg.«[283]

Daß dort, wo die Macht Gottes in die Geschichte einbricht, Menschen aus der Todesherrschaft befreit und zum Kampf gegen das Böse bevollmächtigt werden, ist uns im Epheserbrief an vielen Stellen begegnet. Im Leib Christi ist die Fülle Gottes präsent. Der Heilige Geist manifestiert sich als morphogenetisches Feld, in dem müde und ausgelaugte Zeitgenossen zu handlungsfähigen Subjekten transformiert werden. In der Kirche ist mit dem Einfluß Gottes in der Tat Anschluß an das Leben zu finden.

Daß sich dieses Geschehen durch die Alternative Organisation oder Gruppe schon zureichend einfangen läßt, muß man freilich bezweifeln. Die Gruppe als konkrete Lebensgemeinschaft von Menschen steht dem Ereignis der Gottesgegenwart letztlich nicht näher als eine Organisation mit ihren indirekten Kommunikationskanälen. Erstaunlich ist, daß auch Gollwitzer die in der Volkskirche vertretene Arbeitsteilung für sein Konzept übernimmt. Wenn die Organisation Bibeltexte verbreitet und agendarische Ordnungen reguliert, sorgt sie durchaus noch nicht für die Überlieferung des Evangeliums im theologischen Sinn. Das Evangelium als Gotteskraft wird auch heute nur dort präsent, wo sich der Leib Christi realisiert. Er selbst ist die Grundlage aller Tradition und Kommunikation in der Kirche. Und auf der anderen Seite wird die Aktualisierung des Evangeliums zwar immer zu Gruppenbildungen führen, die sich aber nur in ihren Kommunikationsstrukturen und Kommunikationsinhalten von der Organisation unterscheiden. Selbst eine monastische Lebensgemeinschaft, die sich zum unaufhörlichen Gottesdienst sammelt, bildet unvermeidlich ein Milieu, das zwar, hoffentlich, aus der Kraft der Geistesgegenwart lebt, aber sich gerade darum mit dem Leib Christi nicht direkt identifiziert.

---

[283] A.a.O., 118. Vgl. auch W. Kreck, Kirche und Kirchenorganisation. Einige Fragen zu Helmut Gollwitzers Kirchenthesen, in: Kirche in der Krise der bürgerlichen Welt. Vorträge und Aufsätze 1973 – 1978, München 1980, 203ff.

V.

»Kirche ist anders«. Peter Beier, der verstorbene Präses der Evangelischen Kirche im Rheinland, hat seine Äußerungen zum Weg der Kirche unter diese Parole gestellt. Kirche ist deswegen anders, weil sie im Unterschied zu anderen Sozietäten keine Ziele handelsüblicher Zweckmäßigkeit, vor allem keine Ziele der Selbsterhaltung verfolgen kann. »Die Mütter und Väter im Glauben nannten die Kirche ›creatura verbi divini‹ – ein Geschöpf des Wortes Gottes. Macht das Bildwort Sinn, dann zielt es gerade nicht auf eine unter menschliche Zwecke gebeugte Abhängigkeit, sondern auf Freiheit. Wo sie als Geschöpf des Wortes und Geistes Gottes sich in die Botmäßigkeit menschlicher Zwecke begibt, begibt sie sich sträflich ihrer Freiheit. Sie mag dann von Freiheit reden und träumen, sie mag sogar im Reich des Notwendigen und Zweckmäßigen zu Hause sein wie sonst keine Kreatur, sie mag eindrucksvolle moralische Konstrukte errichten und allerlei Religion verwalten – das von Gott gewollte, zu freiem Spiel vor ihm, zu befreiendem Gelächter über den gestelzten Ernst durch und durch vergänglicher Zwecke berufene Geschöpf hört sie augenblicklich auf zu sein. Sie gerät zum Zweck unter anderen.

Als Zweck unter anderen wird sie bei fortschreitender Einsicht in die Bedingungen kreatürlicher Existenz von Tag zu Tag – entbehrlicher. Schlimmer: Sie produziert sich als Selbstzweck.

– Kirche existiert nur da, wo sich Gläubige sichtbar versammeln, unter freiem Himmel, in Katakomben, am Konferenztisch, im Hohen Dom, an allen erdenklichen Orten zu allen erdenklichen Zeiten.

Sie bedarf eigentlich keines Korsetts, keiner Bürokratie, keiner Lenkung und Leitung, die statuiert, wo und wie und unter welchen Bedingungen sie sich zu versammeln habe sowie welchen Gesetzen oder Ordnungen sie sich verpflichte.

Sie ist so frei, die ihr auf Zeit angemessene Gestalt selbst zu wählen und sich in andere Gestalten zu verwandeln, um der Versammlung der Gläubigen besser zu dienen, also sich selber dienlich zu sein«.[284]

Für die Zukunft der Kirche als Zeit der Gemeinde ergeben sich daraus folgende Perspektiven:

1. Die Zeit der Gemeinde entsteht nicht durch ein organisatorisches Postulat, nach dem man Landeskirchenämter abschaffen und freie Gemeinden installieren soll. Auch heute lebt die organisatorische Struktur der Landeskirchen davon, daß es in Gott gegründete und vom Geist erfüllte Gemeinden gibt. Wenn es in Zukunft zu einer Reduktion der landeskirchlichen Strukturen kommen sollte, dann bedeutet das

---

[284] P. Beier, Kirche ist anders. Anrede, Aufruf, Zeugnis, Neukirchen 1990, 4f.

angesichts der neutestamentlichen Überlieferung und im Blick auf die Realität des Heiligen keine Gefährdung.

2. Die Zeit der Gemeinde besteht in jenem Kraftfeld, das vom Leib Christi gebildet und vom Geist Gottes erfüllt ist. Es realisiert sich im Vollzug von Wort und Sakrament, von Symbol und Ritual und ist insofern eine phänomenale Realiät, die von Menschen und in Menschen gespürt wird und sich von den Kräften des Milieus und der Organisation wahrnehmbar unterscheidet.

3. In der Zeit der Gemeinde gibt es deshalb immer auch einen permanenten Konflikt zwischen Tendenzen, die von den Interessen der Organisation und den Bedürfnissen des Milieus ausgehen, und jener energetischen Kraft, die aus der Fülle Gottes strömt und die Quelle allen Lebens darstellt. Die Institutionalisierung von Religion in landeskirchlicher Gestalt wie die Rationalisierung des Glaubens in der Theologie enthalten immer Chancen, aber auch Gefahren für die Realisierung des Heiligen in der Gegenwart. Pastoraler Papalismus und kirchenamtlicher Kurialismus entstehen, wenn sich Individuen und Institutionen im Bereich von Organisation und Milieu mit geistlichem Anspruch tarnen.

4. Wenn die Bedürfnisse im Milieu und die Interessen der Organisation durch die Gegenwart des Heiligen relativiert und vom Wirken des Geistes modifiziert werden, dann beginnt ein Gemeindewachstum, das aus der Dynamik des Evangeliums lebt, aber auch zum »Erweis des Geistes und der Kraft« fähig ist und sich deshalb auch im Gewinn von Menschen und von finanziellen Möglichkeiten manifestiert.

5. Ein Wachstumsprozeß aus der Fülle Gottes wird das Gemeindeleben nicht uniformieren, sondern zur Ausbildung von Gemeindeprofilen führen. Menschen können dann ihren Lebensstil und ihren Frömmigkeitstypus, ihre Einstellungen und ihre Gewohnheiten so einbringen, daß dadurch das jeweilige Milieu in den Veranstaltungen, aber auch beim Gottesdienst spezifisch geprägt wird. Gemeindezugehörigkeit wird dann nicht mehr parochial organisiert, sondern durch personale Affinitäten und Entscheidungen vermittelt.

6. Eine aus der Fülle Gottes lebende Gemeinde wird nicht nur ein alternatives Sinnsystem proklamieren, wie es heute in Predigt und Unterricht meistens geschieht. Es wird sich in dieser Gemeinde auch immer der Kern eines alternativen Lebens bilden, wofür monastische Kommunitäten, aber auch das bürgerliche Pfarrhaus in der Vergangenheit Beispiele liefern. Die liturgischen, diakonischen, kulturellen Aktivitäten, die von diesem Kern getragen werden, werden durch einen weiteren Kreis eingeschriebener Gemeindeglieder personell und finanziell gefördert und von interessierten, aber distanzierten Zeitgenossen nach Bedarf und gegen Gebühren in Anspruch genommen.

7. Eine aus der Fülle Gottes lebende und wachsende Gemeinde wird auf jenen kirchlichen Finanzausgleich verzichten können, der bis-

her parochiale Illusionen nährt und örtliche Aktivitäten lähmt. Eine Gemeinde wird ihren haupt- und nebenamtlichen Mitarbeiter/innen das bezahlen, was sie aufbringen kann. Das wird auch in dörflichen Verhältnissen und in ärmeren Stadtteilen sehr viel mehr sein, als dort heute durch den Einzug von Kirchensteuern erreicht wird.

8. Eine aus der Fülle Gottes lebende und wachsende Gemeinde wird sich ihrer Selbständigkeit freuen, aber auch den Kontakt mit den anderen Niederlassungen des Leibes Christi in der Nähe und in der Ferne suchen. Geistliche, personelle und finanzielle Gaben werden ausgetauscht werden. Zusammengehörigkeiten konfessioneller, regionaler und operativer Art werden selbstverständlich auch organisiert. Geistliche Gemeinschaft wird sich auf überlieferte Bekenntnisse gründen, aber auch zum aktuellen Bekennen führen, dessen Inhalte im konziliaren Prozeß synodaler Beratung[285] ermittelt werden.

9. Die in der Fülle Gottes gegründete und wachsende Gemeinde wird in jeder irdischen Zukunft volkskirchliche Aspekte aufweisen. Sie wird gesammelt aus ihrer sozialen Umgebung. Sie wird existieren inmitten ihrer sozialen Umgebung. Und sie wird gesendet in ihre soziale Umgebung. Zu ihr finden Menschen in psychosozialen Krisen, und sie öffnet sich für die Opfer der gesellschaftlichen Entwicklung. In ihr leben Zeitgenossen, die dankbar sind für ihr Dasein an diesem Ort, zu dieser Zeit, modern, aufgeklärt, vielfältig interessiert, von zahlreichen Kräften beeinflußt. Aber diese Menschen sind auf ihre persönliche Weise auch dazu fähig, die Zeit auszukaufen, alles zu prüfen und nur das in ihr Leben zu übernehmen, was ihrer Heiligung dient, weil es dem Willen Gottes gemäß ist.

So gilt für jede vorstellbare Zukunft:[286] »Die Breite und die Länge und die Höhe und die Tiefe« der Wirklichkeit Gottes vergegenwärtigt sich in jenem Feld, das vom Leib Christi gebildet und vom Geist Gottes gefüllt wird. Im Wirkungsbereich dieses Geschehens entstehen Gruppierungen, die in unterschiedlicher Nähe zur Christuswirklichkeit lokalisiert sind, sich aber niemals mit dieser Wirklichkeit total gleichsetzen dürfen. Und wie in solchen Gruppierungen Individuen aus ihrer Isolierung zum gemeinsamen Leben und Handeln gelangen, so finden auch Parochien durch organisatorische Strukturen die Möglichkeit zur

---

[285] Vgl. G. Grethlein, Theologie der Synode. Zu Selbstverständnis und religiösem Anspruch des protestantischen Synodalsystems, in: R. Ziegert (Hg.), Vielfalt in der Einheit. Theologisches Studienbuch zum 175jährigen Jubiläum der Pfälzischen Kirchenunion, Speyer 1993, 229ff.

[286] Zum Zeitverständnis des Epheserbriefs vgl. A. Lindemann, Die Aufhebung der Zeit. Geschichtsverständnis und Eschatologie im Epheserbrief, StNT 12, Gütersloh 1975, 248: »Zeit und Geschichte sind für den Epheserbrief ›in Christus‹ – und das heißt für diese Theologie: in der Kirche – aufgehoben. Von solcher Gegenwart aus reduziert sich alle Vergangenheit auf die eine Bestimmung: Nicht-Gegenwart (2,11f), und von solcher Gegenwart aus hebt jede Zukunft sich auf«.

Kommunikation und Kooperation. Die Gemeinde hat auch in der Zukunft Zeit, wenn sie sich auf die Macht Gottes besinnt. »Dem aber, der überschwenglich mehr tun kann als alles, was wir bitten oder verstehen, nach der Kraft, die in uns wirkt, dem sei Ehre in der Gemeinde und in Christus Jesus zu aller Zeit, von Ewigkeit zu Ewigkeit! Amen«.

Namenregister